I0568299

Beziehungen Komplettset – Das große 3 in 1 Buch

Kommunikation | Narzissmus | Co-Abhängigkeit. 430 Übungen und Hinweise, wie Sie Ihre Partnerschaft verbessern, vertiefen oder sogar retten können

Sigmund Ambrosius

Inhaltsverzeichnis

Kommunikation in Beziehungen

- Soforthilfe -

137 praktische Hinweise und Übungen.
Wie Sie mit der richtigen Sprache Ihre
Partnerschaft verbessern, vertiefen oder
sogar retten können

Sigmund Ambrosius

Inhaltsverzeichnis

Einführung

Erinnern Sie sich an das erste Mal, als Sie Ihren Partner oder Ihre Partnerin sahen? Es war vielleicht nicht Liebe auf den ersten Blick, und vielleicht nicht einmal auf den zweiten. Aber auf eine Sache wette ich: Sie dachten, ihn oder sie für sich zu gewinnen, wäre die größte Herausforderung. Sie wollten unbedingt auf dieses Date gehen und als Sie es endlich geschafft hatten, fragten Sie sich, was Sie tun könnten, damit Sie ihm oder ihr wirklich gefallen. Jetzt, Monate oder Jahre später, gerade als Sie dachten, es würde alles glatt laufen, haben Sie festgestellt, dass das Puzzle nur noch verwirrender wird. Jetzt merken Sie, dass es einfach war, sie oder ihn für sich zu gewinnen. Glücklich miteinander zu leben, das ist eine ganz andere Sache.

Die Kommunikation war einfach, als es nur um das süße Nichtstun und das Kennenlernen des anderen ging. Jetzt, wo Sie sich nähergekommen sind, haben Sie andere Dinge im Kopf. Sie haben Bedenken, Sie haben unerfüllte Bedürfnisse und Sie haben einige Punkte bemerkt, die Sie gerne in Ihrer Beziehung verbessern würden. Die Chancen stehen gut, dass es Ihrem Partner genauso geht.

Das Problem ist, dass es nie leicht ist, diese Bedenken auszudrücken. Wenn es auf die falsche Weise angegangen wird, könnte es die Gefühle Ihres Partners verletzen und irreparablen Schaden anrichten. Doch wenn Sie sich nicht äußern, kann es passieren, dass sie einfach explodieren und ebenfalls irreparablen Schaden anrichten. Sie fühlen sich ein wenig in die Enge getrieben, nicht wahr? Das kann ich Ihnen nicht verdenken.

In Ihrem Kopf schwirren wahrscheinlich eine Million Fragen herum, wie: „Wie kann ich mit meinem Partner auf die effektivste Weise kommunizieren? Wie kann ich es schaffen, sowohl mein Glück als auch sein oder ihr Glück zu erhalten? Und wie um alles in der Welt kann ich all das erreichen, ohne mich völlig zu verausgaben?"

Selbst wenn Sie bereits eine ziemlich gute Kommunikation haben, warum sich damit zufriedengeben? Greifen Sie nach den Sternen. Ihre Beziehung hat es verdient.

Studien haben gezeigt, dass schlechte Kommunikation einer der Hauptgründe ist, warum eine Beziehung scheitert. Viele dieser Beziehungen hätten gerettet werden können, wenn sie diesen Leitfaden in ihrem Leben gehabt hätten. Eine Beziehung, die wegen schlechter Kommunikation beendet wurde, ist eine Beziehung, die hätte gerettet werden können. Wir alle können lernen, besser zu kommunizieren, egal wie schüchtern oder ineffektiv wir jetzt sein mögen. Alles, was wir brauchen, sind die richtigen Mittel und Motivation. Dass Sie jetzt hier sind, beweist, dass Sie diese Motivation höchstwahrscheinlich bereits besitzen. Gut für Sie. Jetzt brauchen Sie nur noch den Rat eines Experten. Und da komme ich ins Spiel.

Ich habe entscheidende Jahre meines Lebens damit verbracht, die Art und Weise zu studieren, wie Menschen miteinander interagieren – wie man jede Geste oder jeden Blick als Schlüssel zu den wahren Gefühlen und Absichten einer Person nutzen kann. Ich habe die Art und Weise, wie Menschen kommunizieren, genau beobachtet und die Geheimnisse zu ihrem Erfolg und ihrem Scheitern entschlüsselt. Indem ich mich auf die Bedürfnisse der anderen einstelle, habe ich wenig bekannte Tricks entdeckt, die ein angespanntes Verhältnis sofort in ein offenes, liebevolles verwandeln können. Ich habe mir mein Fachwissen angeeignet, indem ich mir bewusst gemacht habe, was funktioniert und was nicht. Ich habe beobachtet, wie sich Beziehungen aufgrund von schlecht formulierten Sätzen verschlechterten, und ich habe gesehen, wie Paare ihre Liebe mit nur wenigen Worten neu entfachten. Ich habe meine Methoden an Paaren getestet, die am Rand des Abgrunds standen, und ich habe beobachtet, wie sie begannen, das Beste aus sich herauszuholen. Noch heute danken mir die Paare, mit denen ich gearbeitet habe. Sie sehen, wenn Sie einmal die richtigen Mittel haben, sind Sie für den Rest des Lebens gerüstet.

Mit meiner Hilfe kommen Sie und Ihr Partner der Vorstellung, die Sie miteinander teilen, einen Schritt näher – der Vorstellung, dass Sie einander alles sagen und absolut jedes Problem gemeinsam lösen können. Sie wissen vielleicht nicht, dass Sie diese Vorstellung teilen, aber Sie tun es. Wenn die Kommunikation angespannt ist, wünschen sich beide Partner verzweifelt, sie würde besser funktionieren. Sie denken vielleicht, dass der andere es nicht bemerkt, aber glauben Sie mir, er bemerkt es genauso sehr wie Sie selbst. Mit meiner Hilfe werden Sie großartige Kommunikation zur neuen Norm machen. Sie werden ein brandneues Kapitel aufschlagen, in dem Sie zurückblicken und denken können: „Ich kann nicht glauben, wie weit wir gekommen sind!" Dieses Buch wird Sie und Ihren Partner als Team stärken. Und soll ich Ihnen noch etwas verraten? Ein großartiges Team kann absolut alles zusammen erreichen.

Lassen Sie sich diese Gelegenheit zur Weiterentwicklung nicht entgehen. Ich kenne viele Paare, die tiefes Bedauern ausdrücken, wenn sie sich darüber bewusst werden, dass sie sich nicht so sehr bemüht haben, wie sie es hätten tun können. Sie werden immer wieder von Momenten heimgesucht, in denen ihnen gute Ratschläge angeboten wurden und sie sagten: „Vielleicht später." Die Wahrheit ist: Je länger Sie damit warten, diese Veränderungen vorzunehmen, desto mehr bleiben Sie in Ihren alten Gewohnheiten stecken. Je länger Sie mit Ihrem Partner auf die falsche Art und Weise kommunizieren (oder überhaupt nicht kommunizieren), desto mehr Verletzungen und Belastungen sammeln sich in Ihrer Beziehung an. Wie lange noch, bis Ihre Liebe unter der Last zerbricht?

Entscheiden Sie sich für die Liebe und für Ihren Partner, indem Sie „Ja" zu besseren Kommunikationsfähigkeiten in der Beziehung sagen. Ihre neue, glücklichere Zukunft als Paar ist so nah – sie beginnt auf der nächsten Seite! Worauf warten Sie noch?

Kapitel eins – Das 1 x 1 der Beziehungen

Wenn es ein Thema gibt, das Musik, Literatur und Film dominiert, dann sind es zweifellos unsere romantischen Beziehungen. Haben Sie sich jemals gefragt, warum das so ist? Romantische Liebe ist sicherlich nicht die stärkste Emotion, die wir empfinden, und frischgebackene Eltern würden argumentieren, dass sie nicht einmal die stärkste Form der Liebe ist. Warum also schreiben und machen wir dann weiterhin Kunst darüber? Die Antwort ist einfach: Weil wir sie immer noch nicht verstehen.

Romantik und Beziehungen sind einige der rätselhaftesten Aspekte unseres Lebens. Gefühle der Anziehung können unerwartet auftauchen, Verwirrung stiften und unseren rationalen Verstand übernehmen. Manchmal haben wir diese Gefühle, wenn es überhaupt keinen Sinn macht, sie zu empfinden. Verstrickt in neue, brennende Romanzen, können Menschen sich auf eine Weise verhalten, die ihnen überhaupt nicht ähnlich sieht, und ihr objektives Urteilsvermögen verlieren. Und wenn wir uns auf Beziehungen einlassen, betreten wir ein ganz neues Reich der emotionalen Verwirrung.

Es ist ein bisschen paradox, nicht wahr? Wir lernen unsere Lebenspartner sehr gut kennen, und gleichzeitig wird uns im Laufe der Zeit immer bewusster, wie viel wir nicht wissen. Sie sind die Menschen, die wir am besten von allen kennen, und doch können sie auch die größten Geheimnisse in sich tragen. Wir kennen vielleicht ihre emotionalen Reaktionen, ihre Gewohnheiten, ihre Ticks, aber selten wissen wir, *warum* sie so sind, wie sie sind. Bessere Kommunikation ist der Weg, um diese Distanz zu überwinden.

Bevor wir eintauchen, lassen Sie uns kurz innehalten und uns an etwas zutiefst Wichtiges erinnern: Zwei Hälften ergeben ein Ganzes. Damit eine Beziehung gelingen kann, müssen zwei Individuen ihren Teil der Gleichung einhalten. Das bedeutet nicht nur, dass sie abwechselnd das Geschirr abwaschen oder die Rechnung teilen. Es bedeutet, dass man an sich selbst arbeiten muss, um ein besserer Partner zu werden. Es bedeutet, seine Bedürfnisse und Wünsche zu reflektieren, sein Verhalten zu überdenken und zu überlegen, wie man sich verbessern kann, wenn man mit seinen Fehlfunktionen konfrontiert wird.

Gehen wir also zu Schritt eins. Wir erwähnten bereits, dass wir über unsere Bedürfnisse nachdenken müssen. Bevor wir beginnen können, unsere Bedürfnisse und Wünsche zu kommunizieren, müssen wir zunächst wissen, was unsere Grundbedürfnisse sind.

Die wichtigsten Bedürfnisse, die jede Beziehung erfüllen muss

So kompliziert Beziehungen auch erscheinen mögen, unsere Grundbedürfnisse sind recht einfach zu kategorisieren. Damit eine Beziehung gedeihen kann, gibt es fünf grundlegende, aber sehr wichtige Bedürfnisse, die für beide Partner erfüllt werden sollten. Bitte beachten Sie, dass diese Grundbedürfnisse nicht die einzigen Bedürfnisse sind, die wir haben. Es handelt sich lediglich um die, die wir alle teilen. Jeder Mensch hat seine eigenen Bedürfnisse, abhängig von seiner Persönlichkeit und seinem Hintergrund, aber der Einfachheit halber beginnen wir mit den Grundlagen.

Möglicherweise begegnen Sie bestimmten Persönlichkeiten, die eine höhere Toleranz für das Fehlen eines dieser Bedürfnisse haben. Haben Sie zum Beispiel jemals ein langweiliges Paar getroffen, bei dem trotz des Mangels an Abwechslung alles in Ordnung zu sein schien? Oder ein Paar, das sich gegenseitig intellektuell stimulierte, aber keine echte emotionale Verbindung unterhielt? Bei vielen Paaren funktioniert es, ohne dass sie sich um alle fünf Bedürfnisse kümmern. Aber die großen Fragen bleiben: Sind sie wirklich glücklich? Könnten sie nicht noch glücklicher sein?

Das Bedürfnis, sich sicher zu fühlen

Ohne dieses Bedürfnis ist eine Beziehung nichts. Es ist das grundlegendste der fünf und meint unser tiefes Bedürfnis, sich emotional, physisch und psychisch intakt zu fühlen. Wenn Ihr Partner Ihnen bewusst macht, dass dieses Bedürfnis nicht erfüllt wird, muss ernsthaft daran gearbeitet werden. Das Gefühl mangelnder Sicherheit könnte auf mehrere Arten von Problemen hinweisen: Unser körperliches Wohlbefinden ist bedroht oder wir werden in irgendeiner Weise emotional missbraucht. Es läuft alles darauf hinaus, dass ein Partner sich verletzt fühlt und erwartet, wieder verletzt zu werden, wobei er manchmal große Anstrengungen unternimmt, um dies zu vermeiden.

Viele Menschen erkennen nicht, dass dieses Bedürfnis unbefriedigt ist, weil sie denken, dass Missbrauch immer absichtlich geschieht. Doch das stimmt nicht. Viele Partner merken nicht, dass sie emotional missbräuchliche Taktiken wie Gaslighting oder Manipulation anwenden. Bei ihnen sind diese Reaktionen vielleicht fest im Kopf verankert, ohne dass sie merken, wie viel Schaden sie damit anrichten.

Wenn Ihr Bedürfnis, sich sicher zu fühlen, nicht befriedigt wird ...

Sie haben das Gefühl, dass Sie in der Nähe Ihres Partners nicht verletzlich sein können. Sie befürchten, dass er Sie verbal oder körperlich verletzen könnte, wenn die Dinge nicht so laufen, wie er will. Sie befürchten, dass Sie statt Liebe nur noch mehr Schmerz oder Kummer erfahren werden. Sie denken ständig daran, wie Ihr Partner auf etwas reagieren wird, das Sie tun oder sagen. Dies wiederum hält Sie davon ab, das auszusprechen, was Sie aussprechen müssen. Sie befürchten, dass Sie, wenn Sie ehrlich sagen, wie Sie sich fühlen, abgewiesen oder verspottet werden, oder dass Sie Wut hervorrufen könnten. Sie haben das deutliche Gefühl, dass Sie eine negative Reaktion erhalten werden, wenn Sie Ihre Bedürfnisse mitteilen.

Das Bedürfnis, sich bedeutsam zu fühlen

Lassen Sie uns mit einem Missverständnis aufräumen: Sicherheit und Bedeutsamkeit sind nicht dasselbe. Sie mögen sich vollkommen sicher sein, dass Ihr Partner Sie nicht verletzen wird, aber reicht das aus, um sich wertgeschätzt und besonders zu fühlen? Das sollte es nicht. Jemandem Sicherheit zu geben, zeugt von allgemeinem Anstand, aber ihm zu zeigen, dass er wichtig ist, macht daraus einen liebevollen Akt. Wenn unser Partner uns das Gefühl gibt, wichtig und besonders zu sein, fühlen wir uns selbst gut und sind von Wärme durchflutet, weil wir wissen, dass alles, was wir ihm geben, geschätzt wird. Wir haben das Gefühl, dass die Liebe, die wir geben, auch ankommt und nicht nur in einem Fass ohne Boden versickert. Das wiederum ermutigt uns, noch mehr Liebe zu zeigen.

Eine Person, die betrogen wurde, ist ein Beispiel für jemanden, dessen Bedürfnis nach Bedeutsamkeit beeinträchtigt wurde. Es gibt keine schlimmere Methode, jemandem zu zeigen, dass er nichts Besonderes ist, als sich hinter seinem Rücken mit einer anderen Person einzulassen.

Wenn wir in einen Streit geraten, können wir unseren Partnern weiterhin zeigen, dass sie etwas Besonderes sind, indem wir uns entschuldigen, wenn wir etwas falsch gemacht haben. Dies zeigt, dass wir ihre Gefühle berücksichtigt haben, versucht haben, ihren Standpunkt zu verstehen und versuchen, unser Fehlverhalten wiedergutzumachen. Zeigen Sie Ihrem Partner Liebe und Wertschätzung. Was ist sonst der Sinn des Ganzen?

Geben Sie Ihrem Partner das Gefühl, wichtig zu sein, indem Sie ihm Liebe zeigen und auf seine liebevollen Gesten mit Wertschätzung und Zuneigung reagieren.

Wenn Ihr Bedürfnis, sich wichtig zu fühlen, nicht erfüllt wird …

Sie machen sich Sorgen über die Untreue Ihres Partners oder fragen sich, ob er Sie wirklich liebt. Das Gefühl kommt auf, entbehrlich zu sein, so als ob Ihr Partner Sie nicht wirklich so sieht, wie Sie sind. Sie fühlen sich im

Leben Ihres Partners nicht besonders wichtig. Sie haben das Gefühl, dass Sie lediglich eine Funktion erfüllen. Sie werden von dem Gefühl überwältigt, dass Sie Ihrem Partner alles gegeben haben und es trotzdem nicht genug ist.

Der Bedarf an Abwechslung

Wenn wir jemanden sehr gut kennenlernen, beginnt unser Leben eine Routine auszubilden. Das ist ein normaler Vorgang, und leider ist auch die Langeweile, die sich daraus ergibt, normal. Damit eine Beziehung gesund und beide Partner glücklich bleiben, ist es wichtig, dass wir ab und zu etwas Abwechslung in unser Leben bringen. Studien haben gezeigt, dass wir uns unseren Partnern näher fühlen, wenn wir gemeinsam belebende Aktivitäten unternehmen.

Das kann alles Mögliche sein: Essen gehen, statt zu kochen, sich für eine lustige Aktivität anmelden, statt zu Hause zu bleiben, oder sogar etwas Neues im Schlafzimmer machen. Was auch immer Teil Ihrer normalen Routine ist, machen Sie etwas völlig anderes.

Wenn beide Partner ein geschäftiges Arbeits- oder Familienleben haben, ist eine Routine unvermeidlich. Aber es liegt ganz in Ihrer Macht, dafür zu sorgen, dass es nicht langweilig wird. Entfachen Sie das Feuer neu, indem Sie für ein wenig mehr Abenteuer sorgen!

Wenn Ihr Bedürfnis nach Abwechslung nicht befriedigt wird …

Sie finden Ihren Partner nicht mehr so aufregend wie früher. Es fühlt sich an, als würden Sie in einer Endlosschleife feststecken. Es fühlt sich an, als ob Ihr gemeinsames Leben nur eine Reihe von Aufgaben ist, die erledigt werden müssen. Es ist schon eine Weile her, dass Sie zusammen einen Rausch oder einen Nervenkitzel erlebt haben. Ein Teil von Ihnen sehnt sich danach, sich so zu fühlen, wie Sie sich am Anfang Ihrer Beziehung gefühlt haben.

Das Bedürfnis nach emotionaler Verbindung

Wenn eine Beziehung langfristig Bestand haben soll, ist emotionale Intimität ungemein wichtig. Um eine enge Beziehung in unserem Leben aufrechtzuerhalten, müssen wir uns Zeit nehmen, um uns miteinander zu verbinden, und uns erlauben, eine Beziehung zueinander aufzubauen. Manchen Menschen fällt dies sehr leicht, aber es ist auch völlig normal, dass sich andere Paare etwas mehr anstrengen müssen. Das bedeutet nicht, dass diese weniger füreinander bestimmt sind. Kulturelle Unterschiede, Hintergründe oder Persönlichkeitsunterschiede können dazu beitragen, dass zwei Menschen eher zurückhaltend sind. Beginnen Sie damit, ihren Partner an etwas Ehrlichem und Verletzlichem teilhaben zu lassen, und laden Sie ihn dazu ein, es Ihnen gleichzutun.

Wenn Ihr Bedürfnis nach emotionaler Verbindung nicht befriedigt wird ...

Ihr Partner erscheint Ihnen manchmal wie ein Rätsel und es gibt Zeiten, in denen Sie das Gefühl haben, ihn nicht wirklich zu kennen. Sie haben den Eindruck, dass er Sie nicht versteht, und auch Sie finden seine Handlungen seltsam und verwirrend. Sie verbringen viel Zeit damit, sich über ihn und über die Gründe für seine Reaktionen zu wundern. Vielleicht haben Sie auch das Gefühl, dass es etwas gibt, das er Ihnen sagen muss, doch er sträubt sich

davor, es zu tun. Auch Sie verspüren den Drang, sich mitzuteilen und sich zu öffnen, aber es ist nie genug Zeit dafür. Im Eifer des Gefechts gehen Ihre Anliegen einfach
unter.

Das Bedürfnis nach persönlicher Entwicklung

Wenn Ihre Beziehung die oben genannten vier Punkte erfüllt, ist das gut für Sie. Sie haben eine gute Beziehung in
Ihrem Leben. Wollen Sie wissen, wie Sie sie noch besser
machen können? Geben Sie sich gegenseitig Möglichkeiten zur Entwicklung. Mit anderen Worten: Helfen Sie sich
gegenseitig zu wachsen. Persönliche Entwicklung kann
viele verschiedene Formen annehmen, aber im Wesentlichen befriedigen wir dieses Bedürfnis, wenn wir das Gefühl haben, etwas voneinander zu lernen.

In einer gesunden Beziehung ermutigen sich beide Partner gegenseitig, das Beste in sich zum Vorschein zu bringen. Sie verhalten sich nicht selbstgefällig gegenüber den
Zielen oder Errungenschaften des Partners, und sie setzen sich schon gar nicht gegenseitig herab. Geben Sie
Ihrem Partner positives, sanftes Feedback und konstruktive Kritik.

Eine weitere Möglichkeit, dieses Bedürfnis zu erfüllen, ist,
den Partner intellektuell zu stimulieren. Lassen Sie sich
auf eine Diskussion ein und bringen Sie sich gegenseitig
neue Dinge bei. Erweitern Sie den Horizont des anderen.
Ob Sie es glauben oder nicht, es hat mit unserem biolo-
gischen Bedürfnis zu tun, sich fortzupflanzen, damit wir
uns weiterentwickeln. Wir wollen einen Partner finden,
mit dem wir wirklich zusammenarbeiten können; jeman-

den, der bereits ausgeprägte gute Eigenschaften mitbringt oder sich mit uns weiterentwickeln wird.

Wenn Ihr Bedürfnis nach persönlicher Entwicklung nicht gestillt wird ...

Ihr Partner gibt Ihnen das Gefühl, zu stagnieren. Manchmal fragen Sie sich sogar, ob er Sie in dem ausbremst, was Sie wirklich erreichen könnten. Er inspiriert Sie in keiner Weise. Wenn Sie sich auf Diskussionen einlassen, haben Sie nicht immer das Gefühl, auf derselben Seite zu stehen. Sie sind oft gelangweilt oder verwirrt von dem, worüber er spricht. Sie halten Ihren Partner nicht für sehr weise oder sehr klug.

Die fünf Stadien einer Beziehung

Nachdem sie Hunderte von verschiedenen Paaren untersucht hatte, bemerkte die bekannte Beziehungstherapeutin Dr. Susan Campbell etwas Interessantes: Genau wie Menschen haben auch Beziehungen ihre eigene Lebenszeit, die aus fünf verschiedenen Phasen besteht. Jedes Stadium hat seine eigenen ausgeprägten Muster und mit ein wenig Selbsterkenntnis können alle Paare herausfinden, wo genau sich ihre Beziehung befindet.

Anders als bei Menschen ist jedoch jede Phase von Paar zu Paar unterschiedlich lang. Und nicht jedes Paar hat das Glück, die Lektionen jeder einzelnen Stufe zu lernen, vor allem nicht in der schwersten Stufe von allen, Stufe zwei. Um sicherzustellen, dass Sie und Ihr Partner diese Stufen mit Liebe, Vertrauen und Anmut durchlaufen, ist es am besten, sich über sie zu informieren.

STUFE EINS: Romantik und Anziehung

Von allen Phasen ist dies diejenige, über die Sie wahrscheinlich am meisten wissen. Hollywood-Filme haben viele Menschen davon überzeugt, dass Beziehungen die ganze Zeit so wie in der ersten Phase verlaufen – aber das ist ein fataler Irrtum. Zu diesem frühen Zeitpunkt in der Beziehung sind beide Partner völlig vernarrt ineinander. Wir sehen einander immer noch durch eine rosarote Brille, sehen nur die positiven Aspekte unseres Partners, während wir seine negativen Eigenschaften verleugnen. Hier sehen wir unsere Partner noch nicht ganz so, wie sie wirklich sind.

Ihre fünf Bedürfnisse sind in dieser Phase außer Kraft gesetzt, weil die Wahrscheinlichkeit geringer ist, dass wir bemerken, wenn sie nicht erfüllt werden. Wir sind eher geneigt, die Dinge abzutun und unserem Partner einen Vertrauensvorschuss zu geben, weil die Beziehung so neu ist. Wir sind in dieser Phase sehr leicht zufriedenzustellen, weil wir nur das sehen, was wir sehen wollen.

Die Länge dieser Phase variiert stark. Manche Paare gehen schon nach zwei Monaten in die nächste Stufe über, und bei einigen glücklichen Paaren kann sie bis zu zwei Jahre andauern – aber selten länger als das. Die erste Stufe dauert in der Regel so lange, bis die Partner beschließen, eine Art von Dauerhaftigkeit zu bekunden. Für manche Menschen ist das der Zeitpunkt, an dem sie beschließen, ein festes Paar zu werden, für andere ist es vielleicht das Zusammenziehen. Wie Dauerhaftigkeit wahrgenommen wird, ist von Person zu Person unterschiedlich.

STUFE ZWEI: Desillusionierung und Kampf

Nach der Euphorie und dem Rausch der ersten Phase kommen wir zum schwierigsten Teil unserer Beziehung. Dies ist der Zeitpunkt, an dem die rosarote Brille zum ersten Mal abgenommen wird. Wir fangen endlich an, unseren Partner und unsere Beziehung so zu sehen, wie sie sind, und die Enttäuschung beginnt, sich einzuschleichen. Einer oder beide Partner werden anfangen, sich danach zu sehnen, wie die Dinge am Anfang der Beziehung waren. Hier kommt der Spagat ins Spiel: Wie können wir unsere persönliche Freiheit bewahren und gleichzeitig ein guter Partner sein?

Es ist wichtig, sich daran zu erinnern, dass es völlig normal ist, diese Phase durchzumachen. Weil die Medien uns eine so unrealistische Vorstellung von der Liebe vermittelt haben, neigen wir dazu, in der zweiten Phase voreilige Schlüsse zu ziehen. Sobald wir auf diese Probleme stoßen, denken wir, dass die Beziehung dem Untergang geweiht sein muss. Ich sage Ihnen jetzt: Die meisten Probleme, die in dieser Phase auftreten, *können* behoben werden!

Um die nächste Stufe zu erreichen, ist es entscheidend, dass die Partner lernen:

- einander so zu akzeptieren, wie sie sind, und nicht so, wie sie einander gerne hätten

- zu einem Einverständnis und Kompromiss über die Verhaltensweisen und Gewohnheiten zu finden, die zu Spannungen in der Beziehung führen

- Mittel und Strategien zu erwerben, um sich selbst positiv zu verändern

- ehrlich, freundlich und konstruktiv zu kommunizieren

- Veränderungen anzunehmen und sich nicht gegen sie zu wehren

Mit einem Mal kommen unsere Bedürfnisse ins Spiel. Wenn ein Bedürfnis nicht erfüllt wird, spüren wir, dass etwas nicht stimmt. Und wenn wir die Fähigkeit zur Selbstreflexion besitzen, wissen wir genau, was dieses Bedürfnis ist. Unerfüllte Bedürfnisse jetzt zu lösen, ist der Schlüssel dazu, sie langfristig zu erfüllen.

Die meisten Scheidungen und Trennungen finden in dieser Zeit statt. Sie kann Monate oder manchmal sogar Jahre dauern. Paare können für eine lange Zeit zusammen sein und in dieser Phase stecken bleiben, unglücklich, bis sie sich schließlich dazu entscheiden, sich zu trennen. Individuen werden in dieser Phase auf die Probe gestellt. Wie wir uns entscheiden, zu handeln und einander zu behandeln, wird den Verlauf unserer Beziehung bestimmen. Wenn wir die Lektionen, die wir lernen müssen, ablehnen, können diese Probleme in der nächsten Beziehung wieder auftauchen.

STUFE DREI: Stabilität und gegenseitiger Respekt

Wenn Sie es durch den Sturm schaffen, herzlichen Glückwunsch. In Stufe drei herrscht mehr Frieden und Harmonie. Hier sind die Beziehungen in großem Maße gereift und beide Partner, ob sie es merken oder nicht, zeigen sich von ihrer besten Seite. Es werden Strategien eingesetzt und Kompromisse respektiert. Anstatt verzweifelt zu versuchen, den Partner zu ändern, konzentriert man sich auf das, was man selbst in der Hand hat. Lassen Sie uns ein Beispiel ansehen:

Auf Stufe zwei hatten Sam und Diane ständig Streit. Diane kam von der Arbeit nach Hause und sah ihn vor dem Sofa ausgestreckt, gewalttätige Fernsehsendungen schauend, ein Sortiment von Junkfood auf dem Couchtisch ausgebreitet. Das war seine Routine nach der Arbeit. Sam wollte sich entspannen und sich wie zu Hause fühlen, aber Diane wollte, dass die Dinge sauberer und organisierter zugingen. In ihren Streitereien nannte Sam Diane zu streng und kontrollierend, und sie nannte ihn einen chaotischen Schlamper.

Auf Stufe drei haben Sam und Diane die unterschiedlichen Bedürfnisse des jeweils anderen akzeptiert. Diane versteht jetzt, dass Sam sich gehen lassen muss, um sich von der Arbeit zu entspannen. Sam versteht auch, dass Diane eine saubere und ruhige Umgebung braucht, um sich von ihrer eigenen Arbeit zu entspannen. Die Lösung? An manchen Abenden kann Sam sich entspannen, wie er will, aber er stellt die Lautstärke des Fernsehers leiser, damit Diane eine Meditations-App im Nebenzimmer nutzen kann. An anderen Abenden kann Diane in aller Ruhe lesen, während Sam im Nebenzimmer über Kopfhörer seine Fernsehsendungen anschaut. Und an besonderen Abenden schauen sie eine Sendung, die sie beide sehen wollen, und holen sich Snacks, die sie beide mögen. Wenn sie etwas stört, sprechen sie es sanft und freundlich an, ohne die andere Person herabzusetzen.

In Stufe drei haben Sie sich für einen Kompromiss entschieden und gewöhnen sich nun an das Leben mit diesen neuen Veränderungen. Sie beginnen endlich zu verstehen, was einen guten Partner ausmacht. Sie sehen Kompromisse nicht mehr als Eingriffe in Ihre persönliche Freiheit, sondern als Möglichkeiten der Zusammenarbeit. Mit allen auftretenden Konflikten gehen Sie reif um.

Die Bedürfnisse nach emotionaler Bindung und persönlichem Wachstum werden in dieser Phase wahrscheinlich gut erfüllt. Um Langeweile und Stagnation zu vermeiden, sorgen Sie für eine gesunde Dosis Abwechslung.

STUFE VIER: Liebe und Bindung

Hier ist die Liebe voll ausgeformt. Alle unsere Handlungen verdeutlichen die Bindung zu unserem Lebensgefährten. Sie haben sich nicht nur gegenseitig akzeptiert und gelernt, Kompromisse einzugehen, Sie haben Ihr gemeinsames Leben als *Ihr Leben* akzeptiert. Dies läuft nicht immer auf eine Ehe hinaus, aber hier sind zwei Partner wirklich bereit für die Ehe. In Stufe drei akzeptieren wir die Eigenheiten unseres Partners, aber in Stufe vier lieben und nehmen wir diese Unterschiede wirklich an.

Paare erleben in dieser Phase immer noch Spannungen und Konflikte, aber diese sind in der Regel nebensächlich oder werden durch neue Lebensereignisse ausgelöst. Hier haben sie bereits Verhaltensweisen für die Situationen ausgearbeitet, die sie gut kennen, aber es entstehen unweigerlich auch Situationen, auf die sie nicht vorbereitet sind.

Zum Beispiel geraten Sam und Diane nicht mehr in hitzige Auseinandersetzungen darüber, wie sie sich zu Hause verhalten sollen. Eines Abends jedoch, bei einer Dinnerparty, erzählte Sam eine Geschichte über Diane, die sie wirklich in Verlegenheit brachte. Er dachte, es wäre lustig, aber sie argumentierte, es sei zu persönlich. Ein solcher Konflikt muss manchmal auftreten, aber mit den Mitteln, die sie in Stufe zwei gelernt haben, können sie eine Lösung finden.

In dieser Phase ist es wichtig, dass die Partner darauf achten, ihre Bedürfnisse nach Abwechslung und emotionaler Bindung zu erfüllen. Die Bindung ist gefestigt und manchmal kann dies bedeuten, dass die Routine begonnen hat, ihr Leben zu kontrollieren.

STUFE FÜNF: Symbiose und Austausch

Wenn wir die letzte Stufe unserer Beziehung erreichen, sind wir nicht mehr isoliert und abgeschottet. Hier beginnen wir, gemeinsam daran zu arbeiten, der Welt etwas zurückzugeben. Wenn erst einmal ein starkes Fundament aufgebaut ist, ist es ganz natürlich, dass man nach oben und nach außen bauen möchte.

Das kann Kinder bedeuten, aber nicht für jedes Paar. Es kann auch bedeuten, ein gemeinsames Projekt zu starten oder ein Geschäft zu gründen. Sie wissen, dass sich ein Paar in dieser Phase befindet, wenn sie eine gebende, fast elterliche Qualität an sich haben oder es so scheint, als ob sie *die Dinge* einfach gemeinsam erledigen. Sie sind das Gegenteil von zwei jungen Turteltäubchen, die sich in einem Raum einschließen und mit niemand anderem reden; ein solides Paar möchte die Welt in irgendeiner Form teilhaben lassen. Es ist bereit, in jeder Hinsicht zusammenzuarbeiten.

Kapitel zwei – Die Diagnose

Denken Sie daran, wann Sie das letzte Mal beim Arzt waren. Egal, aus welchem Grund, ob es ernst oder unproblematisch war, jedes einzelne Mal mussten Sie für eine Diagnose zunächst befragt werden. Bevor eine Lösung gefunden oder eine Behandlung durchgeführt werden kann, müssen die Symptome beachtet und analysiert werden. Es spielt keine Rolle, wie stark die Medizin ist; wenn sie ein Leiden behandelt, das Sie nicht haben, wird sie das eigentliche Problem nicht beheben.

Das gleiche Prinzip gilt auch hier. Sie können großartige Beziehungsratschläge lesen, aber nicht alles davon wird für Ihre spezielle Situation hilfreich sein. Wenn Sie Ihre Beziehung verbessern wollen, müssen Sie sich darüber klar werden, was die Probleme sind. Das folgende Kapitel wird sich darauf konzentrieren, die Problempunkte Ihrer Beziehung zu identifizieren. Seien Sie ehrlich zu sich selbst. Die Anzeichen sind da, Sie müssen sie nur wahrnehmen.

Sechs deutliche Anzeichen dafür, dass Sie und Ihr Partner besser kommunizieren müssen

1 Sie reden mehr über Ihren Partner, als Sie mit ihm reden

Es ist völlig normal, dass wir unsere Beziehung mit unseren Freunden und unserer Familie besprechen, vor allem, wenn wir Rat brauchen. Aber bedenken Sie diese wichtige Frage: Tauschen Sie sich über die gleichen Themen jemals direkt mit Ihrem Partner aus? Wie sehr überwiegt Ihre Kommunikation über Ihren Partner Ihre Kommunikation *mit* ihm?

2 Sie sind in der Nähe Ihres Partners reizbar geworden oder umgekehrt

An einem Punkt in Ihrer Beziehung schien es, als könnte Ihr Partner alles tun und Sie würden es an sich vorbeiziehen lassen. Aber jetzt braucht es viel weniger, damit Sie die Geduld mit ihm verlieren. Sie regen sich über Kleinigkeiten auf, die Sie früher nie gestört haben. Das ist ein wichtiges Anzeichen dafür, dass eines Ihrer Bedürfnisse nicht erfüllt wird, und ein Warnzeichen dafür, dass Sie das Thema ansprechen sollten, bevor Sie ausrasten. Seien Sie ehrlich zu sich selbst und überlegen Sie, was der wahre Grund für Ihre verringerte Toleranz ist.

3 Sie ertappen sich dabei, dass Sie sich fragen, was Ihr Partner wirklich fühlt

Wir sollten nie das Gefühl haben, dass unser Partner ein totales Rätsel ist. Wenn Sie sich häufig dabei ertappen, wie Sie versuchen, aus Ihrem Partner schlau zu werden, als wäre er ein kompliziertes Puzzle, dann gibt es eine Menge, was zwischen Ihnen beiden geklärt werden muss. In einer gesunden Beziehung mit guter Kommunikation sind wir zu 99 % der Zeit mit unserem Partner auf derselben Wellenlänge.

4 Sie und/oder Ihr Partner neigen zum Mauern

Wenn ein Partner sich abschottet, sich weigert, sich verletzlich zu zeigen und zu kooperieren, nennt man das

Mauern. Hierbei geht es nicht darum, jemanden mit Schweigen zu strafen. Jemand, der mauert, wird immer noch mit Ihnen sprechen, aber Sie werden das Gefühl haben, dass er ständig seine Deckung aufrechterhält. Er ist nicht aufrichtig und spielt vielleicht sogar mit Ihnen. Eine Person, die mauert, teilt Ihnen nicht mit, was ausgesprochen werden müsste. Warum sonst würde sie so stark auf Verletzlichkeit reagieren?

5 Sie vermeiden bestimmte Themen und haben das Gefühl, sich auf dünnem Eis zu bewegen

Manchmal steht ein sehr heikles Thema im Raum. Fühlt sich der Raum schwer an durch unausgesprochene Worte? Gibt es spürbare Spannungen? Das ist ein großes Zeichen dafür, dass die Beziehung um offene Kommunikation zu kämpfen hat. Aus irgendeinem Grund fühlt sich keiner der beiden Partner wohl dabei, einfach auszusprechen, was gesagt werden muss. Und wahrscheinlich ist das nicht das Einzige, mit dem sie sich schwertun.

6 Einer oder beide Partner verhalten sich passiv-aggressiv

Passive Aggression ist ein großes Zeichen dafür, dass etwas gesagt werden muss. Sie tritt auf, wenn jemand nicht unausstehlich oder offen aggressiv sein will, also versucht er, seinen Unmut zu äußern, ohne dabei ganz offen zu sein. Er ist nicht wirklich ehrlich, sondern versucht, darüber zu reden, ohne *wirklich* darüber zu reden. Sarkasmus ist eine weitere Form der passiven Aggression, wenn er auf eine böse Art und Weise verwendet wird. Wann immer wir nicht direkt kommunizieren können, finden wir indirektere Wege, um unsere Gefühle kundzutun.

Die sechs Gründe dafür, dass wir nicht kommunizieren

Das Wissen um den Grund für schlechte Kommunikation gibt uns nicht die Mittel, die wir brauchen, aber es zeigt uns, wo wir mit der Arbeit beginnen können. Wie können wir erwarten, etwas zu erreichen, wenn wir nicht wissen, wo wir anfangen sollen?

1 Einer oder beide Partner haben Schwierigkeiten, sich verletzlich zu zeigen

Dies ist ein häufiger Grund, warum Menschen nicht kommunizieren, doch es ist ein Hindernis, das mit Übung überwunden werden kann. Es gibt viele sehr triftige Gründe, warum jemand Probleme damit haben kann, sich verletzlich zu zeigen. Manchmal gibt es eine Missbrauchsgeschichte, kulturelle Unterschiede, eine gewaltsame Erziehung oder vielleicht liegt es einfach an der Persönlichkeit der Person.

2 Sie haben Angst davor, kritisiert zu werden

Wenn wir in einer Beziehung mit einer sehr kritischen Person sind, kann dies unsere Fähigkeit beeinträchtigen, offen mit ihr zu sein. Es ist weniger wahrscheinlich, dass wir ehrlich sind, weil wir ständig darüber nachdenken, wie sie auf unsere ehrlichen Gedanken reagieren wird. Selbst wenn es sich um etwas handelt, das sie überhaupt nicht verärgern würde, könnten wir diese Reaktion übermäßig fürchten. Es ist wichtig, dass der kritische Partner in diesem Szenario identifiziert wird.

3 Sie merken nicht, dass Sie etwas zu sagen haben

Vielen Menschen auf der Welt wurde beigebracht, mit einer Art „Steh auf und mach weiter"-Einstellung zu leben. Das ist zwar ein gutes Mittel, um die Probleme des Lebens anzugehen, kann aber dazu führen, dass die Kommunikation in einer Beziehung leidet. Warum? Weil wir uns mit dieser Einstellung angewöhnen, unseren Schmerz und Kummer einfach hinunterzuschlucken, ohne ihn anzuerkennen. Wir versuchen, diese Gefühle zu unterdrücken, und dadurch reflektieren wir weniger darüber, wie wir uns wirklich fühlen. Wenn es also etwas gibt, das wir dringend mit unserem Partner besprechen müssen, sind wir uns vielleicht nicht darüber bewusst, was es wirklich ist. Das kann zu einer Menge hinterhältigem und passiv-aggressivem Verhalten führen.

4 Ihr Leben ist hektisch geworden

Wenn wir beschäftigt sind, versagen wir nicht nur in der Kommunikation, weil wir buchstäblich weniger Zeit zum Reden haben. Weniger Zeit mit unserem Partner zu haben bedeutet auch, dass wir anfangen, das Gefühl der Intimität zu verlieren. Wenn er nicht da ist, sind wir nicht mehr in der Lage, unsere Verbindung zu nähren. Wenn wir uns von unserem Partner distanziert fühlen, ist die Wahrscheinlichkeit geringer, dass wir ihm etwas Persönliches anvertrauen wollen.

5 Einer von Ihnen hat ein Geheimnis

Es ist eine Möglichkeit, die wir nicht gerne in Betracht ziehen, aber zwischen Paaren dennoch nicht ausgeschlossen. Wenn wir etwas zu verbergen haben, kann das die gesamte Kommunikation beeinträchtigen. Unterbewusst oder ganz bewusst beginnt der Partner mit dem Geheimnis, auf Distanz zu gehen, weil er weiß, dass er nur so sein Geheimnis schützen kann. Oft spürt auch der andere, dass etwas nicht stimmt, was nur zu noch mehr Distanz und noch schlechterer Kommunikation führt. Dieses Geheimnis ist nicht immer ein Verrat wie Untreue.

6 Sie halten an einem Groll fest

Wenn ein Partner an einem Groll festhält, hört er auf, sich mit seinem Lebensgefährten zu verbinden. Der Groll kann sich auf etwas Unbedeutendes oder etwas Großes beziehen, aber er hat immer den gleichen Effekt. Der Groll ist so stark, dass er sich fast wie eine dritte Instanz in der Beziehung anfühlen kann. Selbst wenn wir verbalisieren, dass wir unserem Partner verziehen haben, ist diese Vergebung nicht vollständig, solange noch ein Hauch von Groll vorhanden ist. Wenn wir mehr oder weniger heimlich einen Groll hegen, kann sich die Kommunikation angespannt oder gar nicht vorhanden anfühlen. Der Partner, der den Groll abbekommt, wird das Gefühl haben, dass es eine Mauer gibt, an der er nicht vorbeikommt.

Die zehn Kommunikationsfehler, von denen Sie nicht wissen, dass Sie sie machen

Ein weiterer Schritt für den Anfang zur Verbesserung der Beziehungskommunikation besteht darin, zu untersuchen, was den Fortschritt behindert. Bevor wir überhaupt über Abhilfen und Lösungen nachdenken können, müssen wir herausfinden, von welchem Verhalten wir uns unbedingt verabschieden müssen. Es ist an der Zeit, ehrlich zu uns selbst zu sein.

1 Sie weigern sich, für irgendetwas verantwortlich zu sein

Wenn wir mit einer Situation konfrontiert werden, die uns bedrückt, ist es schwierig zu akzeptieren, dass wir eine Rolle bei ihrer Entstehung gespielt haben. Aber das ist nun mal meistens der Fall. Wenn wir uns in einer Beziehung befinden, ist es wichtig, dass wir lernen, Verantwortung für unseren Anteil an einer Situation zu übernehmen. Entschuldigungen bedeuten nichts, wenn es keine Verantwortung gibt, die sie untermauert. Wenn wir lernen, für unsere Handlungen einzustehen, schaffen wir einen sicheren Raum für Ehrlichkeit, Verletzlichkeit und Güte in unserer Beziehung. Es stärkt die Idee, dass Sie ein Team sind. Ja, Sie haben beide einen Teil dazu beigetragen, ungünstige Bedingungen zu schaffen, aber am wichtigsten ist, dass Sie beide zusammenarbeiten können, um dies in Zukunft zu verhindern. Behandeln Sie Ihren Partner nicht wie den Bösewicht; behandeln Sie ihn wie ein Teammitglied.

2 Sie lehnen die Gefühle Ihres Partners ab

Hier ist ein Geheimnis, das Sie wahrscheinlich schon kennen: Manchmal werden Sie die Gefühle Ihres Partners für lächerlich halten. Manchmal werden Sie sie überhaupt nicht verstehen und vielleicht haben Sie sogar den Drang, einfach wegzugehen. Es ist jedoch wichtig, zu betonen, dass Sie *niemals* einfach weggehen oder diese Gefühle abtun sollten. Die Gefühle Ihres Partners zu verleugnen, kann viel Schaden anrichten. Sie müssen verstehen, dass es Ihrem Partner eine Menge Schmerz bereiten könnte, selbst wenn es Ihnen selbst nichts bedeutet. Wenn Sie die Gefühle Ihres Partners abtun, sagen Sie ihm damit, dass es Ihnen egal ist, wie er sich fühlt. Dies kann noch tieferen

Schmerz für ihn verursachen und die Kommunikation in Ihrer Beziehung ruinieren.

3 Sie verwenden eine harsche oder beleidigende Sprache

Sie könnten etwas völlig Vernünftiges sagen, aber wenn Sie Schimpfwörter verwenden oder den anderen beschimpfen, um Ihren Standpunkt darzulegen, erweisen Sie sich und Ihrem Partner einen schlechten Dienst. Wenn wir Schimpfwörter verwenden, um eine Botschaft zu übermitteln, ist es viel unwahrscheinlicher, dass sie gehört wird. Niemand möchte wie ein Kind gescholten werden oder das Gefühl haben, ein Versager zu sein. Die Sprache und der Ton, den wir verwenden, sollten unseren Partner ermutigen, sich zu bessern, und ihn nicht für sein Verhalten beschämen. Sobald wir das tun, machen wir es wahrscheinlicher, dass unsere Partner aus Angst handeln statt aus Selbstbestimmung und Liebe. Diese Art von Verhalten kann eine Beziehung ruinieren und in einigen Fällen kann es sogar die Person, die Opfer dessen wird, traumatisieren. Es ist wichtig, dieses Verhalten abzustellen, sobald es auftritt.

4 Sie schreien und brüllen

Wenn Sie Ihre Stimme erheben oder Ihren Partner anschreien, zerstören Sie alle Chancen, sich auf Augenhöhe zu begegnen. Genau wie die Verwendung von Schimpfwörtern ist dies der falsche Weg, um eine Botschaft zu übermitteln. Es spielt keine Rolle, wie rational diese Botschaft ist oder wie recht Sie haben; wenn Sie schreien und brüllen, verliert Ihre Botschaft an Kraft. Deren Übermittlung sollte Ihren Partner dazu ermutigen, mit Ihnen zu kooperieren, und nicht dazu, sich in Angst zu ducken. Wenn wir auf aggressive Weise handeln, erhöhen wir die Wahrscheinlichkeit, dass unser Partner mit einer Abwehrhaltung reagiert. Sobald wir dies tun, begeben wir uns in den Kampfmodus. Nichts wird gelöst, wenn wir uns im Kampfmodus befinden.

5 Sie geben immer nach und entschuldigen sich

Es gibt nicht nur Menschen, die zu aggressiv sind, man kann auch zu unterwürfig sein. Wenn Sie sich ständig dabei ertappen, wie Sie zustimmen und sich entschuldigen, obwohl Sie nichts falsch gemacht haben, nehmen Sie damit den einfachen Ausweg. Es stimmt, dass wir uns unsere Schlachten aussuchen sollten, und manchmal ist es wichtiger, unseren Stolz zu schlucken, anstatt zu streiten, aber das sollte nicht häufig vorkommen. Wenn Sie feststellen, dass Sie immer wieder das gleiche Problem mit Ihrem Partner haben, ist es an der Zeit, nicht mehr so leicht klein beizugeben. Wenn Sie weiterhin die Schuld auf sich nehmen, wird das Problem nie gelöst werden, weil Sie nicht die Person sind, die es verursacht. Um der Beziehung willen müssen Sie Ihrem Partner erklären, wie er die gegenwärtige Situation verursacht. Helfen Sie ihm, die Möglichkeit zu sehen, die Dinge zu verbessern.

6 Sie werfen mit Absolutheiten um sich

Das Herumwerfen von Wörtern wie „immer" oder „nie", wenn Sie es nicht wörtlich meinen, kann sich manchmal nachteilig auf die jeweilige Situation auswirken. Wenn Sie z. B. zu Ihrem Partner sagen: „Du jammerst immer" oder „Du hilfst mir nie bei irgendetwas", ist das wahrscheinlich keine genaue Aussage. Wenn sie nicht wortwörtlich wahr ist, kann sie verletzend wirken, weil Sie das Problem übertreiben. Es ist wichtig, dass Sie sich an die Fakten halten, wenn Sie ein Problem zur Sprache bringen, und sich von Schuldzuweisungen fernzuhalten.

7 Sie sind *zu* ehrlich

Wir hören immer, dass wir nie etwas vor unserem Partner verheimlichen sollten, aber das stimmt nicht ganz. Es ist möglich, *zu* ehrlich zu sein, und das kann eine Menge Schaden anrichten. Als Faustregel gilt, dass es normalerweise eine gute Idee ist, ehrlich über etwas zu sein, das man *getan hat,* aber es ist nicht immer notwendig, dem Partner alles zu erzählen, was man *denkt.* Wenn Sie planen, mit einem Ex zu Mittag zu essen, sollten Sie bezüglich dessen unbedingt ehrlich sein. Aber sollten Sie Ihrem Partner sagen, dass Sie einen seiner Freunde attraktiv finden? Definitiv nicht. Diese Art von Ehrlichkeit kann die Gefühle des anderen verletzen.

8 Sie erlauben sich nicht, sich verletzlich zu zeigen

Es ist normal, dass man einen gewissen Widerstand dagegen verspürt, sich verletzlich zu zeigen. Schließlich geben wir jemandem sehr persönliche Informationen und es ist ganz natürlich, dass wir uns schützen wollen. Aber für eine gesunde Beziehung ist es wichtig, dass wir lernen, uns unserem Partner gegenüber verletzlich zu zeigen. Das bedeutet, dass wir auf ehrliche und offene Art mitteilen müssen, wie wir uns fühlen. Es bedeutet, eine Seite von uns zu zeigen, die wir normalerweise niemandem offenbaren. Um wirklich ein Gefühl der Intimität zu erlangen, müssen wir die Menschen an uns heranlassen. Vermeiden Sie es, in ernsten Situationen auf rätselhafte Weise zu kommunizieren oder Sarkasmus und Humor zu verwenden.

9 Sie erwarten, dass Ihr Partner Ihre Gedanken lesen kann

Dies ist ein häufiger Grund, warum Menschen aufeinander wütend werden, und es lässt sich leicht verhindern. Die Frustration rührt von der Vorstellung her, dass unsere Partner einfach *wissen* sollten, wenn etwas nicht in Ordnung ist, und sie sollten auch einfach *wissen*, was zu tun ist, um das Problem zu beheben. Das ist Ihrem Partner gegenüber jedoch nicht fair. Natürlich sind Ihre Gefühle und Bedürfnisse für Sie offensichtlich. Schließlich sind Sie derjenige, der sie fühlt! Es gibt viele Gründe, warum Ihr Partner sie nicht bemerkt, und die meisten davon sind es nicht wert, sich aufzuregen. Tatsache ist, wenn Sie keine bestimmte Reaktion von jemandem erwarten, werden Sie die Anzeichen weniger wahrnehmen. Also seien Sie Ihrem Partner gegenüber nachsichtig und einfach ehrlich. Sobald Sie das Problem aus dem Weg geräumt haben, können Sie anfangen, an Lösungen zu arbeiten.

10 Sie greifen Ihren Partner an und nicht das Problem

Wenn unsere Lebenspartner etwas tun, das uns stört, kann es verlockend sein, ihren Charakter anzugreifen, aber das sollten wir nie tun. Nehmen wir an, er oder sie hat völlig vergessen, auf dem Heimweg von der Arbeit Lebensmittel zu besorgen. So ärgerlich das auch sein kann, sagen Sie nicht: „Du bist so vergesslich. Du vergisst alles!" Selbst, wenn derjenige eine Tendenz zum Vergessen hat, konzentrieren Sie sich immer auf das eigentliche Problem. Anstatt ihn als vergesslich zu bezeichnen, sprechen Sie das an, was Sie in dieser speziellen Situation wirklich wütend macht, z. B. das Vergessen der Einkäufe. Sagen Sie zum

Beispiel: „Ich wünschte, du würdest dich mehr anstrengen, diese wichtigen Besorgungen nicht zu vergessen. Ich würde mich viel besser fühlen, wenn wir uns die Aufgabe, Lebensmittel einzukaufen, teilen könnten." Sie könnten sogar eine Lösung anbieten, wie z. B. das Erstellen einer telefonischen Erinnerung. Sie könnten auch etwas Verantwortung übernehmen und hinzufügen: „Ich hätte dir eine Nachricht schicken sollen, um dich daran zu erinnern. Ich weiß, dass du nach der Arbeit eine Menge um die Ohren hast." Wenn wir den Charakter unseres Partners angreifen, ist das eine Herabsetzung. Es kann dazu führen, dass er sich schrecklich fühlt, und das ist nicht hilfreich dabei, eine Lösung zu finden.

Wie viele dieser Probleme und Anzeichen haben Sie in Ihrer Beziehung erkannt? Je mehr Sie mitschwingen, desto dringender braucht Ihre Beziehung eine bessere Kommunikation. Und keine Sorge, das meiste davon ist komplett reparierbar!

Kapitel drei
– Gewohnheiten zum Glücklichsein

Die Macht der kleinen Schritte wird stark unterschätzt. Denken Sie mal darüber nach – unser Leben besteht nicht aus großen Erfolgen und Endzielen. Es besteht aus den kleineren Kämpfen, dem täglichen Trott und den kleinen Siegen, die sich zu großen Erfolgen summieren.

Eine der Hauptursachen für unser Scheitern ist, dass wir uns auf das Endergebnis konzentrieren und nicht auf die kleinen Schritte, die uns dorthin bringen. Wir sagen zum Beispiel, dass wir abnehmen wollen, aber anstatt uns erreichbare Schritt-für-Schritt-Ziele zu setzen, wie z. B. „Iss nur einmal in der Woche Nachtisch" oder „Iss jeden Tag einen Salat", setzen wir uns große Ziele, wie z. B. „Nimm fünf Pfund in einer Woche ab", ohne eine einzige konkrete Methode, die uns hilft, Fortschritte zu erzielen.

Das Erfolgsgeheimnis ist folgendes: Schaffen Sie gute Gewohnheiten, die Ihr Ziel unterstützen. Sie wollen eine fantastische Kommunikation in Ihrer Beziehung? Diese wird wahrscheinlich nicht sofort hervorragend sein. Und der Fortschritt wird langsam sein, wenn Sie nicht kleinere, erreichbare Schritte planen. Wenn Sie eine bessere Kommunikation wollen, müssen Sie bessere Kommunikationsgewohnheiten schaffen. Es fängt damit an, dass Sie eine

Technik einführen, dann eine andere, und lernen, diese neuen Mittel zu einem Teil Ihrer Routine zu machen. Um erfolgreich zu sein, müssen Sie Ihre Normen neu erfinden.

Neun Kommunikationsgewohnheiten, die Beziehungen retten

1 Zeigen Sie Interesse am Befinden des anderen

Diese Handlung ist so einfach und doch so wirkungsvoll. Erkundigen Sie sich mindestens einmal am Tag, wie es Ihrem Partner geht. Das muss nicht immer heißen, zu fragen: „Wie geht es dir?", sondern es kann auch bedeuten, dass Sie fragen, wie sein Tag war, wenn Sie sich nach der Arbeit sehen. Wenn Sie sich daran erinnern, dass Ihr Partner ein schwieriges bevorstehendes Meeting erwähnt hat, fragen Sie, wie dieses Meeting gelaufen ist. Auf diese Weise zeigen wir unserem Partner, dass er uns wichtig ist und dass wir ihm zuhören.

2 Lernen Sie, „Ich fühle/es fühlt"-Aussagen zu verwenden

Wenn Sie eine Aussage mit „Ich fühle" beginnen, verwandelt dies eine potenziell anklagende oder anmaßende Aussage in etwas Sanfteres. Um in jeder Situation das bestmögliche Ergebnis zu erzielen, besonders wenn sich ein Partner in einem empfindlichen Zustand befindet, sind „Ich fühle"-Aussagen der beste Weg, um mit ihm zu kommunizieren. Beachten Sie den Unterschied zwischen diesen beiden Aussagen:

- „Du hörst mir nicht zu. Du hast nichts von dem gehört, was ich gesagt habe."

- „Ich habe das Gefühl, du hörst mir nicht zu. Es fühlt sich an, als hättest du nichts von dem gehört, was ich gesagt habe."

Verändern Sie die Betonung von „du" zu „ich". Beachten Sie, wie dadurch etwas, das als anklagend oder aggressiv interpretiert werden könnte, plötzlich zu einer ehrlichen Beobachtung wird. Sie sagen Ihrem Partner nicht, wie er gehandelt hat; Sie betonen, wie Sie seine Handlungen erleben. Das macht einen großen Unterschied. Es ist schwieriger, das zu bestreiten, denn wenn wir erklären, wie wir uns fühlen, zeigen wir uns verletzlich. Da wir nur sagen, „es fühlt sich so an", geben wir unserem Partner die Möglichkeit zu sagen, dass er das nicht so gemeint hat. Wenn wir nicht „es fühlt sich so an" verwenden, treiben wir unseren Partner in die Enge und machen seine Kooperation unwahrscheinlicher.

3 Überdenken Sie, was Sie als „unwichtig" erachten

Dieser weniger bekannte Tipp ist bemerkenswert effektiv, um Beziehungen zu verändern. Wenn unser Partner etwas sagt, von dem wir glauben, dass es nicht so wichtig ist, übersehen wir eine enorme Erkenntnis: Es könnte für ihn sehr wichtig sein! Wann immer Sie im Begriff sind, lediglich „Das ist nett, Schatz" zu sagen oder vielleicht sogar ganz zu ignorieren, was er oder sie Ihnen mitteilt, bedenken Sie, welche positiven Auswirkungen eine richtige Antwort hätte. Wenn Ihre Partnerin gerade von der Arbeit nach Hause gekommen ist und beiläufig erwähnt, dass sie einen neuen Freund gefunden hat, nicken Sie nicht einfach und sagen Sie „Oh, cool." Sagen Sie enthusiastisch: „Das ist wunderbar, dass du einen neuen Freund gefunden hast."

Wollen Sie noch etwas wissen? Wenn Ihr Partner Enthusiasmus zeigt, selbst wenn es sich um eine Kleinigkeit handelt, sollten Sie diesem Enthusiasmus mit Interesse begegnen oder ihn zumindest angemessen anerkennen. Wenn Sie einen Spaziergang machen und Ihr Partner sagt: „Oh, schau mal! Was für ein hübscher Vogel!", ist es möglich, dass Sie sich nicht wirklich für den hübschen Vogel interessieren. Trotzdem sollten Sie Ihren Partner nie ignorieren, wenn er sich über etwas freut. Sagen Sie „Ich frage mich, was für ein Vogel das ist" oder stimmen Sie ihm einfach zu, indem Sie antworten: „Das ist in der Tat ein sehr hübscher Vogel." Sie sollten mindestens einmal auf seine Aussage reagieren.

All dies schafft eine engere Verbindung und gibt Ihrem Partner das Gefühl, wirklich wichtig zu sein. Es vermindert den Eindruck, ignoriert und nicht beachtet zu werden. Wenn das Bedürfnis Ihres Partners nach Bedeutsamkeit nicht gestillt wird, sollten Sie diese Gewohnheit in Ihre tägliche Kommunikation einbauen.

4 Stellen Sie ihm Fragen zu seinen Interessen

Gewöhnen Sie sich an, Ihren Partner nach Themen oder Ereignissen zu fragen, die ihn interessieren. Damit meine ich nicht nur Themen, die irgendwie interessant sind, sondern die Themen, die er wirklich spannend findet, auch wenn sie ein wenig albern sind. Wenn Ihr Partner auf Promi-Klatsch steht, fragen Sie ihn, was sein Lieblingspromi in letzter Zeit so treibt, oder fragen Sie ihn, was er von dem letzten Artikel über ihn hält.

Denken Sie an das letzte Mal, als Sie die Augen Ihres Partners während eines Gesprächs mit ihm aufleuchten sahen. Das ist ein guter Ansatzpunkt. Wenn wir uns angewöhnen, dies zu tun, bauen wir eine stärkere Verbindung zu unserem Partner auf. Es gibt ihm das Gefühl, etwas Besonderes zu sein, weil Sie sich nicht nur an seine Vorlieben erinnern, sondern weil es Ihnen wichtig genug ist, um mit ihm darüber zu sprechen. Zeigen Sie echte Begeisterung für das, was er Ihnen erzählt.

5 Sagen Sie jeden Tag mindestens eine positive oder ermutigende Sache zu Ihrem Partner

Es muss kein langatmiger Liebesbrief sein; sagen Sie Ihrem Partner einfach täglich mindestens eine positive Sache, auch wenn sie kurz und knapp ist. Es kann alles Mögliche sein, und es sollte mit Begeisterung ausgesprochen werden. Es steht Ihnen auch frei, dies per Text zu tun. Einige Ideen sind:

- „Du hast in letzter Zeit so hart gearbeitet. Weißt du, ich bewundere wirklich, was du alles leistest."

- „Ich weiß, dass du gestresst bist, aber ich finde, du gehst mit allem sehr gut um."

- „Du siehst heute wunderbar aus."

Wenn Ihnen nichts einfällt, warum dann nicht ein einfaches, aber von Herzen kommendes „Ich liebe dich"? Bereichern Sie die tägliche Kommunikation mit Ihrem Partner durch positive Aussagen und Sie werden feststellen, dass Ihr gesamtes Verhältnis zueinander sofort liebevoller wird.

6 Wenn Sie anderer Meinung sind, laden Sie ihren Partner sanft zum Nachdenken ein

Sie können Meinungsverschiedenheiten mit Ihrem Partner nicht vermeiden, aber Sie *können* vermeiden, dass sie sich zu einem ausgewachsenen Streit entwickeln. Anstelle von „Du solltest"- oder „Du solltest nicht"-Aussagen, ermutigen Sie den anderen zum Nachdenken. Drängen Sie ihm eine Idee nicht auf, sondern führen Sie ihn sanft an sie heran.

Lassen Sie uns ein Beispiel verwenden. Kelly hat eine Verabredung zum Mittagessen mit einer Freundin geplant, die sie immer herabgesetzt hat und gemein zu ihr war. Ihr Partner, James, hält es für keine gute Idee, dass sie sich treffen. Anstatt zu sagen: „Du solltest dich nicht mit ihr treffen", entscheidet er sich dafür, zum Nachdenken anzuregen. Er fragt: „Glaubst du, sie wird sich genauso verhalten wie beim letzten Mal?" und „Was glaubst du, wird dieses Mal anders sein?" James lässt seine Meinung erkennen, indem er „Ich"-Aussagen verwendet. Er sagt: "Ich mache mir einfach Sorgen, dass sie eine schlechte Freundin sein wird, wie sie es sonst auch war. Ich mag es nicht, wenn du verletzt wirst."

Verwenden Sie Fragen, um Ihren Partner zum Nachdenken aufzufordern, und wenn Sie Ihre Meinung hinzufügen müssen, verwenden Sie immer „Ich"-Aussagen.

7 Sagen Sie trotzdem „Bitte" und „Danke"

Wenn wir aufhören, gegenüber anderen unsere grundlegenden Manieren anzuwenden, ist das ein beunruhigendes Zeichen dafür, dass wir begonnen haben, ihn oder sie als selbstverständlich anzusehen. Stellen Sie sicher, dass Sie immer in den passenden Momenten „Bitte" und „Danke" sagen, egal was passiert. Selbst wenn Sie schlecht gelaunt sind, sollten Sie das trotzdem tun. Dies ist die grundlegendste

Art, jemandem seine Wertschätzung entgegenzubringen, und wenn wir damit aufhören, signalisieren wir, dass wir einen Anspruch darauf zu haben glauben. Sie denken vielleicht, Ihr Partner würde es nicht bemerken, aber das wird er, besonders wenn er sich sehr bemüht hat, Ihnen etwas zu bieten. Zeigen Sie immer Wertschätzung für die Bemühungen Ihres Partners und halten Sie sich an diese grundlegenden guten Manieren.

8 Lassen Sie sich auf Bettgeflüster ein

Auch wenn beide Partner einen vollen Terminkalender haben, gibt es keinen Grund, warum sie nicht ein wenig Bettgeflüster genießen können. Schließlich müssen wir alle irgendwann einmal ins Bett gehen! Bettgeflüster findet am Ende des Tages statt, wenn sich Paare vor dem Schlafengehen im Bett entspannen. Es besteht aus intimen und lockeren Gesprächen, bei denen beide Partner ihre Gedanken austauschen können. Paare können sich entscheiden, ob sie dabei kuscheln wollen oder nicht, aber körperlicher Kontakt schafft eine liebevolle Atmosphäre. Wenn Sie ein etwas angespanntes Gespräch führen, kann Kuscheln die Streitlust verringern und die Wahrscheinlichkeit einer Zusammenarbeit erhöhen. Wenn Paare es sich zur Gewohnheit machen, sich im Bett zu unterhalten, haben sie eine größere Chance, die Intimität und Verbindung in ihrer Beziehung aufrechtzuerhalten.

9 Tauschen Sie sich offen mit Ihrem Partner aus

Um ein größeres Gefühl von Intimität und Verbindung zu schaffen, warten Sie nicht darauf, dass Ihnen Fragen gestellt werden – fangen Sie einfach an, interessante Begebenheiten Ihres Tages mitzuteilen. Erzählen Sie von lustigen

Dingen, die bei der Arbeit passiert sind, oder von der witzigen Nachricht, die Ihnen ein Freund geschickt hat. Wenn Sie sich über etwas aufregen, das passiert ist, zeigen Sie sich verletzlich und erzählen Sie es Ihrem Partner. Sobald Sie damit anfangen, schaffen Sie eine Atmosphäre, in der Austausch und Offenheit nicht nur willkommen, sondern völlig normal sind. Das bedeutet, dass Ihr Partner eher bereit ist, sich Ihnen ebenfalls mitzuteilen. Wenn die Distanz zwischen zwei Menschen wächst, neigen sie dazu, zu viel darüber nachzudenken, wie sie die Situation verbessern könnten. Die Lösung ist simpel: Fangen Sie einfach an, so zu tun, als gäbe es überhaupt keine Distanz.

Wenn Sie sich offen mit Ihrem Partner austauschen, stellen Sie sicher, dass auch er die Möglichkeit hat, sich Ihnen anzuvertrauen. Reden Sie nicht stundenlang nur über sich selbst und Ihren Tag. Laden Sie den anderen ein, spannende oder interessante Dinge aus seinem Leben zu erzählen. Natürlich sind einige von uns von Natur aus gesprächiger, und manchmal können wir einfach nicht anders. Um sicherzustellen, dass ein gleichmäßiger Gesprächsaustausch stattfindet, sollten Sie die folgende Technik anwenden:

Alles über die 80/20-Regel

Wenn Sie normalerweise die meiste Zeit reden oder Sie spüren, dass Ihr Partner etwas loswerden muss, entscheiden Sie sich für die 80/20-Regel. Diese Technik ist extrem einfach und unkompliziert. Wenn Sie mit Ihrem Partner sprechen, versuchen Sie, 80 % der Zeit zuzuhören und nur 20 % der Zeit zu sprechen. Wenden Sie diese Technik nicht in jedem Gespräch mit Ihrem Partner an, da sie nicht immer angebracht ist und es manchmal besser ist, es bei 50/50 zu belassen. Bringen Sie sie nur dann ins Spiel, wenn Ihr Partner etwas ausdrücken muss, wenn Sie einen Streit heraufziehen sehen oder wenn Sie einfach üben wollen, ein besserer Zuhörer zu sein.

Messen Sie Ihr Glück mit der magischen Beziehungsformel

Um Beziehungsglück besser zu verstehen, untersuchten Psychologen eine Vielzahl von Paaren, indem sie sie baten, einen Konflikt in 15 Minuten zu lösen. Diese Gespräche wurden aufgezeichnet und neun Jahre später wieder angesehen. Die gleichen Psychologen machten Vorhersagen darüber, welche Paare zusammenbleiben und welche sich scheiden lassen würden. Erstaunlicherweise ergab eine Nachuntersuchung mit den beteiligten Paaren, dass die Psychologen mit ihren Vorhersagen zu 90 % richtig lagen!

Dies führte sie zu ihrer Entdeckung der magischen Beziehungsformel. Sie fanden heraus, dass der wesentliche Unterschied zwischen unglücklichen und glücklichen Paaren durch das Gleichgewicht von positiven und negativen Interaktionen in Konfliktmomenten bestimmt wird. In diesem Fall bedeutet ein Gleichgewicht dieser Interaktionen jedoch keine gleichmäßige Aufteilung. Denn die magische Formel liegt bei 5:1.

Das bedeutet, dass ein gesundes und glückliches Paar für jede negative Interaktion fünf oder mehr positive Interaktionen aufweist, um die Negativität auszugleichen. Negative Interaktionen können Dinge wie Augenrollen, Ablehnung, Abwehrhaltungen oder Kritik sein. Um dem entgegenzuwirken, sollten Paare positive Interaktionen wie körperliche Zuneigung, gut gemeinte Witze, Entschuldigungen, das Zeigen von Wertschätzung, das Stellen von gut gemeinten Fragen, Akzeptanz und das Finden von Gelegenheiten zur Einigung einsetzen. Das Verhältnis von 5:1 zeigt an, dass ein Paar glücklich und gesund ist und wahrscheinlich langfristig zusammenbleibt, während ein Verhältnis von 1:1 für Paare typisch ist, die bereits am Rande einer Scheidung oder Trennung stehen.

Wenn es etwas gibt, das man aus dieser Formel lernen kann, dann ist es, dass Negativität eine Menge Schaden anrichtet! Immerhin braucht es fünf positive Interaktionen, um eine einzige negative auszugleichen. Behalten Sie das immer im Hinterkopf und achten Sie darauf, nicht zu viel Negativität in Ihre täglichen Interaktionen einfließen zu lassen. Denken Sie an den letzten Konflikt mit ihrem Partner. Wie viele positive und negative Interaktionen haben Sie beide gezeigt?

Hören Sie auf, wegen dieser sechs „Probleme" auszuflippen

Wenn wir uns auf eine tiefe Beziehung einlassen, beginnt sich so vieles zu verändern – das macht uns natürlich Sorgen. Funken und Schmetterlinge werden durch andere Gefühle ersetzt, und es ist nicht ganz klar, ob das etwas Gutes oder etwas Schlechtes ist. Bedeutet es, dass Sie nicht mehr verliebt sind? Ist Ihre Beziehung zum Scheitern verurteilt? Hören Sie auf, sich zu sorgen! Meistens machen sich Paare über etwas Sorgen, das völlig normal ist.

Es ist wichtig, dass wir uns abgewöhnen, sofort durchzudrehen. Wenn wir ausflippen, sind wir so sehr in den

Emotionen gefangen, dass wir eine echte Lösung nicht in Betracht ziehen. Und es gibt Lösungen. Im Folgenden schildern wir einige der häufigsten Beziehungsprobleme und Methoden, wie Sie diese durch Kommunikation lösen können.

1 Ihre Beziehung ist nicht mehr so aufregend, wie sie einmal war

Von allen Beschwerden und Sorgen ist dies die mit Abstand häufigste. Fragen Sie alle Paare mit einer langfristigen Beziehung und sie werden Ihnen sagen, dass sich die Aufregung der ersten Tage gelegt hat. Der Rausch einer neuen Erfahrung ist durch ein Gefühl der Vertrautheit und Nähe ersetzt worden. Machen Sie sich deswegen nicht verrückt! Sie haben Stabilität gefunden. Sehen Sie darin keinen Verlust, sondern den Eintritt in eine neue Phase. Ihre Beziehung hat sich auf ein höheres Niveau bewegt.

Es ist wichtig, zwischen einer Beziehung, die sich weniger aufregend anfühlt, und einer, die *jegliche* Aufregung verloren hat, zu unterscheiden. Wenn Sie zum zweiten Lager gehören, müssen Sie ein wenig mehr nachdenken. Entweder sind Sie und Ihr Partner zu tief in eine starre Routine versunken, oder Sie haben die Gefühle füreinander verloren. Die Chancen stehen gut, dass es nur die Routine ist. Sie haben aufgehört, sich um die Bedürfnisse des anderen nach Abwechslung, emotionaler Verbindung und persönlicher Entwicklung zu kümmern. Ziehen Sie ein vertrauliches Gespräch in Betracht und planen Sie einen gemeinsamen Abend. Machen Sie sich die Mühe, Ihre Routine aufzupeppen. Es ist nicht so schwer, wie Sie denken!

2 Manchmal möchte man unbedingt Zeit für sich allein haben

Es ist nicht nur normal, Zeit für sich allein zu wollen, es ist sogar sehr gesund. Es bedeutet, dass Sie und Ihr Partner es vermieden haben, voneinander abhängig zu werden, und das ist wichtig für die Gesundheit einer Beziehung. Das Verlangen nach Alleinsein bedeutet, dass Sie immer noch Wert auf Ihre Unabhängigkeit legen, und das ist etwas, worauf Sie stolz sein sollten, und nicht etwas, das Ihnen Sorgen bereiten sollte.

Ihrem Partner zu sagen, dass Sie eine Auszeit brauchen, sollte nicht in eine schwierige Diskussion münden. Seien Sie direkt, seien Sie zwanglos und vermeiden Sie es, daraus ein ernstes Gespräch zu machen – wenn Sie es zu ernst werden lassen, wird Ihr Partner denken, dass er etwas falsch gemacht hat. Sagen Sie einfach: „Ich hatte in letzter Zeit keine Zeit für mich selbst und es war mir immer wichtig, allein sein zu können, um Kraft zu tanken. Können wir uns nach dem Wochenende treffen?" Wenn Ihr Partner weniger unabhängig ist als Sie, einigen Sie sich abschließend auf einen Plan für Ihr nächstes Treffen, damit er etwas hat, auf das er sich freuen kann. Zu lernen, um Zeit für sich selbst zu bitten, ist eine fantastische Angewohnheit, die man sich aneignen sollte, wenn man eine Beziehung eingeht. Idealerweise sollten beide Partner in der Lage sein, sich Zeit für sich zu nehmen, wann immer sie es brauchen, ohne sich um die andere Person zu sorgen.

3 Sie haben Ihren Partner dabei erwischt, wie er ein Auge auf eine andere Person wirft

Wenn Sie das erste Mal feststellen, dass der Blick Ihres Partners woanders landet, kann das sehr beunruhigend sein. Es ist in Ordnung, stutzig zu werden, aber Sie sollten sich darüber im Klaren sein, dass es sich um ein völlig normales Phänomen handelt. Selbst die engagiertesten Partner finden andere Menschen attraktiv. Die Anziehungskraft, die auf andere Menschen wirkt, sagt nichts über deren Gefühle Ihnen gegenüber aus. Denken Sie an das letzte Mal, als Sie jemanden gesehen haben, den Sie attraktiv fanden. Es könnte jemand gewesen sein, der auf der Straße an Ihnen vorbeiging, oder vielleicht war es ein attraktiver Prominenter in einem Film. Erinnern Sie sich daran, wie sich Ihre Augen auf diese Person fixiert haben? Es geschah automatisch, war aber nicht mit echten Emotionen verbunden. Unser Gehirn ist so verdrahtet, dass wir das, was wir attraktiv finden, gerne ansehen, aber wenn wir ihm nicht nachjagen, bleibt es bei einem Augenschmaus.

Wenn dies ein seltenes Ereignis ist, lohnt es sich wahrscheinlich nicht, es gegenüber Ihrem Partner zu erwähnen. Er wird sich dadurch nur schämen und sich unbehaglich fühlen. Es kann sogar dazu führen, dass er sich ängstlich fühlt, wenn er sich in der Nähe von jemandem befindet, den er attraktiv findet – was zu noch mehr Unbehagen für alle führt! Ich empfehle, es nur dann anzusprechen, wenn Ihr Partner es ständig und auf eine offene oder respektlose Weise tut. Wenn sein Blick zu lange verweilt oder er dadurch aufhört, Ihnen Aufmerksamkeit zu schenken, sagen Sie ruhig: „Könntest du das bitte lassen? Es stört mich wirklich." Seien Sie direkt und deutlich. Und denken Sie daran, dass dies ein sehr häufiges Problem ist.

4 Sie haben sehr unterschiedliche Interessen

Fragen Sie jeden beliebigen Beziehungs- oder Eheberater, und er wird Ihnen sagen, dass es einige sehr gesunde, glückliche Paare mit völlig unterschiedlichen Interessen gibt. Manchmal sogar mit entgegengesetzten Interessen. In mancher Hinsicht kann das gut für ein Paar sein. Mit unterschiedlichen Interessen wird es einfach, seine Unabhängigkeit zu bewahren, was für Partner in einer Langzeitbeziehung sehr gut ist. Wenn ein Paar alles gemeinsam hat, besteht die Gefahr, dass es zu viel Zeit miteinander verbringt, voneinander abhängig wird und dass das Feuer der Beziehung ausbrennt. Nehmen Sie die Tatsache, dass Sie unterschiedliche Interessen haben, an. Verändern Sie Ihre Perspektive: Sie sind nicht zu unterschiedlich, Sie *ergänzen* sich.

Wenn Sie sich aufgrund unterschiedlicher Interessen nur selten sehen, sollten Sie mindestens zwei Tage in der Woche einplanen, an denen Sie an derselben Aktivität teilnehmen können. Sie könnten zum Beispiel einen Film zu Hause anschauen, ins Kino, in eine Jazz-Bar oder eine Theateraufführung gehen. Sie könnten sich sogar dafür entscheiden, gemeinsam eine neue Fähigkeit zu erlernen, wie Töpfern oder Malen. Sprechen Sie miteinander und einigen Sie sich auf eine Art und Weise, wie Sie beide gemeinsam Spaß haben können.

5   Manchmal nervt Ihr Partner Sie wirklich

Sie kennen diese Momente, nicht wahr? Sie sehen Ihren Partner an und wünschen sich, er würde einfach den Mund halten. Oder Sie wünschen sich, er würde einfach stillsitzen und mit dem, was er gerade tut, aufhören. An schlechten Tagen regen Sie sich vielleicht sogar über dumme Dinge auf, z. B. darüber, wie laut er atmet oder wie er spricht.

Ob Sie es glauben oder nicht, auch das ist normal – solange es nicht anhaltend ist. Wenn Sie sich tagelang so fühlen, besteht die Möglichkeit, dass Sie entweder Ihre Gefühle für diese Person verloren haben oder zu viel Zeit miteinander verbringen. Wenn es aber nur ein paar Stunden dauert und Sie dann wieder zu Ihren Gefühlen der Zuneigung zurückkehren, müssen Sie sich keine Sorgen machen. Sie befinden sich einfach in einer normalen, langfristigen Beziehung! In den Momenten, in denen Sie sich ärgern, sollten Sie wissen, dass das normal ist, und dem Drang widerstehen, etwas Verletzendes zu sagen.

6   Sie haben nicht mehr so oft Sex wie früher
Umfragen haben gezeigt, dass diese Sorge eine der häufigsten ist. Paare haben in fast jeder Phase ein gewisses Maß an Sorge, dass sie nicht so viel Sex haben, wie sie sollten. Die Wahrheit ist, dass es völlig normal ist, dass der Sex mit der Zeit seltener wird. Und es ist normal, dass die Häufigkeit des Sex schwankt, je nachdem, was im Leben des Einzelnen passiert. Wenn die Flitterwochen vorbei sind, beginnt eine Beziehung sich einzupendeln, und das ist völlig in Ordnung! Das bedeutet nicht, dass Ihr Partner Sie nicht mehr begehrt, und bedeutet auch nicht, dass die Gefühle verloren gegangen sind. Wenn Sie sich immer noch Sorgen machen, dann planen Sie eine Zeit ein, in der Sie und Ihr Partner alles stehen und liegen lassen und sich darauf konzentrieren können, intim zu werden. Und probieren Sie etwas Neues aus, das Sie bisher noch nicht gemacht haben!

Kapitel vier – Liebe auf jede Weise

Bei Kommunikation geht es nicht nur darum, was wir mit Worten sagen. Denken Sie an den Satz: „Oh sicher, das wäre schön." Sie können das mit Freundlichkeit sagen, aber Sie können es auch mit Sarkasmus oder Zögerlichkeit sagen. Die Bedeutung von allem, was wir sagen, kann sich durch unseren Tonfall, unseren Gesichtsausdruck und das Tempo unserer Rede ändern. Alles, was wir tun, kommuniziert eine Botschaft.

Ob wir uns dessen bewusst sind oder nicht, unser Partner empfängt Signale darüber, wie wir uns in seiner Nähe verhalten. Wenn Sie mit ihm reden, aber Ihr Blick dabei auf Ihr Telefon gerichtet ist, zeigt das, dass Sie nicht wirklich an dem Gespräch interessiert sind. Wenn Sie ihn mit Ihren Worten auffordern, sich zu öffnen, aber Ihr Körper dem Fernseher zugewandt ist, wirkt das unaufrichtig. Wenn Sie aktiv versuchen, sich besser mitzuteilen, müssen Sie sicherstellen, dass alles, was Sie tun, mit der Botschaft übereinstimmt, die Sie zu senden versuchen.

In diesem Kapitel werden wir uns auf die vielen Möglichkeiten konzentrieren, wie wir unseren Partnern Liebe zeigen können. Ich empfehle Ihnen, so viele Ausdrucksformen der Liebe wie möglich zuzulassen. Sie werden vielleicht überrascht sein, auf was Ihr Partner am besten reagiert.

Alles, was Sie über Liebessprachen wissen müssen

Haben Sie manchmal das Gefühl, dass Sie und Ihr Partner völlig unterschiedliche Sprachen sprechen? Vielleicht ist das so. Seit der renommierte Eheberater Dr. Gary Chapman die fünf wichtigsten Liebessprachen identifiziert hat, hat sich dies als wegweisend für Millionen von Beziehungen herausgestellt. Die Entdeckung entmystifizierte die Beziehungsdynamik sowie die Kommunikation und förderte insgesamt ein größeres Verständnis zwischen den Partnern.

Jeder einzelne Mensch gibt und empfängt Liebe auf eine andere Art und Weise. Wie wir das tun, bestimmt die Handlungen, die wir als liebevoll empfinden, und die Handlungen, mit denen wir unsere Liebe für jemand anderen ausdrücken. Die Art, in der wir normalerweise Liebe kommunizieren, wird unsere Liebessprache genannt. Es ist üblich, mehr als eine zu haben, aber selten haben wir mehr als zwei dominante Liebessprachen.

Zwei Partner, die sich nicht bewusst sind, dass sie unterschiedliche Liebessprachen sprechen, können sich voneinander völlig verwirrt fühlen. Sie könnten sich sogar ungeliebt und nicht gewürdigt fühlen und sich fragen, warum ihre Versuche, Liebe zu zeigen, unbemerkt geblieben sind. Um einen reibungslosen Austausch von Liebe und Wertschätzung zu schaffen, ist es absolut wichtig, dass Paare die Liebessprache des anderen verstehen.

1 Verbale Bestätigung
Eine der häufigsten Liebessprachen ist die verbale Bestätigung. Das heißt, wir benutzen unsere Worte, um Liebe

und Wertschätzung auszudrücken. Menschen mit dieser Liebessprache fühlen sich am meisten geliebt, wenn jemand ihre Gefühle verbalisiert, ihnen Komplimente macht und ihnen viel verbale Ermutigung gibt. Hier sind einige Beispiele für verbale Bestätigung:

- Wenn Ihr Partner sich zurechtgemacht hat und sich merklich bemüht, gut auszusehen, sagen Sie: „Wow, du siehst fantastisch aus. Du bist unwiderstehlich in diesem Kleid."

- Wenn Sie sich einen gemütlichen Abend machen und Ihr Partner einen tollen Film auswählt, sagen Sie: „Du suchst immer genau den richtigen Film aus. Du hast einen tollen Geschmack."

- Wenn Ihr Partner etwas Rücksichtsvolles tut, sagen Sie: „Das ist so wunderbar von dir. Ich danke dir. Ich weiß es wirklich zu schätzen, dass du dir all diese Mühe für mich gemacht hast."

Wenn dies die Liebessprache Ihres Partners ist, achten Sie darauf, was er in Worten ausdrückt. Ignorieren Sie nicht die freundlichen und liebevollen Dinge, die er sagt, denn so zeigt er Ihnen seine Liebe. Reagieren Sie auf diese liebevollen Äußerungen mit verbaler Wertschätzung.

2   Wertvolle Zeit

Eine andere Art, wie wir Liebe kommunizieren, ist, dass wir unseren Lieben unsere ungeteilte Aufmerksamkeit schenken. Menschen mit dieser Liebessprache brauchen ein Gefühl der Zusammengehörigkeit und Intimität. Sie fühlen sich am meisten geliebt, wenn ihre Partner sich speziell für sie Zeit nehmen und ihnen ihre volle Aufmerksamkeit schenken. Dabei geht es nicht nur darum, zusammenzusitzen und eine Netflix-Sendung zu schauen, sondern es geht um Bindung. Verletzlichkeit ist ein großes Plus für Menschen mit dieser Liebessprache. Ihre Handlungen sollten die Botschaft aussenden: „Diese Zeit ist nur für dich und mich. Im Moment möchte ich nichts anderes, als mich dir nahe zu fühlen."

Um Liebe durch wertvolle Zeit zu vermitteln, müssen Sie nur einen Zeitraum einplanen, in dem Sie Ihre ganze Aufmerksamkeit ausschließlich Ihrem Partner widmen können. Dies könnte ein Tag im Vergnügungspark sein, ein spezielles Date am Abend oder ein Ausflug an einen romantischen Ort. Es könnte sogar etwas so Simples sein, wie zu Hause zu bleiben und sich bei einer Flasche Ihres Lieblingsweines über den Tag auszutauschen. Was auch immer Sie tun, achten Sie auf einander und hören Sie genau zu.

3   Körperliche Berührung

Wenn Sie ein sehr körperlich anhänglicher Mensch sind, ist es möglich, dass Sie es vorziehen, Liebe durch körperliche Berührung zu geben und zu empfangen. Durch die Art und Weise, wie wir jemanden berühren, kann eine Menge ausgedrückt werden. Und als Menschen sind wir daran gewöhnt, positiv darauf zu reagieren. Wenn die Liebessprache Ihres Partners körperliche Berührung ist, gewöhnen Sie sich daran, liebevollen Körperkontakt herzustellen. Um Ihrem Partner das Gefühl zu geben, geliebt zu werden, achten Sie darauf, dass Sie Händchen halten, kuscheln, sich küssen und umarmen. Menschen mit dieser Liebessprache genießen möglicherweise auch mehr Geschlechtsverkehr als andere Menschen, aber das ist nicht immer der Fall.

Das Beste an dieser Liebessprache ist, dass Körperkontakt so einfach ist. Sie brauchen nicht viel Kreativität oder Gedanken, um durch Berührung zu kommunizieren. Wenn Sie durch den Raum gehen, in dem sie sich aufhalten, geben Sie dem anderen einen Kuss auf die Wange oder reiben Sie sanft seinen Arm. Wenn Sie ihn begrüßen oder sich verabschieden, geben Sie ihm eine warme Umarmung.

4 Hilfsbereitschaft

Wenn Taten für Sie eine große Bedeutung haben, ist es möglich, dass Sie Liebe durch Hilfsbereitschaft empfangen und geben. Wenn dies Ihre Liebessprache ist, fühlen Sie sich am meisten geliebt, wenn Ihr Partner etwas tut, das Sie sich von ihm wünschen. Dabei geht es keineswegs darum, ein Sklave jeder Laune Ihres Partners zu sein, sondern darum, rücksichtsvoll zu sein und etwas zu tun, worum er Sie nicht explizit gebeten hat. Wenn dies die Liebessprache Ihres Partners ist, sollten Sie sich etwas Zeit nehmen, um wirklich darüber nachzudenken, was er am meisten schätzen würde. Erleichtern Sie ihm seinen Tagesablauf auf irgendeine Weise. Zum Beispiel könnten Sie Ihrem Partner eine Mahlzeit kochen, die er gerne mag, oder einen seiner kaputten Gegenstände reparieren. Es könnte sogar ein simples Aufladen seines Telefons sein, wenn Sie sehen, dass der Akku leer ist. Führen Sie Handlungen aus, durch die Sie sich aktiv um Ihren Partner kümmern.

5 Geschenke

Wenn Ihre Liebessprache das Schenken ist, bedeutet das nicht, dass Sie ein materialistischer Mensch sind. Ein Geschenk ist nur ein physischer Beweis dafür, dass Sie an jemanden gedacht haben. Es muss nicht ausgefallen oder teuer sein. In der Tat muss es überhaupt nichts kosten. Es geht nur darum, Ihre liebevollen Gedanken und Absichten in die Auswahl eines Gegenstandes zu stecken. Es geht nicht um das Geschenk selbst, sondern um den Gedanken dahinter. Gewöhnen Sie sich daran, Geschenke zu machen, wenn dies die Liebessprache Ihres Partners ist. Wenn er oder sie Schokolade liebt, holen Sie auf dem Heimweg von der Arbeit eine Schachtel oder Tafel. Wenn ihre Lieblingsblumen blühen, besorgen Sie eine einzelne oder auch einen ganzen Strauß. Und stellen Sie sicher, dass Sie das Schenken zu bestimmten Anlässen ernst nehmen!

Wie Sie nonverbale Kommunikation zu Ihrem Vorteil nutzen

Wie wir weiter oben in diesem Kapitel festgestellt haben, achtet Ihr Partner auf alles, was Sie sagen, auch auf die Dinge, die Sie nicht mit Worten ausdrücken. Um das beste Ergebnis aus einem Gespräch zu erzielen oder ihn zu beruhigen, wenn er empfindlich ist, folgen Sie diesen einfachen, aber effektiven nonverbalen Techniken:

1 Berühren Sie Ihren Partner auf eine unterstützende Weise

Unterschätzen Sie nicht die Macht der Berührung. Wenn Sie den Arm um Ihren Partner legen oder seine Hand halten, während er spricht, ermöglicht ihm das, sich viel wohler zu fühlen. Eine häufige Taktik, die Paare in schwierigen Situationen anwenden, ist, miteinander zu kuscheln oder einander zu umarmen, während sie miteinander reden. Zuneigung und Berührungen können dazu führen, dass die Beteiligten viel eher bereit sind, miteinander zu kooperieren. Beachten Sie jedoch, dass Sie Ihren Partner nicht berühren sollten, wenn er extrem wütend auf Sie ist – dies kann als unangemessen rüberkommen und die Situation verschlimmern.

2 Bewahren Sie einen neutralen oder mitfühlenden Gesichtsausdruck

Wenn Sie Ihrem Partner beim Sprechen zuhören, achten Sie darauf, dass Ihr Gesichtsausdruck ihn nicht vom Sprechen abhält. Wenn Sie gut gelaunt sind, halten Sie ihn mitfühlend, und wenn Sie nicht gut gelaunt sind, halten Sie ihn einfach neutral. Selbst wenn wir uns über unsere Partner aufregen, ist es wichtig, dass sie das Gefühl haben, sprechen zu können, ohne beurteilt zu werden. Wir benutzen vielleicht keine harten Worte, aber unsere Mimik kann trotzdem eine beunruhigende Botschaft vermitteln.

Betrachten Sie dieses Szenario als Beispiel: Sie sitzen mit Ihrem Partner zusammen und erklären ihm, dass Sie sich sehr ignoriert fühlen, wenn er während Ihrer Abende zu zweit ständig am Telefon ist. Wie würden Sie sich fühlen, wenn Ihr Partner anfinge, Sie mit einer hochgezogenen Augenbraue anzuschauen? Was wäre, wenn er beginnen würde, finster dreinzuschauen? Was, wenn es so aussähe, als würde er gleich lachen? Die Chancen stehen gut, dass Sie den Austausch unter solchen Bedingungen nicht fortsetzen möchten. Und es ist sogar sehr wahrscheinlich, dass Sie in Zukunft zögern würden, sich ihm anzuvertrauen. Sehen Sie? Auch wenn wir nicht sprechen, senden wir eine Botschaft. Machen Sie Ihre Gesichtszüge weicher, um eine bessere Reaktion zu erhalten.

3   Drehen Sie Ihren Körper zu Ihrem Partner

Wenn Sie mit Ihrem Partner sprechen, vor allem über etwas Ernstes, schauen Sie ihn nicht einfach nur von der Seite an. Achten Sie darauf, dass Ihr ganzer Körper dem Gegenüber zugewandt ist. Wenn unser Körper von unserem Gesprächspartner abgewandt ist, senden wir die Botschaft, dass wir nicht wirklich an dem Gespräch interessiert sind, um das es geht. Wir zeigen, dass wir nicht wirklich engagiert sind. Wenn Ihr Partner verärgert ist oder Sie das Gefühl haben, dass er Streicheleinheiten braucht, setzen Sie Ihren Körper ein, um ihm direkt ins Gesicht zu schauen.

4   Passen Sie den Ton und Klang Ihrer Stimme an

Es geht nicht immer darum, was Sie sagen, sondern auch darum, wie Sie es sagen. Überlegen Sie in dem entsprechenden Moment, was Ihr Partner am meisten von Ihnen braucht. Sollen Sie einfach nur zuhören und mitfühlen? Wenn ja, sprechen Sie mit einer weicheren, sanfteren Stimme. Braucht er eine Bestätigung? Wenn ja, dann sprechen Sie mit einer festen, selbstbewussten Stimme, damit er sich sicher fühlt. Um Ihren Gesprächspartner zu beruhigen, sprechen Sie langsam, denn eine schnelle Stimme kann abweisend wirken.

Weniger bekannte, aber wirkungsvolle Wege, Ihrem Partner Liebe zu zeigen

Es reicht nicht aus, die Liebe zu unserem Partner nur in einer oder zwei Formen zu zeigen. Warum an diesem Punkt aufhören? Wann immer Sie die Gelegenheit haben, nutzen Sie sie, um ihn mit Wärme und Optimismus zu überschütten. Das beschränkt sich nicht nur auf die Methoden, die ich bis jetzt aufgelistet habe. Die Möglichkeiten, liebevolles Verhalten zu zeigen, sind endlos.

1 Erklären Sie öffentlich, wie stolz Sie auf ihn sind

Es spielt keine Rolle, wem; wenn sich ein geeigneter Zeitpunkt ergibt, warum teilen Sie nicht stolz einen der Erfolge Ihres Partners mit? Es muss keine große Leistung sein, vielleicht etwas, woran er hart gearbeitet hat. Erkennen Sie die Bemühungen Ihres Partners an und erzählen Sie einer außenstehenden Partei von seiner Leistung. Jedem wird beigebracht, bescheiden zu bleiben und nie mit seinen Erfolgen zu prahlen, aber manchmal wollen wir insgeheim, dass die Leute wissen, dass wir etwas geschafft haben. Seien Sie der Erste, der etwas Erstaunliches, das Ihr Partner getan hat, kundgibt. Er wird sich dadurch extrem geliebt und unterstützt fühlen, und er wird sich wahrscheinlich ermutigt fühlen, weiterhin Fortschritte zu machen. Diese Taktik könnte ihn anfangs erröten lassen, aber sobald die Schüchternheit nachlässt, wird er sich sehr gerührt fühlen.

2 Stehen Sie für Ihren Partner ein

Wenn Ihrem Partner etwas Ungerechtes widerfährt, scheuen Sie sich nicht, das Wort zu ergreifen. Das bedeutet nicht, dass Sie einen Streit anfangen oder etwas Böses sagen sollten, sondern einfach, dass Sie Ihre Unterstützung in einer schwierigen Situation zum Ausdruck bringen. Benutzen Sie Ihren gesunden Menschenverstand, um die richtige Art und Weise zu bestimmen, dies zu tun. Wenn Sie sich in einem Gespräch mit vielen Leuten befinden und jemand Ihren Partner herabwürdigt, kontern Sie, indem Sie als sein Unterstützer auftreten.

Betrachten Sie dieses Beispiel: Adam und Vanessa sind mit einer Gruppe von Freunden unterwegs. Jemand beginnt sich über Vanessa lustig zu machen, weil sie erwähnt hat, dass sie einen Roman schreibt. Die unhöfliche Person bemerkt, dass alle anderen einen hoch bezahlten Job in einem Unternehmen haben, während Vanessa zu Hause sitzt und Geschichten schreibt. Adam braucht keinen Streit anzufangen, um sich für sie einzusetzen. Alles, was er sagt, ist: „Einen Roman zu schreiben, erfordert viel Geduld und Entschlossenheit. Vanessa hat sehr hart gearbeitet und ich finde es wunderbar, dass sie ihrer Leidenschaft nachgeht, anstatt geldbesessen zu sein." Negativität ist nicht erforderlich!

3 Bemühen Sie sich um eine Bindung zu den Menschen, die ihrem Partner nahestehen

Der Spruch stimmt: Wenn Sie eine Beziehung mit jemandem eingehen, gehen Sie auch mit dessen engen Freunden und Familie eine ein. Ob Sie es mögen oder nicht, diese Menschen sind ein Teil des Lebens ihres Partners. Und wenn Sie sich nicht die Mühe machen, bei ihnen einen positiven Eindruck zu hinterlassen, könnten ihre Meinungen über Sie einen Einfluss auf den Verlauf Ihrer Beziehung haben. Wenn Sie die Menschen kennenlernen, die ihrem Partner nahestehen, signalisieren Sie, dass Sie wirklich ein Teil des Lebens Ihres Liebsten sein wollen. Sie zeigen, dass Sie es ernst meinen, und Sie zeigen echte Liebe. Und warum? Weil Sie ein völlig uneigennütziges Ziel verfolgen. Schließlich befriedigen die Freunde und die Familie Ihres Partners keine Ihrer Bedürfnisse und Sehnsüchte. Geben Sie sich nicht dem Gedanken hin, dass diese Personen nicht wichtig sind, weil sie nicht Ihr Partner sind. Wie Sie sie behandeln, spricht Bände darüber, wie Sie Ihre Beziehung sehen.

4 Fragen Sie Ihren Partner, was ihm im Bett Spaß macht

Es gibt diese ungesunde Vorstellung, dass wir alle einfach *wissen* sollten, was unsere Partner wollen, ohne sie jemals zu fragen. Viele Menschen haben den fälschlichen Eindruck, dass wir nicht gut im Bett sind, wenn wir es nicht selbst herausfinden können. Das ist eine lächerliche Vorstellung. Wir sind keine Gedankenleser und jeder einzelne Mensch hat andere Vorlieben. Viele Menschen geben nicht preis, was sie mögen, weil sie nicht als anspruchsvoll gelten wollen, warum also nicht einfach nachfragen? Wie können wir etwas richtig machen, wenn wir nie davon erfahren?

Auch wenn Sie bereits wissen, was Ihr Partner mag, ist es nicht verkehrt, sich mit ihm auszutauschen. Fragen Sie ihn, ob es etwas gibt, das Sie kürzlich getan haben, das ihm gefallen hat, und ob es etwas gibt, das Sie besser machen können. Zu lernen, offen über Sex zu sprechen, ist eines der besten Dinge, die wir in unserer Beziehung tun können. Es zeigt unserem Partner auch, wie sehr wir uns bemühen, ihn glücklich zu machen und seine Bedürfnisse zu erfüllen. Selbst wenn wir es nicht immer richtig machen, kann es entscheidend für ihn sein, zu wissen, dass wir es versuchen.

5 Beschäftigen Sie sich mit einem Thema, das ihn interessiert

Wenn Ihr Partner ein großer Science-Fiction-Nerd ist, schauen Sie sich seine Lieblingsserie oder seinen Lieblingsfilm an. Wenn er gerne über Politik diskutiert, aber Sie diese nicht verstehen, bitten Sie ihn, Ihnen etwas zu erklären. Öffnen Sie sich und erweitern Sie Ihren Horizont! Zeigen Sie Ihrem Partner, dass Sie wirklich an dem interessiert sind, was ihm wichtig ist. Vielleicht stellen Sie sogar fest, dass Sie sich auch dafür interessieren. Wir sollten immer versuchen, Gelegenheiten zu schaffen, um uns mit unserem Partner zu verbinden. Indem wir uns mit dem beschäftigen, was ihn interessiert, schaffen wir mehr intime Momente. Dies ist eine sichere Methode, um Ihre Verbindung zu stärken.

6 Kümmern Sie sich um ihn, wenn er krank ist
Es ist ziemlich üblich, dass Frauen eine pflegende Rolle übernehmen, wenn ihre Partner krank sind, aber leider geschieht es andersherum seltener. Eines der liebevollsten Dinge, die wir für unsere Partner tun können, ist, sich um sie zu kümmern, wenn sie sich am schwächsten fühlen. Dazu gehören alle Arten von körperlichen und geistigen Beschwerden, einschließlich Krankheit, Depression und sogar Trauer. Das bedeutet nicht, dass wir denjenigen von vorne bis hinten bedienen müssen; es bedeutet nur, dass wir ihm etwas Kraft anbieten, wenn er sie am meisten braucht. Diese liebevolle Geste zeigt unserem Partner, dass wir uns um ihn kümmern, auch wenn er zu schwach ist, uns etwas zurückzugeben.

7 Nehmen Sie sich Zeit, Ihre Liebesgeschichte neu zu erleben
Jedes Paar hat eine einzigartige Liebesgeschichte. Sie umfasst all die wundervollen, aufregenden Dinge einer neuen Romanze: wie Sie sich kennengelernt haben, was Sie am Anfang über den anderen dachten, wann Sie wussten, dass Sie mit ihm zusammen sein wollten und vieles mehr. Eine großartige Möglichkeit, die Liebe und Leidenschaft immer wieder neu zu entfachen, besteht darin, Ihre Lie-

besgeschichte mit Ihrem Partner aktiv zu erleben. Warum besuchen Sie nicht den Ort, an dem Sie Ihr erstes Date hatten? Oder den Ort, an dem Sie sich zum ersten Mal küssten? Oder wie wäre es, wenn Sie sich einfach gegenseitig Ihre jeweilige Seite der Geschichte erzählen? Wann haben Sie beide gewusst, dass es Liebe ist? Wenn ein Paar all dies tut, tritt es einen Schritt zurück und erinnert sich daran, warum es zusammen ist. Es entfernt sich von seinen aktuellen Problemen und bemüht sich, den Zauber nicht aus den Augen zu verlieren. Wir alle haben eine Liebesgeschichte; nehmen Sie sich die Zeit, sich an Ihre zu erinnern.

8   Machen Sie Pläne für die Zukunft

Machen Sie sich keine Sorgen – dies bedeutet nicht, dass Sie anfangen müssen, Ihre Hochzeit zu planen oder Ihren zukünftigen Kindern einen Namen zu geben. Es bedeutet nur, dass Sie sich eine Zukunft ausmalen, in der Ihr Partner vorkommt. Es geht nicht darum, sich für immer zu binden, sondern darum, sich gemeinsame Ziele zu setzen und gemeinsame Träume zu schaffen. Bestimmen Sie etwas, auf das Sie beide gemeinsam hinarbeiten können. Das schafft eine hoffnungsvollere und kooperativere Atmosphäre in der Beziehung. Indem wir das tun, zeigen wir unserem Partner, dass auch er Teil des Traums und des Ziels ist. Es ist die positive Art der selbsterfüllenden Prophezeiung, bei der wir unbewusst unser Bestes geben, um uns an der Seite unseres Partners zu entfalten, weil wir ein Ziel haben, nach dem wir streben.

Kapitel fünf – Ihren Partner entschlüsseln

Am Anfang einer Romanze ist das Kennenlernen der Person, zu der man sich wahnsinnig hingezogen fühlt, eine aufregende Angelegenheit. Alles an ihm oder ihr ist faszinierend und beinahe fesselnd. Jede neue Macke, die Sie entdecken, ist liebenswert, sogar die eigentlich nervigen. Die einzigartigen Qualitäten des anderen ziehen Sie in ihren Bann und Sie sind überzeugt, dass es niemanden auf der Welt gibt, der so ist wie er oder sie. Ihre Gefühle sind auf die bestmögliche Weise entflammt. Sie können es kaum erwarten, Ihren Partner vollständig zu enträtseln und ihn in jeder Hinsicht kennenzulernen.

Sobald die Dinge ernst werden, wird sich Ihre Einstellung wahrscheinlich ändern. Das ist keine schlechte Sache. Es ist sogar ganz normal, wie ich im ersten Kapitel gezeigt habe. Während Sie Ihren Partner und seine einzigartigen Macken immer noch lieben, haben Sie auch die anderen Dimensionen seiner Persönlichkeit entdeckt; die Seiten, die zu Beginn überhaupt nicht offensichtlich waren. Jeder Mensch hat eine dunkle Seite. Wir alle haben innere Konflikte und unsere eigenen Bedürfnisse, und selbst wenn alle unsere Geheimnisse offengelegt sind, gibt es schlechte Tage, an denen die Uhren plötzlich anders ticken. Wie gesagt, das ist völlig normal. Das entspricht der menschlichen Natur. Es wird in jeder Beziehung vorkommen, und um ein guter Partner zu sein, müssen Sie lernen, damit umzugehen.

Ihr Partner mag sich manchmal wie ein Mysterium anfühlen, aber er oder sie ist viel einfacher gestrickt, als Sie denken. Es läuft alles auf die Grundbedürfnisse hinaus, die wir alle besitzen, und auf einige einzigartige Bedürfnisse, die ganz und gar seine eigenen sind. Mit der Zeit werden Sie diese kennenlernen und deren Erfüllung allmählich perfektionieren. Der Prozess, Ihren Partner zu entschlüsseln, erfordert Bewusstsein, Verständnis und Güte, aber er ist eines der besten Dinge, die Sie für Ihre Beziehung tun können. Das ist es, worum es in der Liebe geht.

Die besonderen Bedürfnisse Ihres Partners verstehen

Sie müssen die verschiedenen Bedürfnisse eines jeden einzelnen Partners, mit dem Sie zusammen sind, herausfinden. Das Problem ist, dass „Bedürfnisse" ein so vager Begriff ist, dass Sie vielleicht nicht wissen, wo Sie anfangen sollen. Wenn Sie Ihren Partner glücklich machen wollen, sollten Sie diese verschiedenen Arten von Bedürfnissen berücksichtigen und sicherstellen, dass Sie die Vorlieben Ihres Partners verstehen. Dazu bedarf es vielleicht bewusster Beobachtung, aber Sie sollten nicht zögern, diese Themen offen mit Ihrem Partner zu besprechen. Auf diese Weise entsteht gar nicht erst Verwirrung.

1 Sein Sexualtrieb und seine sexuellen Bedürfnisse

Es stimmt, dass unser Sexualtrieb schwanken kann, aber manche Menschen haben einfach stets einen viel höheren Sexualtrieb als andere. Und es gibt auch Menschen, die sich einfach nicht so sehr danach sehnen. Schätzen Sie die Bedürfnisse Ihres Partners ein oder fragen Sie ihn ganz einfach, wie hoch er seinen Sexualtrieb bemessen würde. Vielleicht finden Sie heraus, dass er einen ähnlichen Sexualtrieb hat wie Sie, aber Sie können auch feststellen, dass Sie unterschiedliche Bedürfnisse haben. Das bedeutet, dass Sie später einen Kompromiss finden müssen, damit sich keiner der Partner unbefriedigt fühlt. Sie werden auch herausfinden müssen, was der andere im Schlafzimmer besonders mag. Denken Sie daran, dass jeder Mensch anders ist und es vielleicht sogar von Vorteil ist, Ihren Partner ganz offen zu fragen, was ihm gefällt.

2   Die Art und Weise, wie er Stress abbaut und sich entspannt

Es gibt sicherlich Gemeinsamkeiten, aber größtenteils haben wir alle unterschiedliche Wege, um uns zu entspannen und abzuschalten. Für manche Menschen kann das totale Ruhe, gesundes Essen und einen Spaziergang im Park bedeuten. Andere hingegen wollen laut fernsehen, Videospiele spielen und nichts anderes als fettige Pizza essen. Sie werden sogar feststellen, dass manche Menschen gerne gesellig sind, wenn sie sich entspannen, und andere sind lieber ganz allein. Es ist immer am besten, herauszufinden, was die Bedürfnisse Ihres Partners nach einem langen Tag sind. Wenn Sie darüber Bescheid wissen, können Sie die richtigen Rahmenbedingungen für ihn schaffen; dann, wenn er es am dringendsten benötigt. Es ist dabei völlig normal, dass jeder Mensch mehrere Methoden hat, sich zu entspannen, aber Sie werden wahrscheinlich ein Muster erkennen. Wenn Sie und Ihr Partner gegensätzliche Arten der Entspannung bevorzugen, sollten Sie einen Weg zum Kompromiss finden.

3 Seine Vorstellung von Abenteuer

Abenteuer bedeutet nicht immer Fallschirmspringen oder Achterbahnfahren; unser Bedürfnis nach Abenteuer entsteht, wenn wir Energie haben und uns danach ist, etwas zu tun, das Spaß macht. Vielleicht sogar etwas, das sich von unserer üblichen Routine abhebt. Wir sind bereit, Energie zu verbrauchen, anstatt dass wir versuchen, sie zu erhalten. Eine gängige Vorstellung von Abenteuer in der heutigen Zeit ist es, abends in der Stadt auszugehen, zu tanzen und ein paar leckere Cocktails zu trinken. Aber manche Menschen haben selbst an ihren besten Tagen überhaupt keine Lust darauf. Sie sind lieber drinnen und gehen privaten Beschäftigungen nach. Vielleicht wollen sie kochen oder backen oder ein Work-out-Video absolvieren. Wenn es um Abenteuer geht, haben wir viele verschiedene Vorstellungen von Spaß. In diesem Fall ist es am besten, zu notieren, was Ihr Partner am liebsten macht, und auszuschließen, was er definitiv *nicht* als Spaß empfindet. Es ist wichtig, dass Sie entweder lernen, es auch zu genießen oder einfach akzeptieren, dass er es gerne tut, egal worum es sich handelt.

4 Ihre Bedürfnisse nach geistiger und intellektueller Anregung

Einfach ausgedrückt: Was wir als geistig und intellektuell anregend empfinden, ist das, was wir interessant finden. Es umfasst alle Themen, bei denen wir uns gerne herausgefordert fühlen und die wir mit Freude erforschen. Dies ist eines der am einfachsten zu entdeckenden Bedürfnisse, da die Menschen offener darüber sprechen, was sie geistig anregt. Sie müssen nur aufmerksam sein.

Manche Menschen stufen dies nicht als Bedürfnis ein, aber ich sehe das anders. Wenn uns das, was wir interessant finden, vorenthalten wird, verwelkt unsere Persönlichkeit und wir fühlen uns glanzlos, vielleicht sogar deprimiert. Diejenigen, die aufhören, sich mit Themen zu beschäftigen, die ihnen Spaß machen, können sogar darüber klagen, sich weniger wie sie selbst zu fühlen. Es ist wichtig, dass wir, sobald wir diese Bedürfnisse nach Anregung bei unserem Partner erkannt haben, immer aktiv zuhören und uns so viel wie möglich beteiligen. Welche Themen bereiten Ihrem Partner Freude? Was bringt seine Augen zum Leuchten? Was auch immer diese Themen sind, wir müssen unserem Partner immer erlauben, sie in das weitere Gespräch einzubringen. Auf diese Weise können wir helfen, sein Bedürfnis nach persönlicher Entwicklung zu befriedigen.

5   Sein Bedarf an emotionaler Unterstützung

Es wird unweigerlich eine Zeit kommen, in der Ihr Partner emotionale Unterstützung braucht. Obwohl die Bedürfnisse je nach Situation unterschiedlich sind, werden Sie feststellen, dass es Muster bezüglich dessen gibt, was er in Zeiten emotionaler Not als beruhigend empfindet. Für manche Menschen ist es wichtig, zu weinen. In diesem Fall sollten Sie sicherstellen, dass Sie ihm eine verständnisvolle Schulter zum Ausweinen bieten. Manche Menschen werden in Zeiten von emotionalem Stress hungriger und haben mehr Heißhunger. In diesem Fall sollten Sie versuchen, ihm Speisen anzubieten, die er als nahrhaft empfindet. Es gibt sogar Menschen, die ganz für sich sein müssen, um sich unterstützt zu fühlen. Es kann sein, dass sie einfach nur allein in die Natur flüchten wollen, und dafür brauchen sie Ihr Verständnis. Wann immer Ihr Partner eine Zeit des

Schmerzes durchmacht, versuchen Sie, zu erfahren, was den Schmerz lindert. In diesen Phasen kann es auch eine gute Idee sein, sich den fünf Liebessprachen zuzuwenden.

6   Seine spirituellen oder religiösen Bedürfnisse

Wenn Ihr Partner keiner bestimmten spirituellen oder religiösen Praxis anhängt, dann brauchen Sie sich um diesen Abschnitt keine Sorgen zu machen. Meistens treffen wir jedoch auf Menschen, die einen Hauch von Spiritualität in ihrem Leben haben. Spiritualität und Religion ist eine sehr persönliche Angelegenheit, und es ist sehr wichtig, dass wir die Entscheidungen und den Glauben unseres Partners respektieren. Selbst wenn es uns albern vorkommt, bringt es unserem Partner Frieden und das ist alles, was zählt. Informieren Sie sich darüber, welche spirituellen Praktiken Ihr Partner ausübt, wann er sie ausüben muss und ob es noch andere Anforderungen gibt, die er einhalten muss, wie z. B. diätetische Einschränkungen. Wir sollten ihre spirituellen Bedürfnisse niemals anfechten und uns nie über sie lustig machen.

7   Seine Unsicherheiten und Bedürfnisse nach Bestätigung

Sie werden keinen Partner ohne Unsicherheiten finden. So ist es nun mal. Wir sind alle Menschen und wir alle haben Ängste, die durch unsere Herkunft oder Persönlichkeit geprägt sind. Es ist absolut wichtig, dass Sie verstehen, was die Unsicherheiten Ihres Partners sind. Und vor allem müssen Sie wissen, wie Sie verhindern können, dass diese Unsicherheiten getriggert werden, und was er von Ihnen braucht, wenn dies doch geschieht. Nehmen wir zum Beispiel an, Ihr Partner fühlt sich unsicher wegen seines Gewichts. Diese

Unsicherheit könnte ausgelöst werden, wenn er oder sie jemandem begegnet, der sehr dünn und attraktiv ist. Solche Situationen sind unvermeidlich, deshalb ist es am besten, wenn Sie sich einen Aktionsplan für den Fall ausdenken, dass es dazu kommt. Vielleicht sollten Sie später versuchen, Ihrem Partner zu sagen, wie sexy er ist, und all Ihre Energie darauf konzentrieren, dass er sich attraktiv fühlt. Oder vielleicht möchte Ihr Partner die Sache einfach vergessen und etwas tun, das ihn völlig von seinem Körper ablenkt. Diese Bedürfnisse sind von Mensch zu Mensch unterschiedlich.

Fünf absolut notwendige Dinge, die Sie tun sollten, wenn Ihr Partner ein Trauma erlebt hat

Wenn Sie endlich die Person treffen, mit der Sie zusammen sein wollen, stehen die Chancen gut, dass diese schon verdammt viel gesehen hat, bevor Sie auftauchten. Manchmal sogar ein bisschen zu viel. Wenn Ihr Partner in seinen romantischen oder sexuellen Begegnungen von einem Trauma belastet wurde, müssen Sie sanfter mit ihm umgehen. Dies ist nicht verhandelbar. Wenn wir unser Verhalten nicht anpassen, werden wir unsere Partner nie glücklich machen und am Ende vielleicht noch mehr Schaden anrichten.

Es gibt viele Arten von Traumata, die eine schmerzhafte und emotionale Narbe hinterlassen können, von Betrug bis hin zu emotionalem Missbrauch und in einigen Fällen auch körperliche Arten von Missbrauch. Kommunikationstaktiken sollten in bestimmten Fällen immer sanft erfolgen, um sicherzustellen, dass Sie den Partner nicht triggern oder ihn zum Rückzug veranlassen. Behalten Sie die folgenden Tipps immer im Hinterkopf, wenn Ihr Partner ein Trauma erlitten hat:

1 Lernen Sie das Trauma auf eine unaufdringliche Weise kennen

Bevor wir wissen, was zu tun ist, müssen wir wissen, womit wir es zu tun haben. Der erste Schritt ist der Versuch, etwas über das traumatische Ereignis zu erfahren. Je nach der Schwere des Traumas ist es vielleicht nicht so einfach, unseren Partner zu fragen, was passiert ist. Wenn es zu schmerzhaft ist, um es zu erzählen, oder er einfach nicht bereit ist, es uns zu sagen, gibt es nur zwei Dinge, die wir tun können: warten, bis er sich bereit fühlt, oder jemanden fragen, dem er nahesteht. Eine gute erste Maßnahme ist es, dem Partner zu sagen: „Du musst mir nichts erzählen, was du nicht willst, aber ich bin immer da, wenn du dich mir anvertrauen möchtest. Ich möchte nur wissen, wie ich dich am besten unterstützen kann." Lassen Sie ihn wissen, dass Sie sich für seine Vergangenheit interessieren und bereit sind, zuzuhören, aber dass Sie ihn nicht zu etwas drängen werden, was er nicht will. Es ist wichtig, dass Sie ihn in dieser Situation niemals zwingen oder ihm Schuldgefühle einreden.

2 Berücksichtigen Sie die Verhaltensweisen, die seine traumatischen Erinnerungen auslösen können

Diese Phase erfordert Ihr tiefes Einfühlungsvermögen. Denken Sie an die Eigenschaften und Verhaltensweisen, die ihn während dieses traumatischen Ereignisses verletzt haben. Manchmal ist es offensichtlich, wie z. B. körperliche Gewalt, aber nicht immer. Wenn Ihr Partner betrogen wurde, kann es sein, dass er sich durch etwas so Harmloses wie ein Gespräch zwischen Ihnen und Mitgliedern des anderen Geschlechts getriggert fühlt. Es kann sein, dass er an den Abenden, an denen Sie mit Ihren Freunden etwas trinken gehen, ängstlich wird. Wenn es Momente gibt, in denen Sie aufhören zu kommunizieren, könnte dies besonders schwer für ihn sein, da er vermuten könnte, dass Sie ein Geheimnis haben. Erkennen Sie das Verhalten, das bei dem traumatischen Vorfall eine Rolle gespielt hat, aber auch, was dazu geführt haben könnte.

3 Entscheiden Sie sich für alternative oder veränderte Verhaltensweisen

Es ist nicht immer realistisch, jedes einzelne Verhalten zu unterbinden, das unseren Partner möglicherweise triggern könnte. Während es einfach (und absolut notwendig) ist, jemanden nicht zu missbrauchen, ist es nicht einfach oder realistisch, das Gespräch mit Mitgliedern des anderen Geschlechts komplett einzustellen. Was können wir also stattdessen tun? Es ist ganz einfach: Wir müssen die Art und Weise, wie wir mit diesen Situationen umgehen, ändern. Wenn Sie zum Beispiel einem Mitglied des anderen Geschlechts eine Nachricht schreiben, könnten Sie in Erwägung ziehen, Ihrem Partner die Nachrichten zu zeigen, damit er sich keine Sorgen macht. Wenn er ängstlich wird, wenn Sie mit Kumpels etwas trinken gehen, könnten Sie in Erwägung ziehen, sich alle paar Stunden telefonisch bei ihm zu melden. Oder Sie schicken ihm ein Foto von Ihnen an Ihrem aktuellen Aufenthaltsort. Werden Sie kreativ bei der Frage, wie Sie Ihr Verhalten ändern können, ohne ganz normale Handlungen zu unterbinden. Und Sie sollten sich nicht scheuen, Ihren Partner einfach zu fragen: „Was kann ich tun, damit es dir in dieser Situation besser geht?"

4 Verstehen, was er braucht, wenn er getriggert wird

Hoffentlich passiert das nie, aber wenn das Trauma Ihres Partners mit gemeinsamen Ereignissen verbunden ist, kann es unvermeidlich sein, dass er oder sie getriggert wird. Wenn dies geschieht, sollten Sie völlig ruhig und sanft gegenüber Ihrem Partner agieren. Wenn Sie aus irgendeinem Grund wütend auf ihn sind, sollten Sie diese Gefühle hintanstellen, bis er sich nicht mehr überwältigt fühlt. Andernfalls wird dies die Situation nur noch verschlimmern.

Wie sich diese Situation äußert, ist bei jeder Person unterschiedlich, aber die häufigste Reaktion ist entweder Weinen oder das Wechseln in den Selbstverteidigungsmodus, so, als ob das Trauma wieder passiert und derjenige sich davor schützen muss. Am besten ist es, Beruhigung anzubieten und einen besänftigenden Tonfall anzunehmen. Wenn Ihr Partner ein Opfer von Gewalt war, gehen Sie auf Nummer sicher und berühren Sie ihn erst, wenn er dazu bereit ist. Verstehen Sie, dass unsere Partner manchmal keine offensichtlichen Anzeichen dafür zeigen, dass sie getriggert werden. Stattdessen werden sie vielleicht nur still und deprimiert. Es ist wichtig, auf weniger auffällige Reaktionen zu achten, wenn Sie wissen, dass Ihr Partner einem potenziellen Trigger ausgesetzt war.

Was jeder Mensch braucht, hängt stark von der Person und dem erlebten Trauma ab. Eine gute Faustregel ist, den Auslöser so schnell wie möglich zu beseitigen und das Gegenteil von dem zu tun, was ihn bewirkt hat.

5 Wissen, was Sie tun können, um ihm zu helfen, nach vorne zu blicken

Wenn das Trauma schwerwiegend ist und nur sehr selten zur Sprache kommt, ist es am besten, diese Phase ganz außer Acht zu lassen. Wenn das Trauma jedoch Ihrer Beziehung im Weg steht oder Ihren Partner daran hindert, im Leben Fortschritte zu machen, sollten Sie sich überlegen, wie Sie ihm helfen können, mit dem Geschehenen Frieden zu schließen. Das kann bedeuten, dass Sie sich professionelle Hilfe suchen oder gemeinsam Schritt für Schritt Lösungen finden. Es ist wichtig, dass diese Lösungen nicht nur in Ihrer Verantwortung liegen; diese Schritte sollten auch Ihren Partner herausfordern, gesündere Reaktionsmuster zu entwickeln.

Kehren wir zum Beispiel des eifersüchtigen Partners zurück. Es ist nicht realistisch, von jemandem zu erwarten, dass er Sie alle paar Stunden anruft, wenn er etwas trinken geht. Idealerweise sollte der eifersüchtige Partner dieses Verhalten ablegen, sobald die Beziehung beginnt, langfristiger zu werden. Um diesen positiven Übergang zu beginnen, könnten Sie die Häufigkeit der Anrufe während des Ausgehens reduzieren oder beschließen, nur noch jede Stunde eine Nachricht zu schreiben. Der eifersüchtige Partner sollte sich Maßnahmen einfallen lassen, mit denen er vermeiden kann, sich während dieser Zeit niedergeschlagen oder deprimiert zu fühlen. Vielleicht könnte er ebenfalls mit Freunden ausgehen oder seine Energie in ein intensives Work-out stecken. Schaffen Sie eine positive neue Gewohnheit, die an die Stelle der ungesunden Reaktionen tritt. Auf diese Weise haben alle etwas davon.

Kapitel sechs – Es geht nur um Sie

Uns wird oft gesagt, wir sollten einen Partner finden, der uns so liebt, wie wir sind. Das ist bis zu einem gewissen Grad wahr. Wir alle sollten von unseren Partnern erwarten, dass sie uns für unsere Vorlieben, Abneigungen und positiven Eigenschaften lieben und akzeptieren, ohne zu versuchen, sie zu ändern. Sie sollten uns sogar für unsere Macken, Schwächen und Eigenarten lieben. Sie sollten das lieben, was uns anders macht. Aber von keinem Partner sollte jemals erwartet werden, dass er negatives oder destruktives Verhalten duldet, das ihn zutiefst beeinträchtigt. Ihre arrogante Haltung, Ihre manipulativen Tendenzen, Ihre hartnäckige Faulheit; nichts davon liegt in der Verantwortung Ihres Partners, und wenn diese Dinge ihn verletzen, wäre es grausam, von ihm zu verlangen, dies zu akzeptieren. Von unseren Partnern zu erwarten, sich allein mit dem auseinanderzusetzen, was sie verärgert und verletzt, wird unweigerlich zu Verachtung führen. Und Verachtung ist eines der wenigen Dinge, von denen eine Beziehung sich nicht erholen kann.

Die meisten Beziehungen scheitern, weil ein oder beide Partner sich weigern, die Arbeit an sich selbst zu leisten. Ich fordere Sie jetzt auf, nicht der Partner zu sein, der nicht an sich arbeitet. Seien Sie nicht derjenige, der sich nicht die Mühe macht. Sie mögen sich jetzt entrüstet fühlen, aber wenn die Beziehung endet und Sie erkennen, dass Sie sich nicht angestrengt haben, werden Sie es bitter bereuen. Arbeiten Sie an sich, bevor es zu spät ist.

Und denken Sie daran, dass das noch nicht alles ist. Das Verhalten, das Ihren Partner jetzt verletzt, wird wahrscheinlich alle Ihre zukünftigen Partner verletzen. Solange Sie eine glückliche, gesunde Beziehung führen wollen, werden Sie weiterhin eine positive Selbstveränderung brauchen.

Wie Sie sofort ein besserer Partner werden

Wenn Sie es Ihrem Partner recht machen wollen, implementieren Sie diese einfachen Gewohnheiten in Ihr Verhalten ihm gegenüber. Etablieren Sie diese neuen Kommunikationsnormen und Sie werden sofort anfangen, bessere Ergebnisse in Ihrer Beziehung zu sehen.

1   Fragen Sie nach dem, was Sie brauchen

Erwarten Sie nicht, dass Ihr Partner Ihre Gedanken lesen kann. Er hat sein eigenes Leben, mit eigenen Bedürfnissen, und Sie können nicht erwarten, dass er tatenlos zusieht und versucht zu erraten, wie Sie sich fühlen. Nach dem zu fragen, was Sie brauchen, macht Sie nicht bedürftig, es macht Sie selbstbewusst und emotional reif. Es zeigt, dass Sie Ihre Beziehung wertschätzen, weil es Ihnen ernst damit ist, bessere Bedingungen zu schaffen. Anstatt von Ihrem Partner zu erwarten, dass er sich ein Bein ausreißt, sagen Sie ihm offen, wie er helfen kann. Das macht es für ihn einfach und gibt ihm eine echte Chance, sein Verhalten zu ändern.

Wenn Sie um das bitten, was Sie brauchen, ist es viel wahrscheinlicher, dass Sie *bekommen*, was Sie brauchen. Um das beste Ergebnis aus Ihrer Diskussion zu erzielen, denken Sie daran, „Ich fühle"-Aussagen zu verwenden.

2 Ein Problem ansprechen, bevor es schlimmer wird

Es gibt viele Gründe, warum wir vermeiden, Probleme anzusprechen. Manchmal liegt es daran, dass uns die Konfrontation unangenehm ist, dass wir Angst vor der Reaktion der anderen Person haben, oder vielleicht wollen wir einfach nicht zugeben, dass es ein Problem gibt. So besteht das Problem oft weiter und verschlimmert sich. Wenn wir vermeiden, unsere Probleme anzusprechen, riskieren wir zwei Dinge:

- Wir explodieren vor unserem Partner, wenn wir es einfach nicht mehr aushalten können. Wenn wir bis zu unserer Belastungsgrenze gehen, ist es wahrscheinlicher, dass wir harte Worte äußern, obwohl wir sie nicht so meinen. Das kann unseren Partner verletzen und sogar dauerhaften Schaden in der Beziehung anrichten.

- Wir entwickeln Verachtung für unseren Partner. Wenn wir unserem Partner nicht die Möglichkeit geben, es besser zu machen, wird es nicht besser werden. Dies wiederum wird uns mehr und mehr frustrieren und schließlich zu Groll führen. Vielleicht wimmelt es in Ihrem Kopf von Fragen wie: „Warum um alles in der Welt hat er/sie das nicht bemerkt? Warum ist er/sie sich nicht klar darüber, was das mit mir macht?" Das kann dazu führen, sich nicht umsorgt zu fühlen, und zu Wut auf Ihren Partner, weil er Ihnen das zumutet. Kurzum: Sie machen das *selbst durch*, wenn Sie Ihrem Partner nicht sagen, was los ist!

3 Achten Sie auf das Timing

Achten Sie immer auf das Timing dessen, was Sie tun und zu Ihrem Partner sagen. Das macht einen großen Unterschied in der Reaktion, die Sie von ihm erhalten werden. Wenn Sie versuchen, ein ernsthaftes Gespräch mit ihm zu führen, tun Sie dies nicht, wenn er erschöpft von der Arbeit ist oder einen schlechten Tag hatte. Dies könnte zu einem Streit führen, da er nicht bei klarem Verstand ist. Nutzen Sie das Timing immer zu Ihrem Vorteil. Sprechen Sie mit Ihrem Partner am Morgen, nachdem er gut geschlafen hat oder an einem Tag, an dem er ausgeglichen scheint.

Diese Regel erstreckt sich auch über ernsthafte Gespräche und Diskussionen hinaus. Wann immer Sie eine Entscheidung treffen wollen, die sowohl Sie als auch Ihren Partner betrifft, denken Sie daran, wie dies ihren Zeitplan und ihre Termine beeinträchtigt. Wenn es Tage im Jahr gibt, die für Ihren Partner besonders schwer sind (z. B. Jahrestage von Todesfällen), denken Sie daran. Achten Sie darauf, dass Sie keine großen gesellschaftlichen Ereignisse planen, wenn er sich lieber zurückziehen möchte.

4 Verwenden Sie eine sanfte und konstruktive Sprache

Fehler passieren. Und manchmal haben unsere Partner nicht immer die besten Ideen. Trotzdem sollten Sie sich immer bemühen, konstruktiv zu bleiben, wenn Sie Ihrem Partner ein Feedback geben. Erkennen Sie an, was er richtig gemacht hat, aber weisen Sie auch auf Möglichkeiten zur Weiterentwicklung hin. Wenn Sie das Bedürfnis haben, Ihren Partner zu kritisieren, formulieren Sie Ihre

Kommentare immer im Hinblick darauf, wie er sich verbessern kann. Wenn Sie ihm das Gefühl geben, dass alles, was er tut, falsch ist, werden Sie die Situation nicht verbessern, sondern ihn nur davon abhalten, mit Ihnen zu kooperieren. Konzentrieren Sie sich immer auf Lösungen.

5   Stets ein offenes Ohr haben

Diese Prämisse wird oft wiederholt, und zwar aus gutem Grund. Aktives Zuhören in unserer Beziehung ist extrem wichtig. Tatsächlich ist es direkt mit der Gesamtqualität der Kommunikation zwischen uns und unserem Partner verbunden. Und in einer unglücklichen Beziehung ist es sehr üblich, dass sich mindestens ein Partner darüber beschwert, dass er sich nicht verstanden fühlt und sein Partner ihm nie zuhört. Indem wir aktiv zuhören, bleiben wir im Gespräch präsent. Wir zeigen unserem Partner damit Respekt. Und wir verringern zudem die Wahrscheinlichkeit von Missverständnissen. Wenn Ihr Partner das nächste Mal spricht, warten Sie nicht nur darauf, dass Sie an der Reihe sind, um zu antworten, sondern nehmen Sie wirklich alles in sich auf, was er sagt.

6   Halten Sie Ihre Erwartungen freundlich und realistisch

Wir alle bewegen uns durch das Leben und kommen in unterschiedlichen Geschwindigkeiten voran. Das gilt auch für Sie und Ihren Partner. Wenn Sie viel zu viel von ihm erwarten, verursachen Sie unnötige Enttäuschungen bei sich selbst und Verletzungen bei Ihrem Partner. Wenn es Ihnen so vorkommt, als ob Sie immer darauf warten, dass Ihr Partner endlich all Ihre Erwartungen erfüllt, dann treten Sie einen Schritt zurück und überprüfen Sie das

Ausmaß dessen, was Sie verlangen. Wenn Sie ständig enttäuscht werden, überlegen Sie, warum, bevor Sie weitere Maßnahmen ergreifen. Versuchen Sie, seine Persönlichkeit zu verändern? Verlangen Sie zu schnell zu große Anpassungen? Sind Ihre Forderungen unsensibel gegenüber seinen aktuellen Lebensumständen? Dies sind alles notwendige Fragen, die Sie sich stellen müssen.

Einige konkrete Beispiele für unfaire Erwartungen:

- von Ihrem Partner zu erwarten, dass er sich um alle häuslichen Pflichten kümmert, wenn jemand, der ihm nahesteht, gerade verstorben ist

- zu wollen, dass Ihr Partner sportlich wird, weil Sie sich am meisten zu sportlichen Menschen hingezogen fühlen

- von Ihrem Partner zu erwarten, dass er nach einem stressigen Arbeitstag ein wunderbares Essen kocht und das Haus blitzblank hält

- von Ihrem Partner zu verlangen, dass er im Bett sofort all Ihre Wünsche erfüllt, wenn er bereits sein Bestes gibt

- von Ihrem Partner zu erwarten, dass er die gleichen positiven Eigenschaften hat wie Ihr vorheriger Partner

Bitte beachten Sie, dass diese Erwartungen nicht für Fragen des Mitgefühls, des Respekts, der Sicherheit, der Rücksichtnahme und der Güte gelten. Diese zählen nicht als hohe Erwartungen, sie zeugen vielmehr von grundlegendem menschlichen Anstand. Egal, was Ihr Partner gerade durchmacht, er sollte diese grundlegenden Erwartungen immer erfüllen.

7 Hören Sie auf, die Vergangenheit heraufzubeschwören

Um das klarzustellen: Es ist nicht das Heraufbeschwören der Vergangenheit an sich, das schädlich ist, sondern wenn wir die Vergangenheit ausgraben, um einen Streit zu beginnen. Wenn Sie bereits über das Geschehene gesprochen haben und Ihr Partner sich entschuldigt hat, sollten Sie ihm seine Fehler nicht weiter vorhalten. Wenn wir das tun, zeigen wir damit, dass wir ihm nicht wirklich vergeben haben. Solange wir diesen Groll aufrechterhalten, schaffen wir Negativität in der Beziehung. Entweder sollten Sie diesen Fehler hinter sich lassen und Ihrem Partner vergeben, oder wenn Sie ihm nicht vergeben können, tun Sie, was getan werden muss, und beenden Sie die Beziehung. Dem Partner weiterhin vergangene Fehler vorzuwerfen, ist ein grausamer Akt, da es ihn in dem Fehler gefangen hält. Nicht nur das, es erhöht auch die Wahrscheinlichkeit, dass wir uns in umständliche Gespräche verstricken, aus denen wir nie mehr herausfinden. Da wir so sehr an dem Problem hängen, können wir nie zu Lösungen übergehen. Hören Sie auf, die Vergangenheit als Waffe zu benutzen, und tun Sie Ihr Bestes, darüber hinwegzukommen, wenn Sie sich entscheiden zu bleiben.

8 Sprechen Sie öfter Dankbarkeit aus

Die Wissenschaft hat bewiesen, dass wir uns sofort glücklicher fühlen, wenn wir dem Leben mit Dankbarkeit begegnen. Das Aussprechen von Dankbarkeit in unseren Beziehungen führt nicht nur dazu, dass wir selbst glücklich sind, sondern es kann auch für unsere Partner transformativ und kraftvoll sein. Indem wir Dankbarkeit zeigen, erinnern wir sie an ihren enormen Wert und heben hervor, was sie richtig machen.

Dankbarkeit zu empfangen, kann unglaublich ermutigend sein. Wenn Ihr Partner eine harte Zeit durchmacht, wird es mehr Motivation und Fortschritt entfachen, was letztendlich auf lange Sicht mehr Zufriedenheit schafft. Aber vor allem zeigt es ihm, dass seine Bemühungen nicht ungesehen bleiben und dass Sie alles, was er tut, anerkennen. Dadurch wird er sich sofort positiver und wertgeschätzt fühlen. Dankbarkeit ist insgesamt ein großer Gewinn für alle. Sprechen Sie sie öfter aus! Sie werden froh sein, dass Sie es getan haben. Es reicht aus, Ihrem Partner zu sagen: „Ich liebe und schätze dich", oder eine bestimmte Handlung hervorzuheben, die er getan hat oder tut, und genauer zu erklären, warum Sie so dankbar dafür sind.

Ihren Bindungsstil in der Beziehung verstehen

Unsere Bindungsstile werden in der frühen Kindheit geformt und sie spielen eine große Rolle in unseren Beziehungen. Nach Ansicht von Psychoanalytikern hängt der Bindungsstil, den wir ausbilden, von dem Verhältnis ab, das wir zu unseren Bezugspersonen in der Kindheit hatten. Dieser Stil bestimmt unsere Verhaltensmuster, die Art von Beziehungen, die wir am ehesten wählen, und im Wesentlichen, wie wir unsere Bedürfnisse erfüllt bekommen.

Kein Bindungsstil ist per se „schlecht", aber einige sind weniger förderlich für harmonische Beziehungen und führen eher zu ungesundem Verhalten. In jedem Fall ist es wichtig, dass wir uns unseres Bindungsstils (und auch desjenigen unseres Partners) bewusst sind, damit wir unsere Verhaltensmuster und Reaktionen besser verstehen können.

1 Der ängstlich-besorgte Bindungsstil

Menschen mit diesem Stil neigen dazu, sich nach emotionaler Bindung zu sehnen, und haben möglicherweise einige turbulente Beziehungen hinter sich. Sie tendieren dazu, nicht gerne allein zu sein und dazu, sich ihren Traumpartner vorzustellen. Leider stößt dieser Bindungsstil in einer Beziehung auf eine Menge Stressfaktoren. Viele davon sind selbst verschuldet. In Zeiten emotionalen Stresses können Menschen mit diesem Bindungsstil eifersüchtig, besitzergreifend oder bedürftig werden. Sie brauchen viel Liebe und Bestätigung und können negativ reagieren, wenn sie keine Rückversicherung oder positive Bestärkung erhalten.

Man kann sagen, dass dieser Typus sehr zum Grübeln neigt. Er ist sich selbst oft sein ärgster Feind und hat große Angst davor, verraten zu werden. Diejenigen mit diesem Bindungsstil machen etwa 20 % der Bevölkerung aus.

2 Der abweisend-vermeidende Bindungsstil

Ganz im Gegensatz zum ängstlichen Typus sind Menschen mit abweisend-vermeidendem Bindungsstil in hohem Maße selbstgenügsam. Dieser Typus zeigt ein großes Maß an Unabhängigkeit und braucht viel Freiheit in seinen Beziehungen. Obwohl er sich insgeheim eine tiefe Verbindung wünscht, wirkt er verschlossen und lässt sich selten auf tiefe Beziehungen ein. Viele Menschen, die mit diesem Typus zusammen sind, beschweren sich schlussendlich darüber, dass ihr Partner emotional nicht verfügbar und manchmal sogar gleichgültig erscheint. Es kostet ihn mehr Überwindung, sich verletzlich zu zeigen, und manche haben sogar eine Bindungsphobie. Sie neigen dazu, Intimität als einen Verlust ihrer persönlichen Freiheit zu sehen.

Personen mit vermeidendem Bindungsstil sind so sehr daran gewöhnt, sich um ihre eigenen Bedürfnisse zu kümmern, dass sie von Süchten geplagt werden können, um mit sich selbst fertigzuwerden. Das kann Drogenmissbrauch sein oder etwas weniger Schädliches wie Sport oder Essen. Ungefähr 23 % der Bevölkerung zeichnet sich durch diesen Bindungsstil aus.

3 Der ängstlich-vermeidende Bindungsstil

Dieser Typus lebt mit einer Menge an Konflikten. Als Kombination der beiden vorherigen Stile zeigt der ängstlich-vermeidende ein gegensätzliches Verhaltensmuster. Er sehnt sich zutiefst nach einer engen Bindung und doch möchte ein Teil von ihm in Sicherheit flüchten. Leider neigt dieser Typus dazu, beides zu tun. In seinen schlimmsten Momenten kann er sich an seinen Partner klammern und sogar ziemlich bedürftig erscheinen. Aber sobald sein Partner ihm nahekommt und ihn tröstet, kann er sich plötzlich erdrückt und gefangen fühlen. Wie ängstlich-besorgte Persönlichkeiten sind auch ängstlich-vermeidende anfällig für turbulente Beziehungen.

Dieser unberechenbare Typus hat keine feste Strategie zur Erfüllung seiner Bedürfnisse. Seine Verhaltensmuster sind oft das Ergebnis eines Traumas durch Verlassenwerden oder Missbrauch. Dies ist der seltenste Bindungsstil und macht nur 1 % der Bevölkerung aus.

4 Der sichere Bindungsstil

Wie der Name schon sagt, ist dieser Bindungsstil der sicherste der vier und wird weithin als der emotional gesündeste angesehen. Personen mit diesem Bindungsstil haben ein höheres Maß an emotionaler Intelligenz und finden es einfacher, ihre Gefühle zu regulieren. Es fällt ihnen leicht, gesunde Grenzen zu setzen und sie haben eine allgemein positive Einstellung zu Beziehungen. Dieser Typus fühlt sich in einer Beziehung sicher, kommt aber auch gut allein zurecht. Insgesamt ist er tendenziell zufriedener in Beziehungen und hat es viel leichter, eine gesunde Verbindung einzugehen.

Der sichere Bindungsstil bildet sich aus, wenn die eigene Kindheit als überwiegend positiv erlebt wird. Die Bezugspersonen wurden als sicher und verlässlich wahrgenommen, sodass dieser Typus diese Erfahrung auch auf alle zukünftigen Beziehungen projiziert. Dies ist die häufigste Variante von allen, mit einem Bevölkerungsanteil von 57 %.

Die meisten Menschen ändern ihren Bindungsstil nicht, aber es ist durchaus möglich, dies zu tun. Jede Person mit einem der weniger gesunden Stile kann durch viel Arbeit an sich selbst sicherere Eigenschaften entwickeln. Damit dies geschieht, sollte die Person jedoch eine Therapie machen und/oder die Gesellschaft von jemandem mit einem sicheren Bindungsstil suchen. Durch die Kultivierung des Selbstbewusstseins und die Bereitschaft, bessere Gewohnheiten zu entwickeln, kann sich jeder von seinem ungesunden Verhalten lösen.

Wissenswerte Tipps für den Beginn einer neuen Beziehung, wenn Sie schlechte Beziehungen hinter sich haben

Trifft einer der ersten drei Bindungsstile auf Sie zu? Wenn ja, hatten Sie wahrscheinlich ein paar schlechte, vielleicht sogar missbräuchliche Beziehungen. Möglicherweise arbeiten Sie gerade ein paar negative oder sogar regelrecht destruktive Verhaltensweisen auf, aber es sei Ihnen versichert, dass es möglich ist, darüber hinwegzukommen. Viele Menschen haben es allein geschafft. Und mit einem liebevollen Begleiter an Ihrer Seite können Sie gemeinsam daran arbeiten.

Das Trauma, das wir erleiden, kann die Art und Weise prägen, wie wir mit unseren Partnern kommunizieren, und die imaginären Stressfaktoren, die wir mit höherer Wahrscheinlichkeit erleben. Aus diesem Grund können wir in Situationen, die normalerweise niemanden aufregen würden, mehr Angst, Wut oder Verzweiflung zum Ausdruck bringen. Das ist unseren Partnern gegenüber nicht immer fair, zumal sie nicht diejenigen sind, die uns verletzt haben, und es ist wichtig, dass wir nicht selbst ausfällig werden oder unseren neuen Partnern Kummer bereiten. Behalten Sie die folgenden Tipps im Hinterkopf, um Ihre emotionale und geistige Gesundheit zu erhalten und gleichzeitig Rücksicht auf Ihren Partner zu nehmen.

Bitte beachten Sie, dass diese Tipps bei schweren Traumata nicht als Ersatz für die Hilfe einer psychiatrischen Fachkraft gedacht sind.

1 Erstellen Sie eine Liste von Verhaltensweisen, die Sie nicht mehr tolerieren werden

Um erfolgreich einen Neuanfang zu wagen, ist es wichtig, dass wir erkennen, was wir aus unserem Leben streichen möchten. Wenn Sie in der Vergangenheit viel Schmerz erlebt haben, machen Sie eine Liste mit Verhaltensweisen früherer Partner, die Ihnen erheblichen Schmerz zugefügt haben. Diese Liste ist genau das, was Sie von jetzt an in Beziehungen nicht mehr tolerieren sollten. Sie werden keine Ausreden für zukünftige missbräuchliche Partner mehr finden, denn diese Liste macht es einfach; entweder haben sie sich schuldig gemacht oder nicht. Schauen Sie sich diese Liste immer wieder an, um sich an ihren Inhalt zu erinnern, und zeigen Sie sie ruhig neuen Partnern, sobald Sie sich ernsthaft binden.

Diese Liste ist auch deshalb hilfreich, weil in Zeiten emotionaler Not unsere Gefühle unser Urteilsvermögen trüben können. Sie kann uns davor bewahren, ungerechtfertigte Wut oder Verärgerung an Partnern auszulassen, die nichts falsch gemacht haben. Wenn Sie zum Beispiel einen schlechten Tag haben, fühlen Sie sich vielleicht misstrauischer oder ängstlicher als sonst. Wenn dann etwas vorfällt, könnten Sie überreagieren. Wenn Sie auf Ihre Liste zurückblicken, werden Sie sehen, dass das von Ihnen beschriebene Verhalten eigentlich nicht auf Ihren Partner zutrifft. Dadurch wird klar, dass das Gefühl wahrscheinlich von innen kommt, weil Sie einen schlechten Tag haben.

Damit diese Liste wirklich erfolgreich ist, sollten wir strikt das Verhalten und nicht die Gefühle aufschreiben. Wenn Sie zu Ihrer Liste hinzufügen, dass Sie nicht tolerieren, dass

Ihnen jemand Schmerzen zufügt, wird es knifflig; manchmal können wir uns selbst Schmerzen zufügen und glauben fälschlicherweise, dass es die Schuld unserer Partner ist. Und holen Sie sich ruhig eine Meinung von außen, ob das aufgeschriebene Verhalten ausreichend und angemessen ist.

2 Wenn Sie bereit sind, teilen Sie Ihrem neuen Partner mit, was passiert ist

Damit unsere Partner uns bestmöglich unterstützen können, müssen sie wissen, womit sie es zu tun haben. Ohne zu wissen, was passiert ist und wie es sich auf uns ausgewirkt hat, werden sie keine Ahnung haben, wie sie helfen können. Teilen Sie ihnen mit, was passiert ist, was Sie von ihrem Partner brauchen und was Sie tun, um sich selbst zu helfen, darüber hinwegzukommen.

Wenn Sie noch nicht bereit dazu sind, es ihm zu sagen, dann warten Sie, bis Sie so weit sind, aber erwarten Sie in der Zwischenzeit nicht, dass er von selbst *weiß*, wie er helfen kann. Wenn Sie nicht glauben, dass Sie in nächster Zeit bereit sein werden, es ihm mitzuteilen, können Sie einen Freund bitten, es Ihrem neuen Partner zu sagen. Das ist zwar nicht die ideale Art, es ihm mitzuteilen, aber besser, als ihn im Dunkeln tappen zu lassen. Alles in allem ist es für Ihren neuen Partner immer am besten, so viele Informationen wie möglich zu haben, damit er Ihnen genau die Unterstützung bieten kann, die Sie brauchen.

3 Verlassen Sie sich auf Ihre Bezugspersonen, wann immer es nötig ist

Unsere engsten Freunde und Familie sind unsere größten Verbündeten. Wenn Sie sich jemals unsicher fühlen, nutzen Sie die Menschen, die Ihnen nahe sind, um sich ihnen anzuvertrauen, und bitten Sie sie um eine Meinung von außen. Unsere Gefühle sind nicht immer vertrauenswürdig, da uns vergangene Traumata anfälliger für bestimmte Reaktionen machen. Fragen Sie jemanden, dem Sie vertrauen und der Ihnen eine unvoreingenommene Meinung geben kann. Treffen Sie nicht alle wichtigen Entscheidungen allein.

Außerdem ist es wichtig, dass die Person, die Sie um Rat fragen, jemand ist, dessen Liebesleben Ihnen ein Vorbild ist. Menschen haben unterschiedliche Ansichten. Wenn eine Person in einer gesunden Beziehung Ihnen einen Ratschlag gibt, aber zehn Menschen in schlechten Beziehungen das Gegenteil sagen, sollten Sie immer auf die Person hören, die das erlebt hat, was Sie sich am meisten wünschen. Suchen Sie sich möglichst neutrale Personen; wenn Sie mit Eifersucht zu kämpfen haben, holen Sie sich keinen Rat von jemandem, der auch mit Eifersucht zu kämpfen hat.

4 Widerstehen Sie Vergleichen mit früheren Partnern

Wenn wir in einer neuen Beziehung sind, ist es ganz natürlich, dass unser Gehirn vergangene Beziehungen und Partner als Referenzpunkte verwendet. Dies tut es in dem Versuch, eine neue Situation zu verstehen. Obwohl dieser Instinkt natürlich ist, sollten Sie bedenken, dass die Analysen des Gehirns nicht immer korrekt sind. Wenn wir auf neues Terrain stoßen, sind unsere vergangenen Erfahrungen eine sehr begrenzte Wissensquelle, aus der wir schöpfen können.

Machen Sie sich die Mühe, sich daran zu erinnern, dass Ihr jetziger Partner nicht Ihr früherer Partner ist. Ihr Gehirn wird versuchen, Vergleiche anzustellen, aber widerstehen Sie diesen, wenn Sie können. Wenn das Verhalten Ihres neuen Partners anders ist als das, was Sie vorher erlebt haben, dann erinnern Sie sich daran, dass es keinen Grund gibt, das gleiche Ergebnis zu erwarten wie zuvor. Wenn es keine wirklichen Beweise gibt, gibt es auch keinen Grund, das Schlimmste zu befürchten. Wenn Ihr früherer Partner Sie mit einem Freund des anderen Geschlechts betrogen hat, denken Sie daran, dass es viele Menschen gibt, die so etwas nicht tun. Es gibt keinen Grund, sofort wütend oder gekränkt zu werden. Ihr jetziger Partner hat Sie nicht so verletzt wie Ihr früherer Partner, also bestrafen Sie ihn nicht für etwas, das er nicht getan hat.

Es ist besonders wichtig, dass wir keine Vergleiche zu früheren Partnern äußern. Wenn unser aktueller Partner nichts falsch gemacht hat, wird dies als sehr beleidigend rüberkommen. Wenn Sie in der Hitze des Gefechts den Drang verspüren, dies zu tun, widerstehen Sie ihm unbedingt.

5 Erwarten Sie nicht, dass Ihr Partner alles für Sie regelt

Sie sollten auf jeden Fall Unterstützung von Ihrem Partner in Zeiten der Heilung erwarten. Es besteht jedoch ein großer Unterschied zwischen Unterstützung und einer emotionalen oder psychologischen Krücke. Unterstützung überschreitet die Grenze zur „Krücke", wenn Sie aufhören, selbst an den Dingen zu arbeiten. Anstatt die Eigenarbeit zu leisten, um Ihr Verhalten und Ihre Denkmuster zu verändern, erwarten Sie von Ihrem Partner, dass er *sein* Verhalten ändert. Plötzlich lastet ein starker Druck auf dem „Krücken"-Partner, alles in Ordnung zu bringen, und wenn etwas schief geht, bekommt er automatisch die Schuld zugewiesen. Vermeiden Sie dieses Verhalten auf jeden Fall! Ihr Partner wird mit Sicherheit einen Groll gegen Sie entwickeln, und niemand würde es ihm verübeln – jemanden zu zwingen, Ihre Krücke zu sein, ist grausam!

Wenn wir uns auf solche Verhaltensweisen einlassen, werden wir sofort stagnieren. Da jemand anderes uns bemuttert, werden wir nie herausgefordert, und das bedeutet, dass wir nicht daran wachsen werden. Denken Sie daran, dass es nicht immer schlecht ist, sich unwohl zu fühlen. Wir sollten unser Unbehagen immer untersuchen und sehen, ob es etwas ist, woran wir arbeiten können, bevor wir jemand anderes bitten, sich zu ändern. Erwarten Sie von Ihrem Partner nicht, dass er alle Ihre Bedürfnisse (oder sogar noch mehr!) erfüllt, ohne im Gegenzug auch die seinen zu erfüllen. Eine Vorgeschichte von schlechten Beziehungen ist keine Rechtfertigung dafür, einen neuen Partner auszunutzen.

6   Fangen Sie an, Selbstfürsorge zu einem wesentlichen Teil Ihrer Routine zu machen

Eine wirkungsvolle Sache, die wir für uns selbst tun können, ist, Selbstfürsorge zu praktizieren. Verwerfen Sie die Vorstellung, dass Selbstfürsorge nur etwas für besondere Anlässe ist, und bauen Sie sie in Ihre tägliche oder wöchentliche Routine ein. Selbstfürsorge muss kein Geld kosten; sie meint nur, dass Sie sich erlauben, das zu tun, wodurch Sie sich gelassen und umsorgt fühlen. Selbstfürsorge ist, wenn Sie sich wieder mit Ihrem wahren Ich verbinden und mit sich ins Reine kommen. Das kann bedeuten, ein warmes Schaumbad zu nehmen und Ihre Lieblingsmusik zu hören. Oder in ein entspannendes Café zu gehen, Tagebuch zu schreiben und ein tolles Buch zu lesen oder sich mit einem Stück Kuchen zu verwöhnen. Wenn Sie ein größeres Budget haben, können Sie sich eine Massage gönnen und in Schokolade schwelgen. Die Möglichkeiten sind endlos!

Wenn wir anfangen, Selbstfürsorge zu einem Teil unserer Routine zu machen, trainieren wir auch unser Gehirn so, dass wir ihre Auswirkungen häufiger spüren. Es ist nicht nur das Schaumbad oder die Massage, die zur neuen Norm werden, sondern auch der Frieden und die Ruhe werden zur Norm. Das ist essenziell, wenn wir uns von einem Trauma erholen, weil wir die Neuvernetzung von Reaktionen und Impulsen dringend benötigen. Darüber hinaus ist es aber auch ein kraftvolles Symbol für das neue Kapitel, das Sie aufschlagen werden. Indem Sie sich Zeit nehmen, um sich auf sich selbst zu konzentrieren, geloben Sie, öfter an Ihre Bedürfnisse zu denken. Sie erkennen Ihren eigenen Wert an und sagen Nein zu Beziehungen, die Ihnen Schmerzen bereiten. Ein Hoch auf die Selbstfürsorge.

Kapitel sieben – Die tickende Zeitbombe

Wenn wir potenzielle Partner in Betracht ziehen, neigen wir dazu, Aufregung und Leidenschaft zu viel Bedeutung beizumessen. Während beides zweifellos extrem wichtig ist, vernachlässigen wir, was wirklich den Kern einer Beziehung ausmacht. Fast jeder kann großartige Zeiten miteinander verbringen, aber was macht ein Paar in den schwierigen Zeiten? Die dunklen Nächte, wenn Sie sich während eines Streits endlos im Kreis drehen? Wenn die Stimmen erhoben werden und Sie vor Wut kochen? Die Art und Weise, wie Sie und Ihr Partner sich in diesen Situationen verhalten und reagieren, hat den größten Einfluss auf Ihre Beziehung. Ihr Sexleben und die Anzahl Ihrer gemeinsamen Interessen: Keiner dieser Faktoren ist eine wahre Prüfung Ihrer Stärke als Team. Der größte Indikator für die Stärke Ihrer Beziehung ist, wie Sie sich streiten und wie Sie Lösungen für Probleme finden.

Selbst wenn man seelenverwandt ist und jeden Tag zusammen Spaß hat, wird es Tage und Nächte geben, während derer man sich nicht ausstehen kann. Niemand ist am Anfang einer Beziehung perfekt, daher ist es wichtig, dass wir mit der Zeit lernen. Es wird ein Moment kommen, in dem wir mit einer tickenden Zeitbombe (einer hochsensiblen Situation) umgehen müssen, und um zu verhindern, dass sie explodiert, braucht man das nötige Wissen und die nötigen Mittel. Erwarten Sie, dass Herausforderungen auftauchen werden, und seien Sie darauf vorbereitet, sie zu lösen.

Wann Sie die Pause- oder Stopp-Taste drücken sollten

Offene Kommunikation kann viele Probleme lösen, aber es gibt Zeiten, in denen man einen Schritt zurücktreten muss. Reden macht die Dinge nicht immer besser, manchmal kann es Schaden und unnötigen Kummer verursachen. Wenn es sich um eine wichtige Diskussion handelt, dann drücken Sie die Pausentaste und nehmen Sie das Gespräch wieder auf, wenn beide Parteien besonnener sind. Wenn es in dem Gespräch um nichts Wichtiges geht, drücken Sie auf Stopp und lassen Sie das Thema fallen wie eine heiße Kartoffel. Im Folgenden schildern wir die Anzeichen dafür, dass Sie sich beruhigen und die Sache ruhen lassen müssen:

1   Die Emotionen kochen hoch

Wenn es Tränen gibt, die Stimmen erhoben werden und Sie das Gefühl haben, dass jemand (und das schließt Sie mit ein) explodieren könnte, drücken Sie die Pausentaste. Wenn Emotionen zu stark aufgeladen sind, ist die Wahrscheinlichkeit höher, dass jemand überkocht und etwas Verletzendes sagt. Sie könnten sogar eine Entscheidung treffen, die Sie nicht mehr zurücknehmen können. Um erfolgreich auf Pause zu drücken, sagen Sie etwas wie:

„Ich spüre, dass wir beide zu sehr von unseren Emotionen vereinnahmt werden. Warum beruhigen wir uns nicht und setzen dieses Gespräch später fort? Ich möchte dieses Problem lösen und in unserem derzeitigen Zustand glaube ich nicht, dass wir das können."

Sobald beide Parteien die Chance hatten, sich zu beruhigen, werden Sie rationaler und besonnener zurückkommen. Eine potenzielle Katastrophe wird abgewendet und Sie werden dankbar sein, dass Sie diese Pause gemacht haben.

2 Sie haben dieses Gespräch schon einmal geführt und es hat nicht gut geendet

Bei vielen Paaren kann es zu wiederkehrenden Diskussionen kommen, die sich scheinbar nicht lösen lassen. Einige davon können das Schlimmste in beiden Partnern hervorbringen und in bitteren, verletzenden Bemerkungen enden, die viel Schaden anrichten. Wenn Sie feststellen, dass diese Sackgassen-Diskussion wieder auftaucht, sollten Sie sie im Keim ersticken, solange Sie noch können. Ziehen Sie in Erwägung zu sagen:

„Bei unserem letzten Gespräch haben wir beide eine Menge Dinge gesagt, die wir nicht so gemeint haben. Ich habe das Gefühl, dass es mehr geschadet als genutzt hat, und ich möchte wirklich nicht, dass sich diese Situation wiederholt. Ich möchte diese Sache in Ordnung bringen, also wie wäre es, wenn wir uns etwas Zeit nehmen, um über Lösungen nachzudenken? Jeder von uns kann sich etwas einfallen lassen, um diesen Konflikt zu bewältigen. Und wir können die Diskussion wieder aufnehmen, wenn wir neue Ideen einbringen können."

Wenn die Diskussion keinen Einfluss auf die Beziehung hat, weisen Sie einfach darauf hin, was beim letzten Mal passiert ist, und sagen Sie, dass Sie es für das Beste halten, sich darauf zu einigen, dass Sie unterschiedlicher Meinung sind. Jedes Paar wird seine eigenen Versionen von Sackgassen-Themen haben, und Sie müssen lernen, wann es keine Rolle spielt, zu gewinnen.

3 Mindestens ein Partner ist müde

Wenn wir müde sind, können wir manchmal die Energie verlieren, die wir brauchen, um uns und unsere Emotionen zu regulieren. Das soll nicht heißen, dass die Gefühle, die wir empfinden, wenn wir müde sind, nicht real sind. Tatsächlich kann diese Situation oft aufdecken, was wir wirklich fühlen – aber wir sind weniger fähig, mit ihnen verantwortungsvoll und effektiv umzugehen. Wenn wir Energie haben, gelingt es unserem Gehirn leicht, unsere Worte und Gedanken in einer klaren, konstruktiven Weise zu organisieren. Wenn wir keine Energie haben, kann unser Gehirn diesen Prozess nicht in Gang bringen oder ihn nicht richtig durchführen.

Wenn wir in diesem müden Zustand einen Streit beginnen, benutzen wir nicht die besten Mittel, die uns zur Verfügung stehen. Wir sind nicht dafür gerüstet, in der Arena zu stehen, und es ist das Beste, wenn wir aussteigen, bevor wir Schaden anrichten. In diesem Gemütszustand ist es viel wahrscheinlicher, dass wir überreagieren und etwas sagen, was wir nicht so meinen. Wir sollten nicht immer von unseren Partnern erwarten, dass sie verstehen, dass wir einfach nur müde sind und sich nichts aus unseren Worten machen. Wenn das, was wir sagen, wirklich verletzend ist, kann es tiefen Schmerz verursachen. Lassen Sie sich nicht auf ernsthafte Gespräche mit Ihrem Partner ein, wenn ein Partner in diesem Moment nicht effektiv kommunizieren kann.

4 Worte haben begonnen, verletzend zu werden

Aus dem einen oder anderen Grund arten Gespräche manchmal wirklich aus. Sie erkennen dies daran, dass entweder Ihr Partner etwas sagt, das Sie verletzt, oder Sie etwas sagen, was Sie normalerweise nicht sagen würden. Wenn Sie bemerken, dass der Tonfall und die Sprache aggressiv oder gemein werden, dann sollten Sie sofort weggehen und sich beruhigen. Dies ist der Punkt in unseren Auseinandersetzungen, den wir immer versuchen sollten zu vermeiden. Unsere hitzigen Unterhaltungen sollten niemals wehtun. Und wenn es doch passiert, wissen Sie, dass die Dinge zu weit gegangen sind.

Gehen Sie nicht einfach weg, ohne ein Wort zu sagen, denn das wirkt wie ein Davonstürmen, was Ihren Partner nur weiter verärgern könnte. Weisen Sie Ihren Partner stattdessen darauf hin, dass Sie angefangen haben, Dinge zu sagen, die Sie nicht so meinen, und betonen Sie, dass Sie keine Situation mitverursachen wollen, die dauerhaften Schaden anrichtet. Schlagen Sie vor, dass Sie beide sich Zeit nehmen, um sich zu beruhigen und über konstruktivere Wege nachzudenken, wie Sie Ihre Standpunkte vermitteln können.

5 Das Gespräch dreht sich im Kreis

Das passiert oft, wenn beide Partner müde sind, vor allem, wenn sie sich durch einen so langwierigen Streit erschöpft haben. Sie werden bemerken, dass immer wieder dieselben Punkte angesprochen werden, jedes Mal dieselben Antworten gegeben werden; irgendwie kommt man immer wieder auf dasselbe zurück.

Sigmund Ambrosius

Dies ist ein Zeichen dafür, dass sich Ihr Gespräch im Kreis dreht. Wenn Sie es nicht bald beenden, wird es nur immer weitergehen, und eine Lösung wird wahrscheinlich nie gefunden werden. Versuchen Sie, darauf hinzuweisen, dass sich das Gespräch im Kreis dreht, sobald Sie es bemerken. Es könnte mit verletzenden Aussagen enden, und selbst wenn nicht, bedeutet es für beide Partner eine große Verschwendung von Zeit und Energie.

Wenn Sie feststellen, dass ein bestimmtes Thema Sie oft im Kreis herumführt, sollten Sie überlegen, ob Sie dieses Gespräch per E-Mail führen wollen. Wenn Diskussionen schriftlich festgehalten werden, ist es viel einfacher, zu sehen, wo die Probleme liegen. Wenn Sie die Antworten genau untersuchen, wird klar, warum sich die Diskussion immer wieder im Kreis dreht.

6 Das Ergebnis der Diskussion wird die Beziehung nicht wirklich beeinflussen

Wenn das Gespräch hitzig wird, überlegen Sie, ob das Thema tatsächlich wichtig ist. Nehmen wir an, Sie haben beide angefangen, über ein Thema in den Nachrichten zu streiten. Fragen Sie sich, was für einen Unterschied es macht, ob Sie sich darüber einigen oder nicht. Haben Sie weniger Spaß miteinander, wenn Sie in Bezug auf dieses Thema nicht einer Meinung sind? Verletzt es Sie in irgendeiner Weise? Beeinträchtigt es einen von Ihnen beiden in seiner Fähigkeit, ein guter Partner für den anderen zu sein? Wenn die Antwort auf alle diese Fragen „Nein" lautet, dann ist dieses Thema nicht so wichtig. Das Ergebnis beeinträchtigt Ihre Beziehung in keiner Weise – also regen Sie sich nicht über Nichtigkeiten auf.

Wie Sie Ihre Bedenken richtig äußern

Wenn Sie in einer glücklichen, gesunden Beziehung leben wollen, müssen Sie wissen, wie Sie Ihre Bedenken auf die richtige Weise äußern können. Mit anderen Worten: ohne Ihrem Partner erheblichen Schaden zuzufügen und dabei ehrlich genug zu sein, um Veränderungen anzuregen. Dabei handelt es sich um unglaublich sensible Situationen, deshalb sollten Sie die folgenden Tipps genau beachten:

1 Wählen Sie den Zeitpunkt sorgfältig aus

Erinnern Sie sich daran, was wir über die Beachtung des Timings gesagt haben? Das ist sogar noch wichtiger, wenn wir ein entscheidendes Gespräch führen wollen. Bringen Sie keine ernsten Gespräche zur Sprache, wenn Ihr Partner einen schlechten Tag hat oder erschöpft ist. Das wird nicht zu einem günstigen Ergebnis führen! Am besten sprechen Sie Ihren Partner immer dann an, wenn er ausgeruht und gefasst ist und nicht gerade eine schwere Zeit durchmacht.

2 Widerstehen Sie, „aber …" zu sagen, um die Intensität einer Aussage abzumildern

Wir denken immer, dass wir jemandem einen Gefallen tun, wenn wir mit etwas Positivem beginnen, bevor wir zum Negativen kommen – aber das stimmt eigentlich nicht. Nehmen Sie zum Beispiel die Aussage: „Ich finde es großartig, wie leidenschaftlich du dich mit dem Thema Heimdekoration beschäftigst, und ich denke, du hast ein paar großartige Ideen, aber ich bin mir nicht sicher, ob mir diese neuen Veränderungen gefallen."

Sobald das „aber" ins Spiel kommt, hat der vorherige Teil des Satzes keine Bedeutung mehr. Es kann die Sache sogar noch ärgerlicher machen, weil Sie die Hoffnungen Ihres Partners geweckt haben, indem Sie mit etwas so Positivem begonnen haben, diese Hoffnungen jedoch völlig zertrampelt werden, wenn Sie den Satz beenden. Ihr Partner ist schlau! Er weiß, dass es eigentlich um das geht, was nach dem „aber" kommt. Versuchen Sie nicht, die Intensität von Aussagen mit dieser (schlechten) Technik abzumildern, und tun Sie es stattdessen durch vorsichtige Sprache. Wo wir gerade dabei sind …

3 Setzen Sie alles ein, was Sie über sanfte und konstruktive Sprache gelernt haben

Wir haben in einem früheren Kapitel über konstruktive Sprache gesprochen, und es ist an der Zeit, diese Lektion in die Tat umzusetzen. Dies ist der perfekte Zeitpunkt, um Ihre „Ich"- oder „Ich fühle"-Aussagen zu verwenden! Anstatt Ihre Bedenken in Bezug auf das, was Ihr Partner getan hat, zu äußern, formulieren Sie sie so um, dass es darum geht, was Sie fühlen. Vermeiden Sie absolute Formulierungen und Annahmen und achten Sie darauf, dass kein Satz mit „Du" beginnt.

Wenn Sie sich darüber aufregen, dass Ihr Partner selten bei der Hausarbeit hilft, widerstehen Sie dem Drang zu sagen: „Du hilfst nie bei der Hausarbeit und es ist dir egal, wie sehr mich das stört." Versuchen Sie stattdessen, etwas zu sagen wie: „Ich habe das Gefühl, dass ich nicht genug Hilfe bei der Hausarbeit bekomme. Ich würde mich viel besser fühlen, wenn wir eine gleichmäßigere Verteilung der Aufgaben vornehmen würden." Beachten Sie, dass das Wort „Du" überhaupt nicht erwähnt wird. Das ist ideal, weil sich Ihr Partner auf diese Weise nicht in die Enge getrieben fühlt und keine Vermutungen anstellt. Wir verringern auch die Wahrscheinlichkeit eines Streits, weil es schwierig ist, zu bestreiten, wie sich jemand fühlt. Gefühlswelten sind real.

4   Bereiten Sie sich auf Widerstand oder Fragen vor

Sie sollten sich immer auf die Möglichkeit vorbereiten, dass Ihr Partner ein wenig zurückschlägt. Das wird nicht unbedingt mit Wut oder Frustration geschehen, aber wenn Sie diese Möglichkeit in Betracht ziehen, dann sind Sie auf jeden Fall darauf vorbereitet. Denken Sie an alle Einwände, die Ihr Partner vorbringen könnte, und überlegen Sie sich eine konstruktive, selbstbewusste Antwort. Das ist besonders wichtig, wenn Sie der unterwürfigere Partner sind und dazu neigen, nachzugeben. Zum Beispiel könnte der Partner im vorherigen Szenario antworten: „Aber ich habe letzte Woche das Geschirr abgewaschen" oder „Aber ich bin nicht so gut darin, Hausarbeiten zu erledigen wie du." Sie kennen Ihren Partner gut genug, um mit einiger Genauigkeit vorauszusehen, wie seine Proteste lauten könnten. Auch wenn seine Antworten ärgerlich sind, bleiben Sie ruhig und konstruktiv.

5   Schließen Sie mit Lösungen und Positivem ab

Sitzen Sie nicht einfach nur da und schmoren Sie im eigenen Saft, sondern seien Sie bereit dazu, eine Lösung zu finden. Ihr Partner hat vielleicht auch einige Ideen, aber für das bestmögliche Ergebnis bringen auch Sie Ihre Vorschläge mit ein. Überlegen Sie sich den nächsten Schritt und geben Sie Ihrem Partner einen Ansatzpunkt. Dies ist der beste Weg, um ein Anliegen zu bearbeiten, weil Sie damit im Wesentlichen sagen: „Dieses Problem ist leicht zu lösen und hier ist die perfekte Gelegenheit. Wir können sofort anfangen, die Dinge besser zu machen!"

Um auf unser Beispielproblem zurückzukommen, könnte der betroffene Partner dann sagen: „Ich denke, eine gute Lösung wäre, wenn wir uns jede Woche mit der Hausarbeit abwechseln. Wie wäre es, wenn ich den Rest dieser Woche mache und du am Montag anfängst?" Beachten Sie, wie dies die Situation sofort positiver erscheinen lässt. Das Problem steht nicht mehr im Mittelpunkt, sondern die Lösung.

Wie wir an früherer Stelle erwähnt haben, ist es keine gute Idee, die Diskussion mit einer „Aber"-Aussage zu beginnen, bei der Sie vom Positiven zum Negativen übergehen – machen Sie es lieber umgekehrt. Fügen Sie die positive Aussage an das Ende des Gesprächs an, damit es zu einem guten Abschluss gebracht werden kann.

Fünf Äußerungen zur sofortigen Entschärfung einer hitzigen Diskussion

Es passiert in jeder Beziehung. Manchmal finden Sie sich in einem Gespräch mit Ihrem Partner wieder, das sich von völlig entspannt zu glühend heiß entwickelt hat – und zwar nicht auf gute Weise. Vielleicht liegt es daran, dass er einen harten Tag hatte und schlechte Laune hat, oder vielleicht ist er einfach mit dem falschen Bein aufgestanden. Was auch immer es ist, Sie können sein Verhalten nicht zügeln und Sie wissen nur, dass es jetzt aufhören muss. Behalten Sie diese Aussagen im Hinterkopf, um eine aufgeheizte Situation sofort zu beruhigen:

1 „Das sehe ich ein."

Wenn wir dies sagen, bestätigen wir den Standpunkt unseres Partners. Das kann jemanden beruhigen, denn alles, was wir wirklich wollen, ist, dass unser Standpunkt verstanden wird. Wir streiten weiter, weil wir uns Gehör verschaffen wollen. Beheben Sie das Bedürfnis, weiter zu streiten, indem Sie sagen, dass Ihr Partner sich bereits Gehör verschafft hat.

2 „Ich verstehe."

Diese Aussage ist ideal, um eine Situation zu entschärfen, ohne dabei nachzugeben. Indem Sie sagen, dass Sie etwas verstehen, geben Sie nicht zu, dass Sie im Unrecht sind; Sie sagen nur, dass Sie die Sichtweise des anderen nachvollziehen können. Ähnlich wie bei der vorherigen Aussage lassen Sie Ihren Partner wissen, dass das, was er gesagt hat, mit Bedacht aufgenommen worden ist.

3 „Was kann ich tun, um die Situation zu verbessern?"

Anstatt den Streit weiter anzufachen, versuchen Sie, den Fokus des Gesprächs auf mögliche Lösungen zu legen. Sie lassen Ihren Partner wissen, dass Sie bereit sind, das Problem zu beheben. Dadurch wird er wiederum eher bereit sein, zu kooperieren. Diese Aussage wirkt Wunder, aber Sie müssen gewillt sein, zusätzliche Arbeit zu investieren. Da Sie Ihren Partner wissen lassen, dass Sie die Dinge verbessern wollen, müssen Sie diesem Versprechen auch Taten folgen lassen.

4 „Was brauchst du im Moment?“

Wie bei der vorherigen Antwort überspringen Sie die Auseinandersetzung und gehen direkt zur Lösung über. Ihren Partner wird diese Frage mehr berühren, weil Sie ihn direkt fragen, was er braucht. Dadurch können Sie zum Kern des Streits vordringen, weil Sie sagen: „Ich weiß, dass es nicht wirklich um die Sache geht. Ich weiß, dass es um dich geht, und darum, was dir fehlt. Ich möchte mich darum kümmern.“ Nehmen Sie eine eher fürsorgliche Haltung ein und seien Sie bereit, das zu tun, von dem Ihr Partner sagt, dass er es braucht.

5 „Es tut mir leid.“

Unterschätzen Sie nicht die Macht von Entschuldigungen. Sie kann ein loderndes Feuer zu glimmender Asche verwandeln. Manchmal lohnt es sich einfach nicht, sich bis aufs Messer zu streiten. Beim Entschuldigen geht es nicht immer darum, eine Niederlage einzugestehen oder den Partner gewinnen zu lassen, sondern darum, Harmonie über das eigene Ego zu stellen. Es bedeutet nicht immer „Du hast recht, ich habe unrecht“, manchmal kann es auch bedeuten „Es tut mir weh, dich so verärgert zu sehen und es tut mir leid, dass du dich so fühlst.“

Was Sie während eines Streits NICHT sagen sollten

Wir haben besprochen, was Sie sagen sollten. Jetzt kommen wir zu dem, was Sie auf keinen Fall sagen sollten. Wenn Sie sich in einer hitzigen Diskussion oder einem Streit befinden, sollten Sie die folgenden Phrasen und Sätze vermeiden, wenn Sie eine Explosion verhindern wollen.

1 „Beruhige dich."

Es ist eine gewagte Behauptung, aber ich sage es: Noch nie in der Geschichte der Menschheit hat eine Aufforderung zur „Beruhigung" eine aufgebrachte Person tatsächlich beruhigt. Selbst wenn Sie es gut meinen, wirkt das herablassend und wenig mitfühlend. Die Person, die sich beruhigen muss, braucht eigentlich Einfühlungsvermögen und Verständnis; die genannte Aussage beweist das Gegenteil davon. Sie zeigt, dass die Person, die dies sagt, überhaupt nichts versteht, da diese denkt, dass es für ihren Partner einfach sein sollte, seine Emotionen in diesem Moment in den Griff zu bekommen. Wenn Sie dies sagen, werden Sie keine positive Reaktion erhalten. Vermeiden Sie es auf jeden Fall und versuchen Sie stattdessen, ihr Gegenüber zu bitten, Ihnen mehr zu erzählen.

2 „Nicht das schon wieder!"

Wenn Ihr Partner verärgert ist und Sie die Tatsache beklagen, dass er sich *wieder* über etwas aufregt, wird dies nur noch mehr Ärger erzeugen. Indem wir dies sagen, setzen wir unseren Partner herab. Wir zeigen damit unsere Verärgerung und Ungeduld gegenüber seinen wahren Gefühlen. Wir signalisieren, dass es uns egal ist, weil er sich schon einmal darüber aufgeregt hat. Anstatt Fürsorge zu zeigen, sind wir herablassend und unterstellen ihm, dass seine Reaktion lächerlich ist.

3 „Wenn du nicht _____ machst, dann mache ich Schluss mit dir."

Dies ist ein großes Tabu in Beziehungen. In der Tat betrachten viele Menschen es als emotionalen Missbrauch. Wenn Sie Ihrem Partner mit einer Trennung drohen, um ihn dazu zu bringen, etwas zu tun, legen Sie ein grausames Verhalten an den Tag, besonders wenn Sie es nicht wirklich ernst meinen. Aber selbst wenn Sie es ernst meinen, kann die Formulierung als Drohung immer noch viel Schaden anrichten. Wenn Ihr Partner mit dem aufhört, was Sie bemängelt haben, und Sie weiterhin eine Beziehung mit ihm führen, wird dieser Moment bei ihm eine Menge Angst auslösen. Der Umgang mit Ihnen wird sich für ihn anfühlen wie ein Laufen auf rohen Eiern. Wenn er sich Ihnen zuliebe verändert, wird er nur aus Angst handeln, statt aus Liebe.

Um richtig zu vermitteln, wie Sie sich fühlen, ohne zu Drohungen zu greifen, denken Sie daran, „Ich"-Aussagen zu verwenden. Anstatt zu sagen: „Wenn du nicht aufhörst, mit dieser Person zu reden, mache ich Schluss mit dir", sagen Sie lieber: „Ich bin sehr verärgert darüber, wie viel du mit diesem anderen Typen redest. Es fängt an, mich tiefgreifend zu stören, und ich mache mir Sorgen, dass es meine Fähigkeit beeinträchtigt, dir ein guter Partner zu sein."

Neun Beziehungsprobleme, die Sie nicht beheben können

So sehr Sie sich auch bemühen mögen, es gibt einige Probleme in einer Beziehung, die in neun von zehn Fällen nicht gelöst werden können. Sie mögen ein Meister der Kommunikation sein, und vielleicht auch Ihr Partner, aber manchmal sind die Möglichkeiten begrenzt. Wenn in Ihrer Beziehung eines der folgenden Probleme auftritt, ist es vielleicht am besten, die Beziehung zu beenden, bevor beide Partner zu leiden beginnen.

1   Serienbetrug

Ein einziger Fall von Untreue kann eine Beziehung wirklich zerstören, aber selbst dann ist sie noch zu retten – wenn der betrügende Partner sein Verhalten nachhaltig ändert. Ganz anders verhält es sich bei ständiger Untreue. Diese deutet darauf hin, dass der betrügende Partner ein echtes Problem hat, und er kann nicht in einer gesunden Beziehung leben, bis er es selbst gelöst hat. Hören Sie auf, Nachsicht mit einem Partner zu üben, der Sie ständig betrügt. Es wird nur zu noch mehr Schmerz führen. Keine noch so gute Kommunikation wird das Problem lösen. Es liegt einzig und allein an dem betrügenden Partner, die Selbsterkenntnis zu erlangen. Und wenn er jetzt noch nicht damit angefangen hat, warum sollten Sie dann ausharren und sich weiter verletzen lassen?

2   Zu viel Verachtung

Es ist normal, auf Ihren Partner wegen etwas wütend zu sein, aber dies gilt nicht für Gefühle der Verachtung. Verachtung geht tiefer und ist viel hartnäckiger. Sie entsteht, wenn ein Partner etwas nicht loslassen kann. Es hat begonnen, an ihm zu nagen, er kann es nicht vergessen oder verzeihen, und es hat dazu geführt, dass sich Groll aufgestaut hat. Der Fehler kann bei beiden liegen. Es könnte die Schuld des nicht verachtenden Partners sein, der den anderen tief verletzt hat, oder es könnte die Schuld des verachtenden Partners sein, der sich weigert, die Sache aufzuarbeiten und loszulassen. Ein wenig Bitterkeit ist nach einem aufwühlenden Ereignis normal, aber sie verwandelt sich in Verachtung, wenn Zeit vergangen ist und diese Zeit keinerlei Wunden geheilt hat.

3 Narzisstische Persönlichkeitsstörung

Es besteht ein großer Unterschied zwischen einem Narzissten und einem klinischen Narzissten, d. h. einer narzisstischen Persönlichkeitsstörung. Wenn Ihr Partner ein wenig eitel ist, gelegentlich großspurige Aussagen macht, aber immer noch die Verantwortung für seine Fehler übernehmen kann, dann ist er wahrscheinlich nur ein gewöhnlicher Narzisst der harmlosen Sorte. Er mag manchmal nervig sein, aber er hat keine Persönlichkeitsstörung, und Sie können mit ihm immer noch etwas erreichen. Einen klinischen Narzissten hingegen kann man nicht verändern, und es ist am besten, sich jetzt abzuwenden, bevor Sie noch mehr verletzt werden. Klinische Narzissten sind unfähig, für irgendetwas Verantwortung zu übernehmen, und sie sind nicht bereit, die Bedürfnisse anderer Menschen anzuerkennen. Es ist für sie nicht möglich, in einer gesunden, glücklichen Beziehung zu leben.

4 Widersprüchliche Ziele

Sie haben vielleicht komplett gleiche Interessen, aber letzten Endes können widersprüchliche Ziele ein Killer für eine Beziehung sein. Manche Partner haben vielleicht das Glück, sich auf einen Kompromiss zu einigen, aber manche Ziele liegen an entgegengesetzten Enden des Spektrums. Wenn Sie unbedingt Kinder wollen und Ihr Partner sie überhaupt nicht will, gibt es keine Möglichkeit, einen Kompromiss zu finden. Wenn nicht einer seine Meinung ändert, können nicht beide Partner bekommen, was sie wollen, und das bedeutet, dass ein Partner dazu verdammt ist, sich unzufrieden zu fühlen. Dies kann zu Unmut führen und sogar die Verbindung ruinieren. Am Ende kann es nicht nur zu Schmerzen führen, sondern auch zu einer Menge verschwendeter Zeit.

5   Missbrauch

Wenn ein Partner missbräuchliches Verhalten an den Tag legt, sei es körperlich oder emotional, sollte die Beziehung so bald wie möglich beendet werden. Missbräuchliches Verhalten ist Gift und zieht nur beide Partner in einen Kreislauf des Schmerzes, der sich fortsetzt, bis er nicht mehr zu bewältigen ist. Der missbrauchende Partner ist immer schuld und sein Verhalten zeigt, dass er in der aktuellen Phase seines Lebens nicht in der Lage ist, eine gesunde Beziehung zu führen. Es ist ratsam, dass dieser Partner die Beziehung verlässt, aufhört, den anderen Partner zu verletzen, und eine Therapie macht, damit er sich zu einem gesünderen, liebevolleren Gefährten entwickeln kann.

Der missbrauchende Partner wird seltener zugeben, dass das, was er tut, ein Problem darstellt, sodass es an dem missbrauchten Partner ist, die Kraft zu finden, um die Beziehung zu verlassen. Freunde und Familie sind am besten in der Lage, eine solche instabile Beziehung zu beenden. Wenn Sie jemandem nahestehen, der unter Missbrauch leidet, schauen Sie, ob Sie dabei helfen können, ihn aus der schlechten Situation herauszuholen.

6   Ausbleiben von Weiterentwicklung

Konflikte sind ein natürlicher Teil jeder Beziehung, und wenn beide Partner gesund sind, sollten sie Wege finden, harmonischer miteinander umzugehen. Aus dem einen oder anderen Grund kann es jedoch vorkommen, dass einer oder beide Partner feststellen, dass es einen anhaltenden Mangel an Weiterentwicklung gibt. Mit anderen Worten, es gibt eine Eigenschaft oder ein Verhaltensmuster, das sich dauerhaft negativ ausgewirkt, ohne dass es zu einer Verbesserung kommt, obwohl unser Partner weiß, dass wir eine Veränderung sehen möchten. Dies ist nur dann ein großes Problem, wenn das Verhalten, das es abzulegen gilt, das Glück der Beziehung beeinträchtigt.

Wenn Ihr Partner z. B. seit Jahren an seinen Wutproblemen arbeitet, aber immer noch so ungehalten ist wie am Anfang, sollten Sie sich überlegen, ob Sie das in Zukunft weiter ertragen können. Wenn Ihr Partner weiterhin mit anderen Menschen flirtet, obwohl Sie wiederholt darauf hingewiesen haben, dass es Sie stört, wird sich das wahrscheinlich nie ändern. An einem bestimmten Punkt wird klar, wann bestimmte Probleme dauerhaft bestehen und es wichtig wird, die richtige Entscheidung für die Zukunft zu treffen. Entweder ist dieses Verhalten zu tief in der Persönlichkeit des anderen verankert oder er ist nicht motiviert genug, diese Weiterentwicklung anzustreben. Treffen Sie die richtige Entscheidung für Ihre Gesundheit und hören Sie auf, auf eine Veränderung zu warten, die wahrscheinlich nicht eintreten wird.

7 Ständiges und sinnloses Streiten

Es kann vorkommen, dass wir uns mit unseren Partnern streiten – vor allem, wenn wir eine schwierige Phase in unserem Leben durchmachen –, aber wenn dieses Phänomen anhält und ständig an Ihrer Energie zehrt, ist es an der Zeit, innezuhalten und nachzudenken. Häufiges sinnloses Streiten ist oft ein Zeichen für ein viel tieferes Problem. Manchmal haben beide Partner aufgehört, miteinander zu harmonieren, sind nicht mehr ineinander verliebt oder haben einen tiefen Groll gegeneinander entwickelt. Diese Probleme lassen sich nur sehr selten beheben. Wenn es einfacher scheint, sich von Ihrem Partner zu trennen als mit ihm zusammen zu sein, ist es vielleicht an der Zeit, einen Schlussstrich zu ziehen.

8   Unfähigkeit, zu vertrauen

Es stimmt: Ohne Vertrauen ist eine Beziehung nichts. Vertrauen bildet das Fundament einer jeden Beziehung. Und ohne ein starkes Fundament spielt es keine Rolle, wie glamourös und beeindruckend der Rest ist, es wird zusammenbrechen, sobald sich der Wind dreht. Wenn das Vertrauen erst einmal zerstört ist, ist es extrem schwierig, es wieder aufzubauen. Es kann Jahre dauern und eine Menge harter Arbeit erfordern, wenn ein Paar sich dafür entscheidet, es dennoch zu versuchen, und selbst dann haben sie manchmal keinen Erfolg. In jeder Beziehung sollten wir die grundlegende Sicherheit haben, dass unser Partner uns nicht verletzen oder betrügen wird. Überlegen Sie, wie tief das Vertrauen beeinträchtigt ist und ob Sie sich jemals wieder vollständig erholen werden.

9   Tiefe Gefühle für eine dritte Person

Wir alle können über Lust oder eine leichte Verliebtheit hinwegkommen, aber wenn es mehr als das ist, haben wir es mit etwas ganz anderem zu tun. Manchmal sind die Gefühle, die ein Partner für einen Dritten hat, sehr tief, und sie können sogar an Liebe grenzen. Damit die Gefühle so weit gehen, müsste der betreffende Partner über einen längeren Zeitraum mit dieser dritten Person in Kontakt sein. Schließlich dauert es eine Weile, bis sich tiefe Gefühle entwickeln.

Es gibt viel weniger Hoffnung für die Beziehung, wenn der betreffende Partner absichtlich die Gesellschaft dieses Dritten gesucht hat. Dieses Verhalten deutet auf ein großes Problem mit seiner Selbstbeherrschung hin – und das könnte auf Dauer ein ernsthaftes Problem für die Beziehung darstellen. Wenn dieses Szenario eintritt, kann es für die Beziehung von Vorteil sein, sie zu beenden.

Etwas anders verhält es sich, wenn der Partner, der die Gefühle empfindet, der Entstehung dieser unfreiwillig ausgesetzt war, zum Beispiel durch die Arbeit. In diesem Fall handelt es sich nicht um ein Problem der Selbstkontrolle und es besteht Hoffnung. Die einzige Möglichkeit, das Problem zu beheben, besteht darin, sich vollständig aus allen Situationen zurückzuziehen, in denen er auf die dritte Partei treffen könnte. Wenn es sich dabei um einen Kollegen handelt, bedeutet das, eine große Entscheidung zu treffen, wie z. B. den Job zu kündigen, der die Belastung verursacht. Andernfalls werden diese Gefühle nur noch weiterwachsen.

Die gute Nachricht ist, dass die Mehrheit der Partner ihre Probleme tatsächlich aufarbeiten kann. Wenn Ihr Beziehungsproblem nicht aufgelistet wurde, sind die Chancen höher, dass Sie Ihre Probleme lösen können. Und obwohl die aufgelisteten Probleme meist nicht zu beheben sind, wird es immer Ausnahmen geben. In jedem Fall braucht es viel harte Arbeit, freundliche Kommunikation und eine unglaubliche Zusammenarbeit, um positive Veränderungen zu sehen.

Kapitel acht – Den Zusammenhalt vertiefen

Es gibt immer mehr, was wir tun können, um die Bindung zwischen uns und unserem Partner zu vertiefen. Letzten Endes sollten wir uns nicht nur wie Liebende fühlen, sondern auch wie Freunde und in gewissem Maße wie eine Familie. Wenn wir eine starke Verbindung zu unseren Partnern spüren, ist die Wahrscheinlichkeit viel höher, dass die Kommunikation freundlich, hilfreich und transformativ ist. Und darüber hinaus bedeutet eine gute Verbindung, dass wir uns viel eher an unsere Kompromisse halten und ein besserer Partner sind. Wenn wir uns jemandem nahe fühlen, sind wir mitfühlender und einfühlsamer. Diese beiden Eigenschaften sind notwendig für eine liebevolle Verbindung.

So hervorragend diese Bindungstechniken auch sein mögen, sie erfordern das Engagement beider Partner, um vollständig wirksam zu sein. Ein positives Ergebnis erfordert Anstrengung und Aufmerksamkeit; es fällt Ihnen nicht einfach beim ersten Versuch zu. Behalten Sie diese Aktivitäten und Übungen für die Zukunft im Hinterkopf. Auch wenn die Kommunikation in der Beziehung gut ist, ist das kein Grund, nicht mehr nach Möglichkeiten für einen größeren Zusammenhalt zu suchen.

Übungen und Aktivitäten zur Stärkung von Beziehungen

1 Beginnen Sie ein Liebestagebuch mit Ihrem Partner

Diese Praxis wirkt Wunder für die Aufrechterhaltung romantischer Verbindungen. Beginnen Sie mit dem Kauf eines Tagebuchs (idealerweise gemeinsam), das Ihnen beiden gefällt. Wenn Sie nicht zusammenwohnen, sollten Sie sich mit dem Tagebuch abwechseln. Überlegen Sie sich einen Zeitplan, der für Sie funktioniert. Wird das Tagebuch wöchentlich weitergereicht? Vierzehntägig? Wann immer Ihnen danach ist? Entscheiden Sie sich für das, was Ihnen am besten erscheint.

Wenn Sie zusammenwohnen, bewahren Sie das Tagebuch in einem privaten Bereich des Hauses auf, an dem Sie jedoch häufig vorbeikommen. Auch hier bleibt es Ihnen überlassen, wer wann schreibt. Ich empfehle, jeden Tag etwas zu schreiben, auch wenn es nur sehr kurz ist, oder sich abzuwechseln. Wenn Sie sich dafür entscheiden, sich abzuwechseln, finden Sie einen kreativen Weg, um kenntlich zu machen, wer zuletzt hineingeschrieben hat, ohne das Buch zu öffnen. So stellen Sie sicher, dass Sie nicht ständig nachschauen müssen, ob es aktualisiert wurde.

Das Tolle an dieser Aktivität ist, dass Sie die Regeln selbst bestimmen können. Wird das Buch mit Liebesbriefen gefüllt? Wird alles in Haikus geschrieben? Wenn ein Partner verärgert ist, soll er einen ehrlichen, offenen Brief über seine Gefühle in das Tagebuch schreiben? Oder ist es nur für Romantisches reserviert? Es ist ganz Ihnen überlassen.

2 Rollentausch

Diese Übung eignet sich hervorragend, wenn zwei Personen versuchen, sich über ein Problem einig zu werden. Damit diese Übung erfolgreich ist, sollten sowohl Sie als auch Ihr Partner entspannt und bereit sein, wirklich mitzuspielen. Wenn Sie einen Hauch von Sarkasmus verspüren, brechen Sie den Versuch ab und versuchen Sie es später wieder, wenn Sie in einer besseren Stimmung sind.

Bei dieser Rollentausch-Übung werden Sie und Ihr Partner ein Gespräch über ein bestehendes Problem führen, aber Sie werden beide aus der Sicht der anderen Person sprechen. Jeder von Ihnen sollte wirklich darüber nachdenken, was der andere Partner sagen würde und sich echte Gründe überlegen, die der andere verwenden würde. Diese Übung ist unter anderem deshalb so wirksam, weil sie das Bedürfnis, die Diskussion zu „gewinnen", beseitigt. Die Partner werden gezwungen, sich gründlich in die Perspektive des anderen hineinzuversetzen, und das hilft den Paaren dabei, die Gefühle des anderen nachzuempfinden.

3 Die Blickkontakt-Übung

Für diese Übung sollten Sie und Ihr Partner sich gegenübersitzen. Idealerweise sollte das Licht gedämpft sein und Sie sollten nahe beieinander sitzen, aber nicht zu nahe. Wo auch immer Sie sich hinsetzen, achten Sie darauf, dass Sie es bequem haben. Es ist auch wichtig, dass Sie sich während dieser Übung nicht unterhalten oder berühren.

Stellen Sie einen Timer auf fünf Minuten ein und versuchen Sie, sich während dieser Zeit gegenseitig in die

Augen zu schauen. Der Augenkontakt sollte sanft und ununterbrochen sein. Starren Sie Ihren Partner nicht intensiv an und denken Sie immer daran, zu blinzeln, wie Sie es normalerweise tun würden.

Sie werden überrascht sein, wie schnell fünf Minuten vergehen können. Paare können sich so darin vertiefen, dass sie tatsächlich das Zeitgefühl verlieren. Nach dieser Übung werden Sie ein verstärktes Gefühl der Verbundenheit und des Einklangs mit Ihrem Partner spüren. Wenn eine Distanz zwischen Ihnen beiden entstanden ist, kann diese Übung helfen, Sie wieder auf dieselbe Wellenlänge zu bringen.

4 Erstellen Sie ein Vision Board

Werden Sie mit Ihrem Partner kreativ und arbeiten Sie gemeinsam an einem Vision Board. Ein Vision Board ist eine motivierende Collage aus Fotos, Notizen und allem, was die Zukunft, die Sie am liebsten gemeinsam erleben würden, zum Ausdruck bringt. Das können Orte sein, an die Sie gerne reisen würden, oder Fotos von Ihrem gemeinsamen Traumhaus. Was auch immer Sie beide mit Hoffnung, Freude und positiver Einstellung gegenüber dem, was kommen wird, erfüllt. Es ist wichtig, dass beide Partner etwas zu diesem Vision Board beitragen. Denken Sie daran, dass es sich um Ihre *gemeinsame* Vision handelt, nicht nur um die Fantasie eines einzelnen. Und vor allem: Haben Sie Spaß dabei. Es ist eine unglaublich unterhaltsame Art, die Verbindung mit Ihrem Partner zu stärken. Sie brauchen keine künstlerische Ader, um Freude daran zu haben!

5 Gehen Sie die berühmten „36 Fragen, die zur Liebe führen" durch

In einem berühmten Experiment, das von Psychologen durchgeführt wurde, spürte eine große Anzahl von Menschen eine stärkere Verbindung zueinander, nachdem sie gemeinsam eine Reihe von Fragen beantwortet hatten. Viele von ihnen behaupteten sogar, sich verliebt zu haben. Letztlich beweist das Experiment, dass eine unmittelbare Verbindung entsteht, wenn beide Partner persönliche Selbstauskünfte geben, sich verletzlich zeigen und ihrem Partner aktiv zuhören. Indem zwei Menschen gezwungen wurden, genau dies zu tun, ist ein Gefühl der Nähe und Intimität entstanden. Obwohl dieses Experiment mit Menschen durchgeführt wurde, die sich nicht kannten, profitieren auch bestehende Paare sehr von dieser Bindungsübung.

Die 36 Fragen sind in drei Gruppen aufgeteilt, die zunehmend persönlicher werden. Beantworten Sie diese Fragen abwechselnd:

Gruppe eins

1. Wen würden Sie als Gast zum Abendessen einladen, wenn Sie sich absolut jeden Menschen auf der Welt aussuchen könnten?
2. Wären Sie gerne berühmt? Wenn ja, auf welche Weise?
3. Legen Sie sich vor einem Telefonat einen Text zurecht? Wenn ja, aus welchem Grund?
4. Was macht in Ihren Augen einen perfekten Tag aus?

5. Wann haben Sie das letzte Mal für sich allein gesungen? Und wann haben Sie das letzte Mal für jemand anderen gesungen?
6. Wenn Sie 90 Jahre alt werden würden und für die letzten 60 Jahre Ihres Lebens die Wahl hätten, entweder den Körper oder den Geist eines 30-Jährigen zu behalten, was würden Sie wählen?
7. Haben Sie eine Vorstellung von Ihrem Tod?
8. Zählen Sie drei Dinge auf, die Sie und Ihr Gesprächspartner gemeinsam haben.
9. Wofür sind Sie in Ihrem Leben am dankbarsten?
10. Wenn Sie irgendetwas an der Art und Weise, wie Sie aufgewachsen sind, ändern könnten, was wäre das?
11. Erzählen Sie Ihre Lebensgeschichte so detailliert wie möglich, aber in nicht länger als vier Minuten.
12. Wenn Sie von heute auf morgen eine Eigenschaft oder Fähigkeit erwerben könnten, welche würden Sie wählen?

Gruppe zwei

13. Wenn Sie eine Kristallkugel bekämen, die Ihnen die Wahrheit über Ihr Leben, sich selbst, Ihre Zukunft oder was auch immer zeigen könnte, was würden Sie am liebsten wissen wollen?
14. Gibt es etwas, von dem Sie schon lange träumen, das Sie aber noch nie getan haben? Warum haben Sie es noch nicht getan?
15. Was würden Sie sagen, ist die größte Leistung in Ihrem Leben?
16. Welche Eigenschaften und Verhaltensweisen schätzen Sie in einer Freundschaft am meisten?

17. Sprechen Sie über Ihre wertvollste Erinnerung.
18. Erzählen Sie jetzt von Ihrer schlimmsten Erinnerung.
19. Wenn Sie wüssten, dass Sie in einem Jahr plötzlich sterben würden, würden Sie etwas in Ihrem jetzigen Leben verändern? Was wäre das und warum?
20. Beschreiben Sie, was Freundschaft für Sie bedeutet.
21. Wie wichtig sind Liebe und Zuneigung für Sie? Welche Rolle spielen sie in Ihrem Leben?
22. Erzählen Sie abwechselnd eine positive Eigenschaft über den jeweils anderen. Jeder Partner sollte fünf Dinge aufzählen, insgesamt also zehn.
23. Wie nahe steht sich Ihre Familie? Sind Sie herzlich zueinander? Glauben Sie, dass Ihre Kindheit glücklicher war, als das im Durchschnitt der Fall ist?
24. Wie ist Ihre Beziehung zu Ihrer Mutter? Wie fühlt sie sich an?

Gruppe drei

25. Tauschen Sie abwechselnd drei Aussagen aus, die jeweils mit „wir" beginnen. Zum Beispiel: „Wir sind in diesem Raum und fühlen …"
26. Vervollständigen Sie diesen Satz: „Ich wünschte, ich hätte jemanden, mit dem ich … teilen könnte."
27. Wenn Sie und Ihr Gesprächspartner enge Freunde werden würden, worüber sollte er oder sie Bescheid wissen?
28. Sagen Sie Ihrem Gesprächspartner ehrlich, was Sie an ihm mögen. Versuchen Sie dieses Mal,

etwas mitzuteilen, das Sie normalerweise nicht zu jemandem sagen würden, den Sie gerade erst kennengelernt haben.

29. Sprechen Sie über einen der peinlichsten Momente in Ihrem Leben.

30. Wann haben Sie das letzte Mal in Gegenwart einer anderen Person geweint? Wann haben Sie das letzte Mal geweint, als Sie allein waren?

31. Teilen Sie etwas mit, das Sie bereits an Ihrem Gesprächspartner mögen.

32. Worüber sollte man Ihrer Meinung nach nicht scherzen?

33. Wenn Sie heute Nacht sterben würden, ohne die Möglichkeit, mit jemandem zu kommunizieren, was würden Sie am meisten bedauern, jemandem nicht gesagt zu haben? Warum haben Sie es der Person noch nicht gesagt?

34. Ihr Haus, in dem sich alles befindet, was Sie besitzen, fängt Feuer. Sie haben Ihre Lieben und Haustiere gerettet, und jetzt haben Sie nur noch Zeit, einen weiteren Gegenstand zu retten. Was würden Sie retten? Und warum?

35. Von allen Menschen in Ihrer Familie, wessen Tod hat Sie am meisten bestürzt und getroffen? Warum?

36. Teilen Sie Ihrem Gesprächspartner ein persönliches Problem mit und bitten Sie ihn um Rat, wie er damit umgehen würde. Danach sollte der Gesprächspartner, der den Rat angeboten hat, reflektieren, wie sich der Fragende bezüglich des gewählten Problems zu fühlen scheint.

Acht lustige Paar-Aktivitäten, die Sie zusammenschweißen

Letzten Endes liegt das Geheimnis der Bindungspflege darin, Ihre Komfortzone zu verlassen und Ihrem Partner Ihre volle Aufmerksamkeit zu schenken. Dies können Sie auf jede Art und Weise tun, aber ich empfehle Ihnen, mit den folgenden hochwirksamen Methoden zu beginnen, die dafür bekannt sind, Bindungen sofort zu stärken.

1 Einander massieren

Dieser höchst sinnliche Akt heizt nicht nur die Stimmung an, sondern fordert jeden Partner auf, sich für ein paar Momente mit Wohlwollen dem geliebten Menschen hinzugeben. Für die Dauer einer jeden Massage gibt man seinem Partner alles, ohne etwas dafür zurückzubekommen. Sie konzentrieren sich ganz auf den Genuss ihres Partners und sind nur damit beschäftigt, ihm durch die Kraft der Berührung ein angenehmes Erlebnis zu verschaffen. Die Menschen sind so sehr daran gewöhnt, körperliche Intimität und Berührungen immer in Verbindung mit Sex zu erleben, dass es ungemein aufregend sein kann, beides ohne sexuellen Kontext zu erfahren. Diese Nähe durch nicht-sexuelle Berührung ist das, was die Bindung schafft. Um das beste Ergebnis zu erzielen, sollten sich beide Partner abwechseln und jede Massage sollte gleich lang dauern.

2 Tanzen gehen

Tanzen kommt dem Geschlechtsverkehr am nächsten, ohne dabei tatsächlich welchen zu haben! Aus diesem Grund kann Tanzen die Leidenschaft entfachen, aber auch unsere emotionale Verbindung befeuern. Es spielt keine Rolle, welche Sprache Sie sprechen oder aus welcher Kultur Sie kommen, Tanzen erzeugt Freude und löst Spannungen im Körper. Wenn wir mit unserem Partner tanzen, drücken wir uns aus, ohne dabei ein Wort verlieren zu müssen. Der Akt der Bewegung im Einklang und im gleichen Rhythmus ist eine partnerschaftliche Übung und kann ein wunderbares Symbol dafür sein, einander in Harmonie zu lieben. Wenn Sie und Ihr Partner eher schüchtern sind, warum nehmen Sie nicht vorher ein oder zwei Drinks, um sich zu öffnen?

3 Gemeinsam trainieren

Ob Sie es glauben oder nicht, zahlreiche Studien haben bewiesen, dass gemeinsames Training mit Ihrem Partner das allgemeine Glück in Ihrer Beziehung steigert. Forscher haben herausgefunden, dass dies besonders für Übungen gilt, bei denen sich beide Partner aufraffen und sich gemeinsam bewegen müssen. Bindung findet auf einer unterbewussten Ebene statt, wenn wir uns auf den Spiegeleffekt einlassen. Dies ist der neurologische Prozess, der zur Bindung führt und sich in gespiegelten Bewegungen manifestiert. Indem wir unsere Handlungen koordinieren oder die Bewegungen des anderen spiegeln, feuern wir Spiegelneuronen ab und vertiefen so unsere Bindung.

Und das ist noch nicht alles! Studien haben auch herausgefunden, dass das Training mit einem Partner zu verbesserten Trainingsleistungen führt. Wenn jemand zuschaut, sind wir eher bereit, uns mehr anzustrengen, um nicht schwach zu wirken. Sich stärker binden und heißer werden: Klingt das nicht nach einer großartigen Idee?

4 Gehen Sie auf ein ausgefallenes Date

Der Grund, warum ausgefallene Dates einen so positiven Effekt haben, ist einfach: Sie holen uns aus unserer Routine heraus und zwingen uns dazu, uns für unseren Partner herauszuputzen. Es ist kein Geheimnis, dass unser Partner uns attraktiver findet, wenn wir uns um uns und unser Aussehen kümmern. Dazu eine aufregende Umgebung, an die Sie nicht gewöhnt sind, und *voilà*, Sie haben begonnen, sich neu miteinander zu verbinden. Wenn Ihre Beziehung begonnen hat, sich zu bequem anzufühlen, dann erwägen Sie, Ihren Partner in ein nettes Restaurant auszuführen. Die Förmlichkeit eines schicken Dates bietet eine erfrischende Abwechslung gegenüber dem Herumlungern in Jogginghosen und kann eine langweilige Beziehung sofort aufpeppen.

5 Besuchen Sie den Ort eines Ihrer „ersten Male"

Jedes Paar hat eine einzigartige Liebesgeschichte. Auch wenn es nicht Liebe auf den ersten Blick war oder Sie einen unkonventionellen Start hatten, kann es schön sein, ab und zu einen Spaziergang in die Vergangenheit zu machen. Warum nicht den Ort besuchen, an dem Sie sich kennengelernt haben oder an dem Sie sich zum ersten Mal geküsst haben? Unsere Schritte zurückzuverfolgen kann uns daran erinnern, wie weit wir mit unserem Partner gekommen sind. Wenn Sie dies gemeinsam tun, erleben Sie für einen Moment wieder den Rausch und die Schmetterlinge im Bauch; Orte, die mit starken Erinnerungen verbunden sind, schicken uns unweigerlich zurück in die Vergangenheit. Genießen Sie diese Erinnerungen miteinander und genießen Sie die Schönheit Ihrer einmaligen Geschichte, auch wenn sie nicht perfekt war. Erinnern Sie sich daran, dass Sie einst hofften, dort anzukommen, wo sie sich nun befinden.

6 Gemeinsam einen Ausflug machen

Eine Studie der U.S. Travel Association hat ergeben, dass Paare, die gemeinsam verreisen, in ihrer Beziehung wesentlich zufriedener sind als solche, die das nicht tun. Dennoch zögern viele Paare, eine Reise zu unternehmen, weil sie davon überzeugt sind, dass dies zu einem leeren Bankkonto führen wird. Das entspricht jedoch nicht der Wahrheit.

Um die Vorteile des Reisens zu erleben, müssen Paare nur ihre Komfortzone verlassen (nicht nur psychologisch, sondern auch geografisch!) und etwas Neues und Aufregendes sehen. Wenn Sie das Budget dafür haben, können Sie nach Bali oder in die Karibik fliegen, aber Sie können genauso viel Spaß haben, wenn Sie einen Roadtrip in ein anderes europäisches Land machen. Besuchen Sie einen Nationalpark und übernachten Sie in einem Zwei- oder Dreisternehotel oder einer einfachen Frühstückspension. Gehen Sie raus in die Natur. Tun Sie etwas, was Sie normalerweise nicht tun. Dieser Tapetenwechsel kann eine dringend benötigte Pause von Ihrer starren Routine bieten und Sie werden feststellen, dass sich Ihre Bindung auf natürliche Weise vertieft, wenn Sie gemeinsam die weite Welt erleben.

7 Besuchen Sie einen Vergnügungspark

Auch, wenn Sie erwachsen sind: Seien wir ehrlich, Vergnügungsparks sind unglaublich lustig. Wenn Sie keine lähmende Höhenangst haben, machen Sie eine Pause von Ihrer Routine und verbringen Sie mit Ihrem Partner einen Tag im Vergnügungspark. Ihre Beziehung wird eine Reihe von Vorteilen erfahren. Zunächst einmal werden aufregende Fahrten Ihnen einen Ansturm von Endorphinen bescheren, was bedeutet, dass Sie sich von glücklichen Gefühlen und einem natürlichen Hochgefühl überwältigt fühlen werden. Außerdem werden Sie mit Adrenalin vollgepumpt, einem Neurotransmitter, der dafür bekannt ist, im Kopf Erinnerungen zu erzeugen. Das bedeutet, dass der wunderbare Tag, den Sie hatten, in Ihrem Gedächtnis als glückliche Erinnerung verankert wird. Da Sie und Ihr Partner sich in angstauslösende Situationen begeben, werden Sie sich aneinander binden, da Sie beide Trost und Wärme beim jeweils anderen suchen.

8   Gemeinsam kochen

Wenn Sie ein kleines Budget haben, ist gemeinsames Kochen eine großartige Möglichkeit, die Bindung zu vertiefen und gleichzeitig den Bauch zu füllen. Beim Kochen müssen beide Partner kooperieren und auf ein gemeinsames Ziel hinarbeiten – genau das, worauf es in einer erfolgreichen Beziehung ankommt! Dies ist eine großartige Übung, um die richtige Einstellung zur Problemlösung und Teamarbeit zu bekommen. Jeder Partner leistet seinen Beitrag und der Prozess fordert beide Partner heraus, an einem Strang zu ziehen, sonst leidet die gesamte Mahlzeit.

Ein Kochprojekt lehrt uns Fähigkeiten, die wir in den Rest unserer Beziehung einbringen müssen. Und obendrein schweißt es uns zusammen, weil wir gemeinsam etwas erschaffen. Wir vereinen unsere Anstrengungen für ein greifbares Endprodukt. Wenn es ihnen gelingt, eine köstliche Mahlzeit zuzubereiten, können sich Paare über den gemeinsamen Stolz miteinander verbinden. Sie werden wahrscheinlich das Gefühl haben, dass sie als Team alles schaffen können. Aber diejenigen, denen es nicht gelingt, sollten sich nicht entmutigt fühlen. Das ist keine Kritik an Ihrer Beziehung; vielleicht brauchen Sie einfach nur mehr Übung im Kochen!

Blättern Sie durch Koch-Websites oder Rezeptbücher und entscheiden Sie sich für ein Gericht, das Sie gerne nachkochen würden. Dies sollte etwas sein, das Sie beide lieben. Wenn Sie keine erfahrenen Köche sind, wählen Sie ein Gericht mit einer einfachen Anleitung, die Sie verstehen, und stellen Sie sicher, dass Sie alle notwendigen Geräte besitzen.

Selbst die engsten Paare brauchen eine Auszeit, um ihre Bindung zu vertiefen. Das heißt nicht, dass sie nicht schon tief ist, es geht darum, sich die Hand zu reichen und sich wieder miteinander zu verbinden, um sich daran zu erinnern, warum Sie zusammen sind. Zeit und Routine können uns zermürben; suchen Sie nach Momenten der Intimität, um Ihre Bindung zu stärken. Wenn wir aus einer tiefen Verbundenheit heraus handeln, wird die Kommunikation in einer Beziehung liebevoller und effektiver.

Halten Sie Ihr Herz offen und seien Sie mutig genug, Ihre Komfortzone zu verlassen, um das Bedürfnis des anderen nach Abenteuer und Abwechslung zu erfüllen. Anstatt in einer unsicheren Situation sinnlos Panik zu schieben, wandeln Sie dieses Gefühl in den Wunsch um, mit Ihrem Partner eine Lösung zu finden. Gehen Sie das Leben mit der Einstellung an, dass Sie gemeinsam alles schaffen und jedes Bedürfnis erfüllen können, wenn Sie mit Herz und Verstand zusammenarbeiten.

Schlussbemerkung

S ie sind am Ende des Ratgebers angelangt. Ob Sie es ihnen bewusst ist oder nicht, Sie haben einen großen Schritt in die richtige Richtung gemacht. Das ist nicht nur für Sie fantastisch, sondern auch für Ihren Partner. Sie beide werden die positiven Veränderungen erkennen, die sich auf Ihre täglichen Gewohnheiten auswirken, und wenn Sie diese Techniken weiterhin praktizieren, werden Sie die Tage der angespannten Kommunikation als vergangen erachten. Mit dem Lesen dieses Buches haben Sie Ihr Engagement für eine effektivere und liebevollere Kommunikation bewiesen – und nichts Besseres können Sie für die Person, die Sie lieben, tun. Sie sind auf dem richtigen Weg zu einer stärkeren Beziehung. Sie sollten stolz auf sich sein!

Obwohl Sie einen großen ersten Schritt gemacht haben, ist es wichtig, dass Sie jetzt nicht aufgeben. Beziehungskommunikation ist eine fortlaufende Reise; Sie haben die Mittel und Techniken erhalten, aber jetzt ist es an der Zeit, diese in realen Situationen, in der realen Welt, anzuwenden. Machen Sie dies nicht zu einem kurzlebigen Versuch, sondern integrieren Sie die transformativen Praktiken dauerhaft in Ihr tägliches Leben. Erfinden Sie Ihre Normen völlig neu und schaffen Sie vorbildliche Gewohnheiten.

Vergewissern Sie sich, dass Sie die fünf wichtigsten Bedürfnisse verstehen, die Ihre Beziehung erfüllen muss, damit beide Partner glücklich sind. Vielleicht arbeiten Sie gemeinsam mit Ihrem Partner daran, herauszufinden, welche Ihrer Bedürfnisse bereits vollständig erfüllt und welche noch unerfüllt sind. Dies ist ein wesentlicher Schritt, den Sie gehen sollten, bevor Sie eine Lösung finden. Sobald Sie dies getan haben, bewerten Sie Ihre Situation und versuchen Sie herauszufinden, in welchem Stadium sich Ihre Beziehung befindet. Dies wird Ihnen helfen, die aktuelle Situation besser zu verstehen, und ebenso hilfreich ist es dabei, Ihnen zu zeigen, was noch auf Sie zukommt.

Ich hoffe sehr, dass Sie im zweiten Kapitel ehrlich zu sich selbst waren. Schämen Sie sich nicht, zuzugeben, dass Ihre Beziehung ein Problem hat. Schließlich *müssen* wir das tun, bevor wir anfangen können, positive Veränderungen vorzunehmen. Hoffentlich haben Sie den Grund dafür identifiziert, dass die Kommunikation nicht so gut funktionierte, und Sie sind sich endlich der Fehler bewusst geworden, die Sie bislang gemacht haben. Aber natürlich sollten Sie sich nicht nur mit diesen Problemen aufhalten. Wie ich bereits erwähnt habe, müssen Sie anfangen, bessere Gewohnheiten zu schaffen. Sie haben alles über die Gewohnheiten gelernt, die Beziehungen retten. Beginnen Sie nun, diese zu nutzen!

Sie haben sich in die vielen Möglichkeiten vertieft, wie wir Liebe ausdrücken und empfangen können. Sobald Sie herausgefunden haben, was die Liebessprache Ihres Partners ist, versuchen Sie, sich kreative Methoden auszudenken, um ihm zu zeigen, wie sehr Sie ihn lieben. Ich empfehle sogar, den betreffenden Abschnitt mit ihm durchzugehen, damit auch Sie Ihre Liebessprache kundtun können. Wenn

Paare die Liebessprache des jeweils anderen gut verstehen, gibt es viel weniger Missverständnisse. Plötzlich sind beide Partner auf der gleichen Wellenlänge. Sie können sich einfach auf den Austausch von Liebe konzentrieren, ohne die ganze Verwirrung, die der Versuch, einander zu verstehen, mit sich bringt.

Während gute Gewohnheiten sicherlich hilfreich sind, müssen die beiden Menschen, die den Kern der Beziehung bilden, gesunde Hälften des Ganzen sein, damit es wirklich funktioniert. Um eine großartige Partnerschaft zu formen und ein guter Partner zu sein, ist es notwendig, dass wir lernen, emotional gesunde Individuen zu sein. Wir werden nicht perfekt, sobald wir eine Beziehung eingehen; all das emotionale Gepäck und die Traumata, die wir vorher erlebt haben, begleiten uns! Wenn wir nicht aufpassen, können Verletzungen aus der Vergangenheit in unsere Kommunikationsgewohnheiten einsickern und sie negativ prägen. Mit den neuen Mitteln, die Sie erhalten haben, können Sie Ihre ganze Energie darauf konzentrieren, ein besserer Partner zu werden. Sie können endlich damit beginnen, die Vergangenheit hinter sich zu lassen. Versuchen Sie, Ihrem Partner zu helfen, dasselbe zu tun. Letzten Endes sollten Sie sicherstellen, dass Sie die Bedürfnisse des anderen erfüllen – nicht nur die fünf Grundbedürfnisse, sondern auch die einzigartigen Bedürfnisse, die mit seiner Persönlichkeit einhergehen.

Behandeln Sie jede heikle Situation mit Sorgfalt. Erkennen Sie, wann Sie es mit einer tickenden Zeitbombe zu tun haben, und greifen Sie auf das entsprechende Kapitel zurück, um die Techniken zu erlernen, die Sie bei schwierigen

Gesprächen benötigen. Wenn Sie diesen Leitfaden genau befolgen, stellen Sie sicher, dass Sie auch durch die rauen Stürme hindurch immer über Wasser bleiben. Eine Beziehung befindet sich nicht immer in ruhigem Fahrwasser, aber mit diesen wichtigen Werkzeugen können Sie den Weg gut bestreiten und das Beste aus der Reise machen. Wenn wir mit diesen Situationen richtig umgehen, werden sie zu Gelegenheiten für tiefere Intimität. Sie werden zu offenen Türen anstelle von Mauern und Sackgassen.

Beziehungskommunikation ist für niemanden selbstverständlich; sie erfordert immer Arbeit, Engagement und unglaubliche Selbstdisziplin. Es ist eine Entscheidung, die liebende Partner jeden Tag füreinander treffen, und diejenigen, die sich die Mühe machen, ernten Belohnungen, die sich andere kaum vorstellen können. Bleiben Sie selbstbewusst und tun Sie, was Sie können, um Ihre Bindung zu vertiefen. Selbst Menschen, die sich außergewöhnlich nahe stehen, müssen Zeit finden, um ihre Verbindung zu pflegen. Lassen Sie die Liebe, die Sie durch die Lektionen in diesem Buch fördern, von nun an jede Interaktion bestimmen. Ich habe Ihnen den wundervollen Weg gezeigt, der vor Ihnen liegt, nun ist es an Ihnen und Ihrem Partner, ihn gemeinsam zu gehen.

Quellen und weiterführende Literatur

Bernhardt, D. (2019). *Raus aus dem Beziehungs-Burnout: Erst ich, dann du, dann die Liebe – endlich wieder glücklich sein - Mit persönlichem Test für den schnellen Erfolg* (Originalausgabe Aufl.). Ariston.

Haintz, M. (2020). *Beziehung verbessern und noch mehr Liebe leben.* Beltz Verlag.

Holzberg, O. (2019). *Schlüsselsätze der Liebe: 50 kluge Gedanken, die Ihre Beziehung verbessern können (Taschenbücher)* (4. Aufl.). DuMont Buchverlag GmbH & Co. KG.

Kuntze, H. (2018). *Lieben heißt wollen: Wie Beziehung gelingen kann, wenn wir Freiheit ganz neu denken* (4. Aufl.). Kösel-Verlag.

Lichtenberg, E., Steindorff, V. & Maneki, T. (2021). *Lass uns reden! Aber richtig!: Die Kunst der ganzheitlichen Kommunikation in der Partnerschaft.* TenBook®.

Mitterweger, L. (2018). *Kommunikation in der Beziehung: Das Workbook* (1. Aufl.). Books on Demand.

Pásztor, S. & Gens, K. (2008). *Ich höre was, das du nicht sagst: Gewaltfreie Kommunikation in Beziehungen* (4. Aufl.). Junfermann Verlag.

Rosenberg, M. B. & Quast, P. (2019). *Liebe leben - Tag für Tag: Gewaltfreie Kommunikation in Familien und Beziehungen* (1. Aufl.). Junfermann Verlag.

Unger, S. (2007). *Der Beziehungscode: Charakterstrukturen erkennen, Muster verändern, Beziehungen verbessern.* Knaur TB.

Volger, I. & Merbach, M. (2010). *Die Beziehung verbessern: Beratung von Paaren, die unter ihrer Kommunikation leiden (Taglich Leben - Beratung Und Seelsorge)* (1. Aufl.). Vandenhoeck & Ruprecht.

Narzissmus in Beziehungen

- Soforthilfe für Betroffene -

Mit diesen 138 Warnzeichen und Methoden erkennen Sie einen Narzissten, befreien sich aus einer toxischen Partnerschaft und finden echte Liebe

Sigmund Ambrosius

Inhaltsverzeichnis

Einführung

Wenn Sie dieses Buch in die Hand genommen haben, fragen Sie sich vielleicht, ob Sie in einer Beziehung mit einem Narzissten sind. Oder Sie wissen, dass Sie in einer Beziehung mit einem Narzissten sind und fragen sich nun, wie Sie da wieder herauskommen können. Oder Sie versuchen einzuschätzen, ob Sie wirklich aussteigen müssen oder ob die Dinge besser werden.

Vielleicht sind Sie zu diesem Buch gekommen, weil Sie sich aus einer Beziehung gelöst haben, die gut begonnen hat, Sie dann aber verletzt und verunsichert zurückgelassen hat in Bezug auf das, was schiefgelaufen ist. Nun suchen Sie nach Wegen, die Geschehnisse aufzuarbeiten und nach vorne zu blicken. Sie wollen vermeiden, dass sich die Verwüstungen, die ein Narzisst an Ihrem Wohlbefinden anrichten konnte, wiederholen.

Einige von Ihnen sind vielleicht sogar in einer neuen Beziehung mit jemandem, der von einem Narzissten verletzt wurde, und möchten wissen, wie man ihm helfen kann, dieses Trauma zu bewältigen.

Was auch immer Sie hierher gebracht hat, Sie sind an der richtigen Stelle. In den folgenden Kapiteln lernen Sie, wie Sie narzisstischen Missbrauch erkennen und wie Sie einen Narzissten ausmachen können, damit Sie nicht wieder in solche Situationen geraten. Sie werden lernen, wie sich ein Narzisst artikuliert, wie er sich verhält und wie er reagiert.

Sie werden lernen, wie Sie sich selbst schützen und welche Techniken Sie anwenden können, um sich zurückzuziehen, damit Sie nicht die Wut dieses besonders schwierigen Persönlichkeitstyps auf sich ziehen. Am wichtigsten ist, dass Sie die Mittel erhalten, die Ihnen helfen, sich von Ihrer Erfahrung zu erholen und sich einer glücklicheren Zukunft und besseren Beziehungen zuzuwenden.

Ich bin im Laufe meiner Zeit einigen Narzissten begegnet, habe diesen beunruhigenden Persönlichkeitstyp genau studiert und viele der Geheimnisse entschlüsselt, die ihn zu dem machen, was er ist. Sobald Sie ihn wirklich verstehen, verliert er seine Macht über Sie und offenbart sich als das, was er ist – ein gestörtes und zutiefst einsames Individuum, das leider zu beschädigt ist, um gesunde, ausgeglichene Beziehungen mit anderen zu genießen. *Sie* können ihm nicht helfen.

Lesen Sie dieses Buch, und Sie werden aus der Lektüre nicht nur mit einem größeren Verständnis, sondern auch mit den Mitteln hervorgehen, die Sie benötigen, um sich von dem Narzissten in Ihrem Leben zu befreien. Sie können sich auf mehr Frieden und Geborgenheit in Ihren zukünftigen Beziehungen freuen, auf ein Gefühl der Sicherheit und des Wohlbefindens und auf ein größeres Selbstvertrauen – denn ein Narzisst ist ziemlich geschickt darin, dieses zu untergraben.

Wir werden Folgendes behandeln:

- **Wie man einen Narzissten erkennt**

Sie werden herausfinden, was er zu Ihnen sagen wird, auf welche Art er Sie provozieren kann und vor allem, welche Gefühle er in Ihnen auslösen wird. Wir sehen uns die verschiedenen Typen von Narzissten an sowie einige Beispiele, wie sie sich in bestimmten Situationen verhalten, zum Beispiel bei einem ersten Date.

Wir werden uns auch ansehen, was jemanden zu einem Narzissten macht und woraus ihr wahres Wesen unter ihrer harten Schale besteht (Hinweis: Unreife). Zu wissen, wie klein und ängstlich diese Menschen hinter ihrem perfekten Äußeren sind, ist der Schlüssel, um ihr Verhalten zu verstehen und sich davon nicht länger beeinflussen zu lassen.

- **Wie man sich von narzisstischem Missbrauch erholt**

Ein Narzisst kann scheinbar ohne Reue Schaden anrichten. Mit seinen Worten und seinem Verhalten kann er Sie dazu bringen, dass Sie an sich selbst und Ihrem Verstand zweifeln und dass Sie sich in einem ständigen Konflikt befinden. Ein Narzisst lebt von Drama, Zwietracht und Konflikten, während die Menschen um ihn herum kaum etwas anderes tun können, als seinen nächsten Angriff abzuwehren. Aber Sie können diesen Kreislauf durchbrechen und nicht wieder in ihn zurückverfallen.

In diesem Buch erfahren Sie, wie Sie sich selbst bestärken, das Trauma aufarbeiten und Ihr Selbstwertgefühl nach narzisstischem Missbrauch wiederherstellen können. Wir schauen uns auch an, wie man sich sicher von einem Narzissten trennt und loslöst, ohne seine narzisstische Wut auf sich zu ziehen.

- **Wie man mit einem Narzissten im Moment umgeht**

Leider ist dieses Persönlichkeitsmerkmal relativ häufig. Tatsächlich gibt es Zeiten, in denen es einfacher ist, mit einem Narzissten auszukommen. Ein Beispiel ist, wenn Sie einen an Ihrem Arbeitsplatz haben, Sie ansonsten Ihren Job jedoch lieben. Ein weiteres Beispiel ist, wenn Sie ein narzisstisches Familienmitglied haben, mit dem Sie um des allgemeinen Friedens willen einen gewissen Kontakt aufrechterhalten müssen. Warum sollten Sie gehen, nur, um dieser einen Person zu entkommen?

Die Antwort ist: Sie brauchen nicht zu gehen. Aber was Sie brauchen, sind einige einfache Techniken, um auf diese Begegnungen vorbereitet zu sein. Auf diese Weise können Sie in spontanen Situationen mit dem Narzissten auf eine ruhige, bestimmende Weise umgehen, wenn er versucht, Sie in Rage zu bringen. Der andere Vorteil davon ist, dass er sich wahrscheinlich langweilen wird, zu seinem nächsten Opfer weiterzieht und Sie in Ruhe lässt.

- **Wie man einem Narzissten entkommt**

Eine Sache, die Narzissten nicht tolerieren können, ist, ignoriert oder verlassen zu werden. Dies löst all ihre unterdrückten Gefühle aus, die oft noch aus der Kindheit stammen und die sie überhaupt erst dazu gebracht haben, sich missbräuchlich zu verhalten. Sie können sich sicher sein, dass ein Narzisst Ihnen den Weggang genauso schwer machen wird, wie er für ihn ist. Sobald Sie geflohen sind, wird der Narzisst in Ihrem Leben einfach zu jemand anderem weiterziehen – aber bevor das passiert, können Sie mit einem Ausbruch all seiner schlimmsten Verhaltensweisen rechnen. In den schwerwiegendsten Fällen könnten Sie wirklich in Gefahr geraten.

Es gibt jedoch Möglichkeiten, den Narzissten zu entwaffnen, sich langsam zurückzuziehen und sich zu schützen. Diese Techniken können erlernt werden und machen den Prozess für Sie einfacher und weniger belastend. Mit etwas Planung und leicht zugänglichen Taktiken in der Tasche werden Sie sich bald auf eine friedlichere Zukunft freuen, weit weg von diesem geschädigten und schädlichen Individuum.

- **Wie Sie anderen Opfern von narzisstischem Missbrauch helfen können**

Der Umgang mit einem Narzissten kann dazu führen, dass Sie sich isoliert fühlen und an Ihrer eigenen Vernunft zweifeln. Lesen Sie weiter, um wichtige Mittel zu finden, die Ihnen nicht nur helfen, sich selbst zu erholen, sondern auch dabei, die Anzeichen bei anderen Opfern zu erkennen. So können Sie diese darin unterstützen, sich ebenfalls zu befreien. Je mehr über diesen Persönlichkeitstypus bekannt wird, desto mehr hoffe ich auf eine Welt, in der dieser nicht mehr so leicht davonkommt, wie es im Moment der Fall zu sein scheint. Narzissten leben von der Geheimhaltung, und indem ich dieses Buch schreibe und ihre Geheimnisse aufdecke, hoffe ich, dass Sie aus meiner Arbeit lernen und sich besser gerüstet fühlen, um sich einfach von ihnen zu lösen.

Durch meine Aufzeichnungen, meine Forschung und mein genaues Studium dieses speziellen Persönlichkeitstyps habe ich vielen Menschen geholfen, sich von narzisstischem Missbrauch zu befreien. In einer Beziehung mit einem Narzissten gefangen zu sein, vergleiche ich mit der Analogie des „Frosches im Wasserglas" – wenn der Frosch merkt, dass das Wasser kocht, ist es zu spät, um noch herauszuspringen.

Erschöpft von den Psychospielchen, Wutanfällen und verletzenden Beleidigungen des Narzissten, haben Sie es schwer, zu entkommen. Am Ende zweifeln Sie an sich selbst. Sie haben vielleicht das Gefühl, dass Sie in eine scheinbar endlose Situation verstrickt sind und nicht mehr den Mut dazu haben, ihr zu entkommen.

Lassen Sie nicht zu, dass Ihnen das passiert! Bilden Sie sich weiter, lernen Sie, auf welche Anzeichen Sie achten müssen und wie Sie auf sich und andere aufpassen können. Ein Narzisst hat die Macht, großen Schaden und unsägliches Leid in seiner Umgebung anzurichten, aber das muss nicht so sein. Narzissten sind nur so stark, wie Sie es ihnen erlauben.

Wenn Sie diesen Persönlichkeitstyp wirklich verstehen, werden Sie sehen, dass er nicht annähernd so mächtig ist, wie er erscheint. Sie werden genau wissen, was Sie sagen und wie Sie sich verhalten müssen, damit sich der Narzisst einfach langweilt und zu jemand anderem weiterzieht. Meiner Erfahrung nach sind Narzissten sehr schwer, wenn nicht gar unmöglich, zu behandeln.

Sie ändern sich nicht und sie suchen auch keine Hilfe. Oft sind sie vollkommen zufrieden mit dem Status quo und resistent gegen jede Veränderung oder größere Gleichberechtigung in ihren Beziehungen zu anderen. Warum sollten sie eine Veränderung wollen, wenn alle anderen nach ihrer Pfeife tanzen?

So schwer es auch ist, es hat keinen Sinn, sich zu wünschen, dass der Narzisst sich ändert, auch wenn er Ihnen manchmal Versprechungen macht. Er wird sich nie ändern. Alles, was Sie tun können, ist, das zu akzeptieren und mit Ihrem eigenen Leben weiterzumachen.

Mit meiner Hilfe können Sie einer glücklicheren Zukunft entgegensehen. Sie können entkommen und ein Leben frei von Drama und dem giftigen Einfluss eines Narzissten führen. Sie können größere Zufriedenheit und ein Gefühl von Sicherheit und Sinnhaftigkeit erlangen. Und was noch wichtiger ist: Sie haben es sich verdient. Narzissten sind sehr geschickt darin, an unsere besten Charakterzüge zu appellieren und die nettesten und einfühlsamsten

Menschen zu manipulieren, um ihre eigenen egoistischen Bedürfnisse zu erfüllen. Sie müssen dem nicht zum Opfer fallen, und Sie müssen sich nicht in ihre Spiele hineinziehen lassen.

Lesen Sie weiter, um herauszufinden, wie Sie dies erreichen.

Kapitel eins –
Narzissmus enträtseln

In diesem Kapitel beginnen wir, den Narzissmus zu enträtseln, um herauszufinden, worum es sich handelt, was ihn verursacht und wie man ihn bei anderen erkennt. Wir schauen uns auch die Arten von Menschen an, die dazu neigen, den Machenschaften eines Narzissten zum Opfer zu fallen.

Wir geben Ihnen einige Hinweise, worauf Sie achten sollten, wenn Sie Menschen zum ersten Mal treffen, und auf welche seltsamen Verhaltensweisen Sie achten sollten. Los geht's!

Die sieben Warnzeichen der narzisstischen Persönlichkeitsstörung

Narzissmus ist eine anerkannte Persönlichkeitsstörung, von der man annimmt, dass sie etwa 6 % der Bevölkerung betrifft, obwohl viele, die darunter leiden, nicht diagnostiziert werden. Sie ist gekennzeichnet durch ein großspuriges (oft unverdientes) Selbstbewusstsein, ein rücksichtsloses Bedürfnis, andere auszubeuten, und ein starkes Anspruchsdenken. Narzissten sind auch anfällig für narzisstische Wutanfälle. Leider halten sie ihr wahres Ich vor anderen verborgen und können auch extrem charmant sein, wenn es die Situation erfordert.

Sobald Sie wissen, worauf Sie achten müssen, sind Narzissten in der Regel leicht zu erkennen, und Sie können sie auf Distanz halten, ohne in ihre Welt hineingezogen zu werden. Aber wonach müssen Sie Ausschau halten?

Lesen Sie im Folgenden über die sieben wichtigsten Anzeichen für eine narzisstische Persönlichkeitsstörung, wenn Sie glauben, dass jemand, den Sie kennen oder der Ihnen nahesteht, daran leiden könnte. Schauen Sie, ob etwas davon auf denjenigen zutrifft.

1   Der Narzisst hat ein großspuriges Selbstverständnis

Der Narzisst muss immer der Beste sein: der am besten Aussehende, der Erfolgreichste, der Interessanteste. Während dies kurzfristig charmant oder liebenswert sein kann, wird es schnell zermürbend für die Menschen in der Umgebung dieser Person, da sie darum kämpfen, dass ihre eigenen Leistungen und Bedürfnisse anerkannt werden.

Narzissten glauben, dass sie besonders und einzigartig sind. Sie glauben, dass sie nur mit anderen besonderen Menschen verkehren sollten und dass sie in jeder Situation die bestmögliche Behandlung und Aufmerksamkeit verdienen. Sie trainieren andere, dies ebenfalls zu glauben, sodass Sie, bevor Sie es merken, dieser Person den Hof machen und sie mit übermäßiger Sorgfalt behandeln – oft auf Kosten Ihrer eigenen Zeit, Ihres Wohlbefindens, Ihrer Energie und Ihrer persönlichen Entwicklung.

Narzissten werden zudem übertreiben und lügen, wenn es um ihre Leistungen geht, und die Leistungen anderer herunterspielen, ignorieren oder sich weigern, diese anzuerkennen. Was auch immer Sie in Ihrem Leben erreicht haben, Sie können sich sicher sein, dass der Narzisst es auch geschafft hat – und zwar besser.

Klassisches narzisstisches Verhalten:

Sie: Oh, raten Sie mal! Mein Roman wird veröffentlicht!

Er: Das ist schön. Das erinnert mich daran, dass ich ebenfalls einen Roman schreiben werde. Ich liebe das Schreiben, und ich war immer sehr gut in Deutsch. Alle haben mir immer gesagt, ich sollte ein Buch schreiben. Wer ist Ihr Agent, und können Sie mir seine Kontaktdaten schicken? Ich würde gerne mit ihm über mein geplantes Buch sprechen.

2 Er lebt in einer Fantasiewelt

In ihrer eigenen Welt sind Narzissten erfolgreich, wunderbar und dazu da, bewundert zu werden. Wenn Sie diese Überzeugungen unterstützen und den Narzissten darin bestätigen, werden Sie seine Anerkennung genießen. Wenn Sie es jedoch wagen, ihn in Bezug auf die Wahrheit oder die Details seiner vielen Errungenschaften infrage zu stellen, müssen Sie mit einer ernsthaften Gegenreaktion rechnen. Sie werden bald lernen, sich in der Nähe des Narzissten vorsichtig zu verhalten, um Gegenwind oder **narzisstische Wut**, die nur wenige Grenzen kennt, zu vermeiden.

Klassisches narzisstisches Verhalten

Wenn ein Narzisst Sie zu Hause besucht, erwartet er, dass Sie ihn bewirten, bedienen, hinter ihm aufräumen und ihm möglicherweise Geld leihen, ohne dass dafür eine Gegenleistung erbracht wird. Wenn Sie ihn besuchen, rechnen Sie damit, dass er Ihnen wenig zu essen anbietet und dass Sie die ganze Zeit zuhören, wie er über sich selbst redet. Schließlich können Sie sich glücklich schätzen, in seiner Nähe zu sein.

3 Er verlangt überschwängliches Lob und ungeteilte Aufmerksamkeit

Wenn Sie sich in der Gesellschaft eines Narzissten befinden, werden Sie nach einer Weile anfangen, etwas zu bemerken: Es geht nur in eine Richtung. Sie sind nur dazu da, um ihm zuzuhören, wenn er darüber redet, wie wunderbar, talentiert und besonders er ist. Er will, dass Sie hören, wie viele Freunde er hat und wie erfolgreich er mit seiner Karriere ist.

Wenn Sie versuchen, etwas von ihm zurückzubekommen oder ihn bitten, Sie in irgendeiner Weise anzuerkennen, dann bereiten Sie sich darauf vor, frustriert zu sein: Der Narzisst ist einfach unfähig, jemand anderem Aufmerksamkeit zu schenken. Es widerspricht seiner Überzeugung, dass er derjenige ist, um den man sich kümmern und dem man Respekt zollen muss. Er findet es unglaublich schwierig, sich auf andere zu konzentrieren oder diese anzuerkennen.

Klassisches narzisstisches Verhalten

Sie sind auf einer Party, auf der die Schwangerschaft einer Freundin gefeiert wird. Der Narzisst wird die Gelegenheit nutzen, um seine eigenen Pläne, ein Baby zu bekommen, zu verkünden, und letztendlich kommt es so, dass Sie Sekt trinken und ihm gratulieren, während er in der Mitte des Kreises steht, lächelt und die Aufmerksamkeit genießt. Die schwangere Freundin gerät währenddessen in Vergessenheit.

4   Er hat ein extremes Anspruchsdenken

Natürlich verdienen wir es alle, mit Respekt und Freundlichkeit behandelt zu werden, aber ein Narzisst übertreibt diese Forderung völlig. Wenn Sie den Narzissten persönlich kennen, werden Sie sich vielleicht mit der Zeit an seine Ansprüche gewöhnen und akzeptieren, dass er „einfach so ist", aber es ist oft atemberaubend, zu sehen, wie sich sein Anspruchsdenken gegenüber anderen Menschen auswirkt.

Einen Narzissten im Umgang mit anderen zu beobachten, ist oft ein Aha-Erlebnis für seine Opfer. Sie sehen möglicherweise, für wie berechtigt er sich anderen gegenüber hält, und schämen sich für ihn. Sie wären ziemlich erstaunt über seine Fähigkeit, die unverschämtesten Forderungen zu stellen, scheinbar aus Spaß an der Sache.

Wie behandelt ein Narzisst Kellner, Empfangspersonal, Ladenbesitzer? Er kann übermäßig herzlich zu denen sein, die ihn mit Respekt behandeln, aber passen Sie auf, wenn jemand es wagt, ihn in die Schranken zu weisen oder sich weigert, ihm bei seinen oft unangemessenen Forderungen zu helfen.

Klassisches narzisstisches Verhalten

Sie sind in einer fremden Stadt und suchen nach einer Bank. Der Narzisst wird in ein nahe gelegenes Hotel gehen und verlangen, dass der Rezeptionist die Wegbeschreibung einer Bank nachschlägt, sie für ihn aufschreibt und ihm dann – im Nachhinein – detaillierte Tipps zu verschiedenen lokalen Museen gibt. Wenn der Rezeptionist sich weigert, ihm zu helfen, wird der Narzisst extrem wütend, unhöflich und gereizt und sich bitterlich darüber beschweren, wie unverschämt die Person war.

5 Er beutet andere ohne Schuld und Scham aus

Wir alle machen uns manchmal schuldig, im Umgang mit anderen zu weit zu gehen, und die meisten Menschen entschuldigen sich, sobald sie das erkennen, und machen es wieder gut. Wir empfinden vielleicht Scham oder Schuldgefühle und geloben, aus unserem Fehler zu lernen und es beim nächsten Mal besser zu machen.

Aber für den Narzissten gibt es kein Gefühl von Schuld oder Scham. Es gibt nur Wut und ein Gefühl von heftiger Ungerechtigkeit, wenn sie für ihr Verhalten zur Rede gestellt werden – schließlich sind sie *etwas Besonderes*. Es ist ihnen erlaubt, die Regeln zu brechen. Im Gegensatz zu normalen Menschen sucht der Narzisst ständig nach einem Ausweg – und er ist sehr geschickt darin, die natürliche Höflichkeit und Großzügigkeit der Menschen auszunutzen, um seine eigenen Bedürfnisse zu befriedigen.

Narzissten sehen keinen Sinn darin, anderen zuliebe zu helfen. Alles, worum sie sich kümmern, ist, ihre eigenen

Bedürfnisse zu befriedigen, und sie sind bereit, sich so schlecht zu verhalten, wie es nötig ist, damit dies geschieht. Das Einzige, was sie von diesem Verhalten abhalten kann, ist die Sorge, dass sie zu weit gehen und den Zugang zu der Person oder Sache, die sie ausnutzen, verlieren. Dann, und nur dann, werden sie sich vorübergehend zurückziehen, damit sie in Zukunft weiter benutzen und missbrauchen können.

Klassisches narzisstisches Verhalten

Ein Narzisst wird Ihr Angebot, einen Ausflug zu machen, annehmen, aber sein Portemonnaie „vergessen". Sie werden am Ende für das Mittagessen, die Getränke und die Eintrittsgelder bezahlen. Im letzten Moment, in einem Geschäft, wird er jedoch plötzlich sein Portemonnaie „finden" und sich mit dem Geld, das er durch Sie gespart hat, eine neue Tasche kaufen. Im Zug nach Hause wird er erwähnen, dass er Ihnen das Geld zurückzahlen wird, aber Sie werden das Geld nie wiedersehen, oder gar ein Dankeschön dafür bekommen, dass Sie ihn den ganzen Tag verwöhnt haben.

Oder nehmen wir an, Sie lernen auf einer Party jemanden kennen, der ein Freund eines Freundes ist. Er überschüttet Sie mit Aufmerksamkeit und findet über Ihren Freund Ihre E-Mail-Adresse oder Telefonnummer heraus. Ehe Sie sich versehen, befindet er sich auf der Durchreise in Ihrer Stadt – weil Sie sich auf der Party doch so gut unterhalten haben, ist es okay, wenn er mittags bei Ihnen vorbeikommt? Ehe Sie sich versehen, kochen Sie ihm Mittagessen und hören ihm zwei Stunden lang zu, wie er über sich selbst redet, leihen ihm ein Buch und helfen ihm, ein

Problem mit seinem Telefon zu lösen – alles an Ihrem freien Tag.

6 Er schikaniert, erniedrigt und demütigt

Um andere zu kontrollieren, muss man dafür sorgen, dass sie sich klein und schwach fühlen, und niemand ist darin besser als ein Narzisst. Er ist Experte darin, Ihre Schwachstellen oder Empfindlichkeiten aufzuspüren und dieses Wissen dann zu nutzen, um Sie zu tyrannisieren und zu demütigen, wann immer Sie sich selbst zu übertreffen scheinen. Für ihn ist das alles ein Spiel. Er mag es, andere zu erniedrigen, weil er sich dadurch mächtig fühlt, und es passt ihm gut, dies bei denen zu tun, die ihm nahestehen, weil sie dadurch leichter zu kontrollieren sind.

Klassisches narzisstisches Verhalten

Sie haben sich herausgeputzt und fühlen sich gut, und der Narzisst macht eine abfällige Bemerkung über Ihr Aussehen, lacht Sie aus oder weigert sich einfach, die Mühe anzuerkennen, die Sie sich gemacht haben. Wenn Sie zu selbstbewusst auftreten, wird er mit einem bösen Kommentar über Ihre Haare oder Ihre Kleidung kommen, um Sie zurechtzuweisen.

7 Er hat kein Einfühlungsvermögen

Dies ist vielleicht das erschreckendste Merkmal eines Narzissten und auch seine zentrale Eigenschaft. Es fehlt ihm an grundlegender Empathie und er kann sich einfach nicht in irgendeiner sinnvollen Weise mit dem Schmerz anderer auseinandersetzen. Er kann es vielleicht vortäuschen, aber in Wirklichkeit rührt ihn das Leiden anderer nicht an. Einige der bösartigeren Narzissten (mehr dazu später) scheinen sogar eine seltsame Freude daran zu haben, die Menschen um sie herum leiden zu sehen.

Klassisches narzisstisches Verhalten

Sie haben sich gerade von Ihrem Freund getrennt. Sie erzählen dem Narzissten in allen Einzelheiten davon und erhalten im Gegenzug kein Mitgefühl oder Trost, sondern nur einen gelangweilten Kommentar darüber, dass sich die Beziehung sowieso ziemlich hingezogen hat und dass Sie anscheinend immer so viel Pech in der Liebe haben. Er wechselt das Thema, um darüber zu sprechen, wie gut seine eigene Beziehung läuft.

Was ist die Ursache von Narzissmus?

Viele Psychologen glauben, dass Narzissmus seine Wurzeln in der Kindheit hat. Oft scheint er aus einer Kombination aus dem Ersticken eines Kindes mit Liebe und Anerkennung einerseits und der Vernachlässigung des Kindes andererseits geboren zu sein. Narzissten können z. B. auf ein Internat geschickt worden sein, sodass sie Ferien voller Luxus und Privilegien hatten, die von langen Perioden institutioneller Betreuung unterbrochen wurden, in denen sie sich allein und von ihren Eltern verlassen fühlten.

Kleine Kinder neigen dazu, ziemlich egoistisch und empathielos zu sein; Eigenschaften, die mit sich mit zunehmendem Alter verlieren. Der Narzisst scheint jedoch nie zu lernen, freundlicher zu sein. Es kann sein, dass er als Kind übermäßig verwöhnt wurde und sich alles erlauben durfte, aber auch von seinen Hauptbezugspersonen vernachlässigt wurde und nie gelernt hat, Empathie zu empfinden oder über die Auswirkungen seines Verhaltens auf andere nachzudenken.

Manchmal passiert ihm etwas so Traumatisches, dass er in einer egoistischen, unreifen Art des Umgangs mit anderen stecken bleibt. Er ist erwachsen, benimmt sich aber wie ein Baby. Auch hier kann es daran liegen, dass seine Bezugspersonen ihm nicht das Rüstzeug geben, andere gut zu behandeln.

Wie bei allen Persönlichkeitsmerkmalen ist es unmöglich, zu sagen, wie viel davon auf Kindheitserfahrungen zurückzuführen ist und wie viel einfach Temperament und Gene ausmachen. Für die Menschen in der Umgebung des Narzissten ist es wichtig, zu wissen, wie man mit ihm umgeht, und nicht, was ihn zu dem gemacht hat, das er ist.

Es ist jedoch wichtig, sich daran zu erinnern, dass die Wurzeln des Narzissmus in der Kindheit liegen, was bedeutet, dass es sich um einen grundlegenden Aspekt der Natur dieser Person handelt, den sie nicht ändern kann und der in keiner Weise Ihre Schuld ist. Sie werden es sehr schwierig, wenn nicht gar unmöglich finden, einen Narzissten zu ändern. Alles, was Sie tun können, ist, die Art und Weise zu ändern, wie Sie auf ihn reagieren.

Der Unterschied zwischen Narzissmus und Selbstbewusstsein oder Arroganz

Es wird geschätzt, dass etwa 6 % der erwachsenen Bevölkerung an Narzissmus leidet. Aber was unterscheidet ihn von der Arroganz, die wir in der Popkultur sehen? Was unterscheidet Narzissmus von der Selfie-Kultur und der Selbstdarstellung und Angeberei, die wir zum Beispiel in den sozialen Medien sehen?

Der Unterschied liegt oft darin, wie authentisch dieses Selbstvertrauen ist – wenn es echt ist, verursacht es in der Regel keine Probleme. Aber wenn es eine in Wirklichkeit viel unsicherere Person verbirgt, kann es eine Katastrophe bedeuten. Es ist nichts falsch daran, Selbstvertrauen im Leben zu demonstrieren, auch wenn es manchmal in Arroganz umkippt; das hat nichts mit Narzissmus zu tun. Narzissten leiden unter Eifersucht und versuchen immer, andere Menschen zu erniedrigen, um ihr eigenes Selbstwertgefühl aufzubessern.

Dem Narzissten fehlt jede Form von Selbstvertrauen – tief im Inneren ist er eigentlich ein sehr kleines, verängstigtes Kind. Sein großspuriges Verhalten ist defensiv und ein Weg, sich vor weiterem Schaden zu schützen. Was wie berechtigtes Verhalten aussieht, ist in Wirklichkeit ein Schauspiel, hinter dem sich jemand mit sehr wenig Selbstwert verbirgt.

Dies ist kein echtes Selbstvertrauen, welches die Menschen im Allgemeinen angenehmer macht. Man kann zum Beispiel auch mal ein arroganter Mensch sein und trotzdem ein liebevoller Partner. Ein Narzisst hingegen hat eine Persönlichkeitsstörung und es ist schwierig, wenn nicht gar unmöglich, mit ihm eine gesunde und für beide Seiten befriedigende Beziehung zu führen.

Vier Typen von Narzissten, von denen Sie sich fernhalten sollten

Narzissten gibt es in verschiedenen Formen, und einige sind leichter zu erkennen als andere. Alle sollten jedoch vermieden werden. Hier sind vier erkennbare Typen und worauf Sie bei jedem von ihnen achten sollten:

1 Offene Narzissten

Sie machen sich das Leben (relativ) einfach, weil man sie schon aus einem Kilometer Entfernung erkennen kann. Das sind die Menschen, die auf Twitter mit ihrer neuesten Errungenschaft prahlen oder darüber lügen, wie viel ihr Auto kostet oder wie viel sie verdienen.

Offene Narzissten neigen auch zu öffentlichen Ausbrüchen und Zusammenbrüchen, was es wiederum leicht macht, sie auszumachen und zu vermeiden. Sie können sehr charmant und verführerisch sein, wenn sie etwas wollen, aber sobald sie es haben, werden sie weiterziehen.

2 Versteckte oder heimliche Narzissten

Diese Typen sind schwieriger zu erkennen und besser darin, ihre wahre Natur zu verbergen. Sie präsentieren sich vielleicht als Heilige, die viel für wohltätige Zwecke tun und sich durch gute Taten hervortun. Kratzen Sie jedoch an dieser makellosen Oberfläche oder erwischen die Person ohne ihre Maske, werden Sie einen Narzissten vorfinden.

3 Toxische Narzissten

Narzissmus, wie alle Persönlichkeitsmerkmale, umfasst ein ganzes Spektrum. Ein wenig Narzissmus ist gesund, ein bisschen mehr ist ärgerlich, aber eine Menge davon ist gefährlich.

Toxische Narzissten befinden sich am extremen Ende des Spektrums. Seien Sie also auf ein Drama vorbereitet, wenn Sie einen von ihnen in Ihr Leben lassen. Sie können boshaft, extrem fies oder schikanös sein und Ihnen generell das Leben extrem schwer machen.

4 Psychopathische Narzissten

Ich hoffe wirklich, dass Sie niemals einem dieser Charaktere begegnen werden. Sie sind wirklich gefährlich, zeigen keine Empathie oder Reue und versuchen aktiv, anderen Leid zuzufügen. Mörder und gefährliche Missbrauchstäter fallen in diese Kategorie. Sie genießen das Leiden anderer und sind in ihrem Konsum von Elend und Schmerz wie Vampire.

Die vier Typen von Menschen, zu denen sich Narzissten hingezogen fühlen

Eine Sache, die Sie über Narzissten verstehen müssen, ist, dass sie sehr wenig Selbstwertgefühl haben. Anstatt ein normales, gesundes Selbstwertgefühl zu entwickeln, haben sie als Erwachsene das Gefühl, etwas Besonderes zu sein und gleichzeitig sehr missverstanden zu werden – eine seltsame Kombination, und keine glückliche.

Wie Vampire fühlen sie sich zu Menschen mit einem guten Selbstwertgefühl und einer gewissen Empathie gegenüber anderen hingezogen. Ein Narzisst wird sowohl von

Ihrer Freundlichkeit profitieren als auch Ihr Selbstwertgefühl unterdrücken wollen, damit Sie ihm mehr von Ihrer Energie geben. Sie ernähren sich von den guten Gefühlen anderer, weil sie keine eigenen haben, auf die sie zurückgreifen könnten.

Einer der Begriffe, die Sie im Zusammenhang mit Narzissten hören werden, ist „Versorgung". Aber was ist das? Im Wesentlichen ist **narzisstische Versorgung** das, was der Narzisst von Ihnen will – Versorgung ist für ihn Aufmerksamkeit, Drama, Fokus, Energie. Vielleicht haben Sie schon einmal den Satz gehört: „Sie hat mir alle Energie entzogen." So fühlt es sich an, wenn man längere Zeit mit einem Narzissten zusammen ist – man fühlt sich gezwungen, ihm viel von sich selbst zu geben, während man sehr wenig zurückbekommt, und am Ende ist man erschöpft.

Hier sind vier der Merkmale, die man bei denjenigen findet, die den Psychospielchen des Narzissten zum Opfer fallen. Denken Sie jedoch daran, dass Sie diesem nicht nachgeben müssen. Wenn Sie lernen, einen Narzissten zu erkennen, können Sie gut Grenzen setzen und sich selbst schützen. In den folgenden Kapiteln werden wir Ihnen zeigen, wie das geht.

1 Jemand, der erfolgreich und talentiert ist

Obwohl Sie den Narzissten nie dazu bringen werden, es zuzugeben, kann es sein, dass er es auf Sie abgesehen hat, weil er Sie in irgendeiner Weise für erfolgreich oder talentiert hält. Da er mit seinen Eifersuchtsgefühlen nicht umgehen kann, wird er ein Spiel daraus machen, Sie zu demütigen und Ihr Selbstvertrauen zu zerstören, um sich selbst besser zu fühlen.

Funktioniert das tatsächlich? Nein. Aber denken Sie daran, dass der Narzisst sehr unreif ist. Er ist wie ein Vierjähriger, der auf der Sandburg eines anderen Kindes herumtrampelt, die er am liebsten selbst gebaut hätte. Jemand anderen zu Fall zu bringen, verschafft ihm vielleicht eine vorübergehende Erleichterung, aber schon bald werden diese Gefühle von Eifersucht und Unzulänglichkeit zurückkehren. Wenn Sie dann in seiner Nähe sind, machen Sie sich darauf gefasst, erneut angegriffen zu werden. Dies ist der Kreislauf des narzisstischen Missbrauchs, und Sie werden bald erkennen, dass auf die guten Tage immer schlechte folgen.

Narzissten fühlen sich auch zu erfolgreichen Menschen hingezogen, weil sie glauben, sie könnten auf Ihrer Erfolgswelle mitschwimmen und sich an Ihren Kontakten und Talenten bereichern – zum Beispiel, indem sie bei Ihren beruflichen Veranstaltungen auftauchen und ihre Verbindung zu Ihnen nutzen, um Leute zu treffen und zu versuchen, ihre eigenen Interessen voranzutreiben.

2 Jemand, der bewirkt, dass sich der Narzisst gut fühlt

Auch hier werden Sie feststellen, dass Menschen, die sich selbst gut fühlen, dazu neigen, die gleiche Energie an andere weiterzugeben. Also werden sie anderen Menschen Komplimente machen oder mit freundlichen Gesten auf sie zugehen, in dem Glauben, dass man sich im Leben

eben so verhält. Unglücklicherweise wird der Narzisst mehr und mehr von diesen Freundlichkeiten wollen, bis der Geber sich von ihm ausgelaugt und erschöpft fühlt. Narzissten sind bodenlose Fässer von Bedürftigkeit, und wenn man ihnen den kleinen Finger gibt, nehmen sie die ganze Hand.

Auch hier kann ich nicht genug betonen, wie wichtig es ist, nicht auf die Worte von jemandem zu schauen – die sehr charmant sein können, wenn es nötig ist – sondern darauf, wie Sie sich in seiner Nähe fühlen. Fühlen Sie sich gereizt? Fühlen Sie sich erschöpft? Wenn Sie jemand sind, der dazu neigt, freundlich und großzügig zu sein, seien Sie sich bewusst, dass Sie sich manchmal um Ihrer selbst willen zurückhalten müssen.

3 Jemand, der ihn gut dastehen lässt

Es geht nicht um Sie; es geht um ihn. Wenn Sie also ein gewisses Talent haben, gut aussehen oder in irgendeiner Weise beeindruckend sind, kann es sein, dass sich ein Narzisst an Sie hängt und sich in Ihrem Glanz sonnt. Sie finden die Aufmerksamkeit vielleicht schmeichelhaft, aber nach einer Weile werden Sie sie abschütteln wollen. Das ist der Moment, in dem Sie merken, dass dies nicht so einfach ist wie bei einer normalen Person.

4 Jemand, der ihn verwöhnt und sich sein Verhalten gefallen lässt

Seien Sie vorsichtig damit, bei einem Narzissten zu freundlich oder verständnisvoll zu sein. Während normale Menschen Ihre Freundlichkeit nicht ausnutzen werden, können Sie sich sicher sein, dass dieser Persönlichkeitstyp es tun wird. Er wird sich im Wesentlichen an Ihrem Wohlwollen und Ihrer Aufmerksamkeit laben und mehr und mehr davon brauchen. Und wenn Sie versuchen, sich zurückzuziehen oder Grenzen zu setzen, müssen Sie sich auf Ärger gefasst machen.

Da haben Sie es also. In diesem Kapitel haben wir uns angesehen, was jemanden zu einem Narzissten macht und zu welchen Arten von Menschen er sich hingezogen fühlt. Lesen Sie weiter, um herauszufinden, was zu tun ist, wenn Sie gerade festgestellt haben, dass Sie einen Narzissten in Ihrem Leben haben!

Kapitel zwei – Immer einen Schritt voraus sein

Narzissten sind sehr geschickt im Manipulieren, sodass es nur allzu leicht ist, die frühen Warnzeichen zu übersehen, dass Sie sich in einer gefährlichen Situation mit jemandem befinden, der völlig normal und charmant erscheint.

Womit Sie sich jedoch wappnen können, sind einige Anzeichen, auf die Sie achten können, wenn Sie gerade jemanden kennengelernt haben und sich fragen, ob es „alles nur Einbildung" ist oder nicht. Narzissten sind nicht ganz so schlau, wie sie denken, und Sie werden bald lernen, einige Merkmale und Signale zu erkennen, die alle Narzissten gemeinsam haben.

In diesem Kapitel sehen wir uns auch einige der Taktiken an, die Narzissten verwenden, um Sie zu manipulieren, und einige der üblichen Phrasen, die Sie wahrscheinlich von diesem Persönlichkeitstyp hören werden.

Zum Schluss werden wir uns mit narzisstischer Wut und ihren Auslösern befassen. Dieser Abschnitt ist sehr wichtig, da narzisstische Wut einen großen Schock auslösen kann, wenn Sie sie noch nicht erlebt haben. Sie werden sich fragen, was Sie falsch gemacht haben und wie Sie es wieder in Ordnung bringen können.

Elf Anzeichen dafür, dass Sie in einer Beziehung mit einem Narzissten sind

1 Er wirkt am Anfang absolut liebenswert

Sie wissen, was man über etwas oder jemanden sagt, das zu schön scheint, um wahr zu sein: dann ist es auch nicht wahr. Wenn jemand so nett und angenehm ist und sich über alles freut, was Sie sagen und tun, sollten Sie ein wenig … misstrauisch werden. Niemand ist so nett, oder? Wann wird sich das ins Gegenteil verkehren?

Vertrauen Sie Ihren Instinkten. Dies kann nicht genug betont werden. Es kann sein, dass Sie dem **„Love Bombing"** zum Opfer fallen, was genau das ist, wonach es sich anhört – in Liebe und Bewunderung absolut erstickt zu werden.

Achten Sie nicht nur darauf, was jemand sagt oder tut. Schauen Sie in seine Augen – passt ihr Ausdruck zu seinen Worten? Narzissten können unglaublich süß und charmant sein, aber sie können ihre kalten Augen nicht verbergen. Wenn Sie also das Gefühl haben, dass die Worte und der Gesichtsausdruck von jemandem nicht ganz zusammenpassen, vertrauen Sie sich selbst.

Narzissten wollen nicht die gleichen Dinge von einer Beziehung, die normale Menschen wollen. Während Sie oder ich vielleicht nach Gesellschaft, Konversation, Unterstützung und gemeinsamem Lachen suchen, ist ein Narzisst nur darauf fokussiert, was er von Ihnen bekommen kann – sei es Aufmerksamkeit, Ruhm, Zeit, Energie, Geld oder Status.

Der Narzisst neigt dazu, andere nur in Bezug auf das zu sehen, was sie für ihn tun können, nicht als jemanden, mit dem er eine Beziehung eingehen kann, in der sie sich gegenseitig unterstützen. Wenn also jemand entschlossen scheint, Sie für sich zu gewinnen und Sie mit Nachrichten und Zuneigungsbekundungen zu bombardieren, treten Sie einen Schritt zurück. Genießen Sie natürlich die Aufmerksamkeit, aber genießen Sie sie mit Vorsicht. Es bleibt abzuwarten.

2 Er ist unglaublich egoistisch

Dies ist eine Eigenschaft, die alle Narzissten teilen und die sich im Großen wie im Kleinen bemerkbar macht. Achten Sie darauf, wie es ist, mit ihm zusammen zu sein – sind Sie derjenige, der nur zuhört, oder hört er auch zu (und damit meine ich aktives Zuhören, eine genau Wiedergabe dessen, was Sie sagen, und dass er sich wirklich auf Sie als Person einzulassen scheint)?

Geben Sie am Ende mehr – mehr Geld, mehr Arbeit, mehr emotionale Energie? Fühlen Sie sich inspiriert und beflügelt oder einfach nur ausgelaugt, wenn Sie von ihm weggehen? Ein Narzisst mag charmant und witzig sein, aber er hat auch eine Art, den ganzen verfügbaren Sauerstoff in einem Raum zu verbrauchen und alles auf sich zu beziehen. Sie bemerken das vielleicht nicht sofort, besonders wenn Sie jemand sind, der gerne gibt, doch sobald Sie damit anfangen, werden Sie vielleicht ein ganzes Muster von egoistischen Verhaltensweisen erkennen.

Ein weiterer Punkt: Schauen Sie sich an, wie sich die Person verhält, wenn niemand in der Nähe ist. Vielleicht hat sie sich große Gesten zur Gewohnheit gemacht, wenn sie ein Publikum hat, aber wie behandelt sie Sie, wenn Sie ganz allein sind?

3 Er kümmert sich mehr um die äußere Erscheinung Ihrer Beziehung als um die Realität

Auch hier geht es um die Besessenheit des Narzissten von Äußerlichkeiten. Narzissten neigen dazu, sowohl geheimnisvoll als auch besessen von ihrer Außenwirkung zu sein. Er mag sich an diesem Morgen mit ihnen gestritten haben, aber er wird trotzdem ein verliebtes Foto von Ihnen beiden auf seinen Social-Media-Konten posten und anderen ein perfektes Bild Ihrer Beziehung präsentieren.

Für die meisten Menschen besteht das Leben aus Grautönen. Aber bei diesem Persönlichkeitstyp übertrifft das Bedürfnis, der Beste, der Beliebteste, Erfolgreichste und Attraktivste zu sein, das Bedürfnis nach jeglicher Art von Authentizität. Eines der Dinge, die Menschen in einer Beziehung mit einem Narzissten überraschen, ist, dass sie, wenn sie mit anderen darüber sprechen, wie schlecht die Beziehung läuft, oft mit Verwunderung konfrontiert werden.

„Aber sie spricht immer in so hohen Tönen von Ihnen!" ist eine häufige Reaktion. Das liegt daran, dass Narzissten anderen gegenüber den Eindruck erwecken wollen, dass sie mit jedem auskommen und eine wunderbare Intimität mit Ihnen teilen. Das bedeutet nicht nur, dass der Narzisst sein Bild von sich selbst als wunderbare, beliebte Person bewahren will, sondern auch, dass andere Ihnen nicht glauben, wenn Sie sagen, dass die Beziehung nicht so wunderbar ist, wie sie scheint. So fühlen Sie sich am Ende sowohl isoliert als auch verwirrt – bilden Sie sich die Dinge nur ein? (Die Antwort ist nein.)

4 Er ist kritisch gegenüber allem, was Sie tun

Ein Narzisst mag es, andere zu kontrollieren, um sich selbst sicherer zu fühlen, und er erreicht dies zum Beispiel, indem er alles kritisiert und bemängelt, was Sie tun. Das Ergebnis ist, dass Sie sich nervös fühlen, so als würden Sie auf rohen Eiern laufen, und sich zurückhalten, um weitere negative Kommentare zu vermeiden.

Seien Sie vorsichtig mit diesen kleinen Kommentaren über Ihre Kleidung, Ihre Haare, Ihre Berufswahl und alltägliche Entscheidungen – sie mögen für sich genommen harmlos erscheinen, aber sie können sich summieren und an Ihrem Selbstwertgefühl nagen, was den Narzissten viel mächtiger macht als Sie.

Wenn Sie sich in einer romantischen Partnerschaft befinden, schauen Sie sich an, wie jemand zu Beginn Ihrer Beziehung war – fand er alles, was Sie taten, wunderbar? Wenn sich das zu ändern beginnt, kann es passieren, dass Sie an sich selbst zweifeln. Was machen Sie falsch? Wie können Sie die Sache in Ordnung bringen, damit alles wieder so wird, wie es am Anfang war?

Stoppen Sie diese Gedanken! Das Problem sind nicht Sie.

5   Sie können nicht mit ihm streiten

Mit normalen Menschen ist Streiten vielleicht nicht angenehm, aber mit ein bisschen Geben und Nehmen kann
man sich entweder darauf einigen, anderer Meinung zu
sein oder zu anderen Themen überzugehen.

Nicht so bei einem Narzissten! Er ist einfach unfähig,
Kompromisse einzugehen oder zuzugeben, dass er im
Unrecht ist. Es ist sogar noch schwieriger, ihn dazu zu
bringen, einen Rückzieher zu machen, und er entschuldigt
sich nie und nimmer. Warum sollte er auch? Das würde
bedeuten, dass er zugibt, nicht perfekt zu sein, und für
den Narzissten ist es unmöglich, das auch nur in Betracht
zu ziehen.

6   Wenn Sie nicht einverstanden sind, sind Sie das Problem

Ein Teil der Unfähigkeit des Narzissten, jemals zuzugeben, dass er eine Grenze überschritten oder etwas falsch
gemacht hat (was er häufig tut), ist, dass Sie, wenn Sie ihm
widersprechen, nicht nur mit einer platten Weigerung von
ihm konfrontiert werden, seinen Fehler anzuerkennen.
Stattdessen werden Sie sich sogar im Unrecht wiederfinden und angegriffen werden. Hier ist ein Beispiel:

*Sie: Ich hatte, als wir heute Abend ausgegangen sind, wirklich das
Gefühl, dass du vor meinen Freunden ziemlich unhöflich zu mir
warst, und ich habe mich deswegen schlecht gefühlt.*

*Der Narzisst: Ich weiß nicht, wovon du redest. Das ist doch nicht
wahr. Warum bist du ständig so – so wütend und überempfindlich?*

Sehen Sie den Unterschied? Eine normale Person würde zuhören, über ihr Verhalten nachdenken und sich entschuldigen. Ein Narzisst wird nicht nur zurückweisen, was Sie sagen; er wird noch weiter gehen und behaupten, dass Sie derjenige mit emotionalen Problemen sind.

7 Er hat keine engen Freunde

Ein Narzisst mag viele Menschen um sich herum haben, die ihn bewundern, mit ihm auf sozialen Medien scherzen und seine zahlreichen Selfies auf Instagram liken. Aber hat er auch alte Schulfreunde? Menschen, die schon lange in seinem Leben sind? Oder ist das alles nur oberflächlich?

Narzissten neigen dazu, viele Brücken abzubrechen. Wenn Sie also jemanden treffen, der scheinbar überhaupt keine alten Freunde hat, sollten Sie darauf achten. Es kann sein, dass er jeden so schlecht behandelt, dass er nicht in der Lage ist, lange Beziehungen zu pflegen.

8 Alle seine Verflossenen sind verrückt

Als allgemeine Regel gilt: Wenn Sie das hören, laufen Sie weg. Oft wurde der Ex durch das Verhalten des Narzissten vielleicht ein bisschen verrückt, hat sich aber inzwischen erholt und ist darüber hinweggekommen. Wenn jemand davon besessen zu sein scheint, über seinen Ex und dessen Verrücktheit zu reden, ist das ein großes rotes Alarmsignal, und Sie sollten zuhören, damit Sie nicht der nächste Verrückte werden.

Hüten Sie sich auch vor der Person, die die ganze Schuld an einer gescheiterten Beziehung dem Ex gibt. Normalerweise scheitert eine Beziehung an gemeinsamen Problemen oder Differenzen. Es ist selten, dass eine Person ganz schlecht und die andere schuldlos ist. Wenn ein Ex auf diese Weise dargestellt wird, haben Sie es möglicherweise mit einem Narzissten zu tun.

9 Er ist plötzlich netter, wenn Sie sich zurückziehen

Narzissten sind emotionale Vampire. Sie kümmern sich nicht um Sie als Person, aber es ist ihnen sehr wichtig, Zugang zu Ihrer Zeit, Ihrem Geld, Ihrer Anwesenheit und Ihrer Energie zu haben.

Wenn jemand Sie schlecht behandelt oder plötzlich sein wahres Ich zeigt, ist es ganz natürlich, dass Sie sich zurückziehen. Die andere Partei bemerkt das vielleicht und entschuldigt sich, und Sie beide machen weiter. Ein Narzisst ist jedoch unfähig, sich zu entschuldigen und über sein Verhalten zu reflektieren.

Er wird Sie jedoch mit Freundlichkeit, besonderer Aufmerksamkeit und Charme zurücklocken. Sie werden tief im Inneren wissen, dass Sie ausgetrickst werden, aber Sie werden auch das vernünftigere Verhalten begrüßen, sich erleichtert fühlen und versuchen, den Vorfall hinter sich zu lassen. Und so beginnt der Kreislauf von Neuem.

10 Er wehrt sich heftig, wenn Sie ihn verlassen

Beziehungen enden, und manchmal ist es schwierig, sie in gutem Einvernehmen zu beenden. Aber wenn eine Beziehung ihren Lauf genommen hat, ist das machbar, besonders wenn beide Parteien sich bemühen, freundlich zu sein und normal weiterzuleben. Doch wenn Sie versuchen, von einem Narzissten wegzukommen, machen Sie sich auf eine Menge Widerstand gefasst.

Es kann sein, dass Sie mit Anrufen und Textnachrichten bombardiert werden und dass er sogar an Ihrer Tür auftaucht. Er wird auch Handlanger zu Ihnen schicken – Leute, die die Version der Ereignisse des Narzissten glauben und von ihm überzeugt werden, Sie anzurufen und Schuld- und Pflichtgefühle in Ihnen hervorzurufen, damit Sie dem Narzissten noch eine Chance geben. Selbst wenn er nicht mehr unbedingt mit Ihnen zusammen sein will, wird er Sie bei der Stange halten, weil er Sie nicht mit jemand anderem sehen will.

Manchmal beschließen Menschen, dass es tatsächlich simpler ist, um eines friedlichen Lebens willen einfach nachzugeben – vor allem, wenn andere Menschen in das Drama hineingezogen werden – und so beginnt der Kreislauf von vorn. Wenn Sie ihn erst einmal wieder in Ihr Leben gelassen haben, können Sie sich sicher sein, dass der Kreislauf aus Gleichgültigkeit und Gemeinheit von Neuem beginnt. Bald werden Sie wahrscheinlich dafür bestraft werden, dass Sie überhaupt versucht haben, sich davon zu befreien.

11 Sie fühlen sich schlecht, wenn Sie in seiner Nähe sind

Sie werden vielleicht seine genauen Worte vergessen, aber Sie werden nie vergessen, wie Sie sich durch den Narzissten gefühlt haben. Wenn jemand Ihnen das Gefühl gibt, erschöpft, ausgelaugt, reizbar, deprimiert oder unsicher zu sein, sollten Sie dem Beachtung schenken. Dies sind niemals gute Zeichen in einer Beziehung.

Ein echter Narzisst kann Ihnen auch Angst einjagen – in seiner Körpersprache und in der Energie, die er ausstrahlt. Während seine Worte vielleicht eine Sache vermitteln, können seine körperliche Präsenz und seine Augen etwas ganz anderes aussagen.

Es lohnt sich immer, in solchen Situationen auf Ihr Bauchgefühl zu hören und sowohl Ihre körperlichen Reaktionen als auch Ihre rationellen Gedanken zu beachten – sie sind gleichermaßen wichtig, und oft liegt Ihr Bauchgefühl genau richtig.

Wenn Sie bemerken, dass Sie sich in der Nähe von jemandem ängstlich oder nervös fühlen, ist er vielleicht kein Narzisst, aber Sie müssen diese Gefühle trotzdem anerkennen und angemessene Grenzen setzen, oder sich sogar würdevoll zurückziehen. Es muss nicht gleich zum großen Showdown kommen – manchmal reicht es schon, in der Beziehung etwas zurückzurudern, um sich selbst zu schützen.

Gefährliche Manipulationstaktiken von Narzissten

Narzissten verfügen über eine Reihe von Taktiken, die sie regelmäßig anwenden, um Sie in ihre Welt zu locken und dort festzuhalten. Was diese Situationen von normalen Beziehungen unterscheidet, ist, dass sie immer etwas Kontrollierendes an sich haben.

Während es in einer typischen Beziehung ein Geben und Nehmen und einen allmählichen Aufbau von Intimität und Vertrauen gibt, entfaltet sich das alles mit einem Narzissten auf eine Art und Weise, die Sie emotional verletzlich, geschwächt und wirklich benachteiligt zurücklässt. Achten Sie in Ihrer Beziehung auf derartige Taktiken und schauen Sie, ob Ihnen etwas davon bekannt vorkommt – wenn ja, dann sollten Sie sich aus dieser Situation befreien.

1 Zwischenzeitliche Bestärkung

Das ist, wenn jemand Sie nett behandelt, aber nur *manchmal*. Sie könnten alle Arten von schäbigem Verhalten ertragen – zu spät kommen, wenig Interesse an Ihrem Leben zeigen, gehässige Bemerkungen und Mobbing – und dann, hin und wieder, sind Sie überwältigt davon, wie freundlich, liebevoll und verständnisvoll derjenige sein kann.

Dies wirkt sich spürbar auf Ihren mentalen Zustand aus. Sie werden sich von ihm, seinen Kommentaren und seinem Verhalten auf zunächst kaum merkliche Weise untergraben fühlen. Sie werden anfangen, jeden Ihrer Schritte zu hinterfragen und wie auf rohen Eiern um die Person herumlaufen, um weitere Kritik zu vermeiden. Vielleicht denken Sie sogar ständig darüber nach, wie Sie es ihm oder ihr recht machen können.

Nach einer Weile haben Sie aber vielleicht plötzlich das Gefühl, genug zu haben. Nichts, was Sie tun, scheint dem anderen recht zu sein. Sie verbringen Zeit mit anderen Menschen und stellen fest, wie merkwürdig sein Verhalten im Vergleich ist. Sie beginnen sich zu fragen, ob es vielleicht besser wäre, etwas Abstand zu schaffen.

Bingo! An diesem Punkt setzt die **zwischenzeitliche Bestärkung** ein. Sie werden plötzlich davon überwältigt sein, wie verständnisvoll, aufgeschlossen und unglaublich nett er ist. Gerade wenn Sie anfangen, sich zu entspannen und denken, *wow, er ist wirklich wunderbar*, wird das schlechte Verhalten wieder anfangen. Das ist ein sehr cleveres Mittel, denn Menschen sind von Natur aus so gebaut, dass sie immer wieder zurückkommen, wenn jemand sie in der Schwebe lässt.

Zuckerbrot und Peitsche funktioniert leider bei vielen von uns. Ein anderes Wort für diese Taktik ist **Hoovering** – sobald der Narzisst weiß, dass er zu weit gegangen ist, wird er versuchen, Sie mit unerwarteter Freundlichkeit und Schmeicheleien wieder unter seine Fuchtel zu bringen.

Aber das ist keine Art zu leben und fordert einen enormen emotionalen Tribut. Wenn jemand nett zu Ihnen ist, aber nur *manchmal*, nehmen Sie das zur Kenntnis. Das ist kein gesundes oder normales Verhalten, und Sie haben so viel mehr verdient. In echten Beziehungen behandeln sich die Menschen gegenseitig gut. Wenn sie es aus irgendeinem Grund nicht tun, geben sie es zu und entschuldigen sich. Wenn Sie feststellen, dass Sie von Menschen, die Ihnen nahestehen, schlecht behandelt werden, gibt es ein großes Problem.

2 Gaslighting

Der Begriff *Gaslighting* stammt aus dem Film „*Gaslight*" von 1944. Darin manipuliert der missbrauchende Ehemann seine Frau geschickt in dem Glauben, sie würde verrückt werden, indem er ihre Umgebung auf alle möglichen subtilen Arten verändert. In ihrem Haus wird das Gaslicht ohne ersichtlichen Grund gedimmt, Dinge verschwinden, Bilder verschwinden von den Wänden. Sie weiß nie genau, ob sich die Dinge um sie herum verändern oder ob sie sich das alles nur einbildet. Narzissten betreiben regelmäßig auf alle möglichen Arten **Gaslighting** an ihren Mitmenschen.

Gaslighter bringen Sie dazu, an Ihrer eigenen Zurechnungsfähigkeit zu zweifeln und sorgen dafür, dass Sie verunsichert bleiben, indem sie eklatante Lügen erzählen, die sie dann leugnen und die Sache so drehen, dass Sie als der Verrückte dastehen. Einige Beispiele für Gaslighting in einer modernen Beziehung könnten sein:

Beispiel eins:

Ihr Gaslighter erzählt Ihnen irgendeine unangenehme Tatsache über Sie – zum Beispiel, dass Sie ihn einmal geohrfeigt haben – und wenn Sie sagen, *nein, das habe ich nie getan*, sagt er – *doch, das hast du getan!*

Sie fragen sich, ob Sie es einfach vergessen haben oder ob Sie ihn wirklich geohrfeigt haben. Sie wissen, dass es nicht in Ihrer Natur liegt, jemanden zu schlagen – und doch scheint er sich so sicher zu sein, dass es stimmt. Wer hat recht?

Beispiel zwei:

Ihr Gaslighter sagt, er werde Sie am Wochenende zum Mittagessen ausführen. Wenn Sie ihn darauf ansprechen, um einen Termin zu vereinbaren, sagt er: „*Nein, dem habe ich nie zugestimmt. Ich bin das ganze Wochenende beschäftigt.*"

Sie wollen ihn nicht drängen, weil Sie wissen, wie sehr er sich aufregen kann, wenn er herausgefordert wird, aber gleichzeitig haben Sie sich auch darauf gefreut. Und wenn er es angeboten hat, dann muss er sich doch auch daran erinnern. Letztendlich ist es einfacher, es einfach sein zu lassen, aber es lässt Sie mit einem seltsamen Gefühl der Misshandlung zurück.

Beispiel drei:

Gaslighting kann sich auch um Grenzen drehen. Sagen wir, Ihr Freund fragt, ob er eine Woche bei Ihnen bleiben kann. Wenn er nach zwei Wochen keine Anzeichen zeigt, zu gehen, und Sie ihn zu einem definitiven Enddatum drängen, wird er wütend darüber, wie unvernünftig und unfreundlich Sie sind.

Sie fragen sich, ob Sie unvernünftig sind. Immerhin sagte er, er würde nur für eine Woche kommen, und jetzt sind es schon zwei. Das ist doch sicher eine vernünftige Forderung? Aber er scheint so wütend zu sein, also sind Sie vielleicht wirklich unhöflich? Vielleicht sind Sie so egoistisch, wie er behauptet? Nein, das sind Sie nicht. Das ist Gaslighting.

Es ist wichtig, hier anzumerken, dass Menschen vergessen können, was sie gesagt haben, oder aus anderen völlig harmlosen Gründen vage Angaben machen können. Aber geben Sie acht, wenn Sie anfangen, ein Muster zu bemerken – wenn sich das, was gesagt wird, ständig zu ändern scheint, Sie sich nicht daran erinnern, bestimmte Dinge gesagt oder getan zu haben, die Ihnen vorgeworfen werden, oder Sie das Gefühl haben, irgendwie manipuliert zu werden.

Gaslighting ist unglaublich schwer zu erkennen, weil es das Werk von Menschen ist, die Sie absichtlich täuschen wollen, und nicht das von fairen und vernünftigen Menschen. Sich davonzumachen ist das Beste, was Sie tun können, wenn Sie Gaslighting bemerken – Sie werden niemals mit jemandem gewinnen, der sich weigert, fair zu spielen.

3   Projektion

Alles, was einem Narzissten an sich selbst nicht gefällt, wird er auf Sie und andere projizieren. Während Narzissten also zu den egoistischsten Menschen gehören, die Sie jemals treffen werden, sind sie auch die ersten, die andere beschuldigen, egoistisch zu sein. Das können Menschen in ihrem Umfeld sein, aber auch Politiker oder Personen des öffentlichen Lebens.

Eine Narzisstin mag zum Beispiel häufig Bemerkungen darüber machen, dass „alle Männer ein bisschen dumm sind", ist aber selbst die Erste, die „Sexismus!" schreit, wenn ein Mann sie nicht mit Bewunderung und ungeteilter Aufmerksamkeit überschüttet.

Narzissten werden Sie auch beschuldigen, ein Lügner zu sein, wenn Sie sie auf ihre eigenen Lügen ansprechen. Sie werden niemals ein Eingeständnis der Schuld zu hören bekommen. Alles, was Sie hören werden, ist eine schlichte Verleugnung, gefolgt von der Behauptung, dass Sie den anderen mit *Ihren* Lügen unfair angreifen.

Narzissten sind unfähig, über ihr Verhalten zu reflektieren und zuzugeben, dass sie im Unrecht sind. Es ist viel einfacher, die Schuld und Scham auf Sie abzuwälzen und sich selbst als die benachteiligte Partei zu sehen.

4 Unsinnige Unterhaltungen

Bei den meisten Menschen würden Sie, wenn Sie ein Problem haben, das Sie mit ihnen besprechen möchten – vielleicht darüber, wie Sie von der Person behandelt worden sind oder über Ihre Beziehung – erwarten, dass sie zuhören, nachdenken und angemessen reagieren. Nicht so beim Narzissten! (Erkennen Sie schon ein Muster?)

Eine ihrer ärgerlichsten Taktiken ist es, Sie mit einem **irren Redeschwall** zu überfluten, wenn Sie versuchen, mit ihnen ein Gespräch über einen Aspekt ihres Verhaltens zu führen, den Sie problematisch finden. Bereiten Sie sich darauf vor, mit bizarren Beobachtungen, unzusammenhängenden Anekdoten und seltsam formulierten Sätzen bombardiert zu werden, die nicht viel Sinn ergeben. Sie werden sich fragen: „Was ist da gerade passiert?", wenn Sie das Gespräch verlassen, während der Narzisst fröhlich seines Weges geht, wohl wissend, was er getan hat.

Wenn Sie ihn damit konfrontieren, werden Sie mit einem platten Dementi konfrontiert. Und höchstwahrscheinlich mit einem weiteren zusammenhangslosen Redeschwall. Es hat also wirklich keinen Sinn, sich auf irgendeine Art von Auseinandersetzung mit einem Narzissten einzulassen. Es ist, als würde man versuchen, mit einem Kleinkind zu streiten – man kommt nicht weiter.

Eine weitere Sache, die hier zu beachten ist: Narzissten genießen Konfrontation und Streit. Es spornt sie an, zu gewinnen und Sie mit dem Gefühl zurückzulassen, der Bösewicht zu sein. Das Beste ist also, einen Streit mit ihnen gänzlich zu vermeiden – und weiter unten werden wir einige Taktiken lernen, um genau das zu erreichen.

5   Vage oder offenkundige Drohungen

Narzissten neigen dazu, besitzergreifend und eifersüchtig zu sein, aber sie werden nicht immer zugeben, dass sie sich so fühlen. Stattdessen wird sich bei Ihnen ein vages Gefühl des Unbehagens einstellen, wenn Sie etwas tun, das der Narzisst nicht gutheißt – er wird schmollen, einen wütenden Ton anschlagen oder einen Wutanfall bekommen, der von Drohungen begleitet wird.

Dinge, bei denen Sie erwarten würden, dass Ihre Freunde sich für Sie freuen – ein neuer Job, eine aufregende persönliche Neuigkeit – werden dazu führen, dass sich Narzissten unzulänglich und im Stich gelassen fühlen. Sie mögen den Erfolg anderer nicht, da er die Aufmerksamkeit von ihnen ablenkt, also werden sie alle möglichen Wege finden, Ihre Träume zum Platzen zu bringen.

Wenn Sie das Gefühl haben, dass Sie in der Nähe von jemandem wie auf rohen Eiern laufen müssen, weil Sie Angst vor seinem Zorn haben, sollten Sie das zur Kenntnis nehmen. Genauso, wenn Sie aufhören, Dinge zu tun, die Ihnen normalerweise Spaß machen, wie z. B. mit Ihren Freunden auszugehen, weil Sie Angst haben, in Schwierigkeiten zu geraten. Das ist kein normales oder faires Verhalten und es spiegelt den kindischen Wunsch des

Narzissten wider, dass Sie sich immer auf ihn konzentrieren und nicht auf andere Dinge oder Menschen, die Sie glücklich machen.

Ja, es ist eine Schande, dass er so schlecht reagiert, besonders wenn der Narzisst zum Beispiel ein Familienmitglied ist. Aber er wird sich nicht ändern, also ist es am besten, wenn Sie Ihre guten Nachrichten nur mit denen teilen, von denen Sie wissen, dass sie mit Ihnen feiern wollen. Ignorieren Sie Drohungen und schimpfen Sie, wenn jemand schmollt – das müssen Sie sich nicht gefallen lassen.

6   Hetze, Bloßstellung, Beleidigungen und Beschimpfungen

All diese Taktiken werden von Narzissten eingesetzt, oft auf subtile Weise, sodass Sie sich fragen, ob Sie überempfindlich sind oder sich die Dinge nur einbilden. Narzissten lieben es, zu **ködern**, d. h. etwas mit der Absicht zu sagen, Ihre Schwachstellen zu treffen oder Ärger zu provozieren. Sie schlucken den Köder, und plötzlich sind Sie schwierig und machen aus allem ein Drama.

Während die meisten Menschen, selbst wenn sie Ihre Schwachstellen kennen (und wir alle haben solche), darauf achten werden, sie nicht zu treffen, verhalten sich Narzissten völlig gegenteilig. Sie werden herausfinden, wobei Sie empfindlich reagieren, und mit Vergnügen alles daran setzen, dass Sie sich noch schlechter fühlen, nur um sich selbst mächtiger zu fühlen.

Beleidigungen und **Beschämungen** sind dieselbe Art von Taktiken – ein Narzisst wird geschickt Ihre Schwachstellen oder Dinge aufdecken, bei denen Sie sich selbst unwohl fühlen, und dieses Wissen dann nutzen, um Sie später zu beleidigen und zu beschämen. Oft geschieht dies in Form von Witzen, sodass Ihnen, wenn Sie es wagen, sich zu beschweren, gesagt wird, Sie hätten keinen Sinn für Humor, was die Verletzung noch verschlimmert.

Fünf Dinge, die jeder Narzisst gerne sagt

Narzissten haben sehr vorhersehbare Leitlinien, und weil ihre Taktiken so ähnlich sind, werden Sie oft die gleichen Aussagen von ihnen wieder und wieder hören.

1 „Das ist nicht passiert." und „Das bildest du dir nur ein."

Dies sind beides klassische Narzissten-Aussagen, die einen Großteil ihres Gaslighting untermauern, wie ich oben beschrieben habe. Wenn Sie etwas infrage stellen, was der Narzisst in der Vergangenheit gesagt oder getan hat, vielleicht im Lichte neuer Informationen und weil es dem widerspricht, was er jetzt sagt, wird er es einfach leugnen. Leugnung ist eine ihrer ersten Verteidigungsmaßnahmen, denn im Gegensatz zu normalen Menschen haben sie keine Skrupel, offen zu lügen, um ihre eigene Haut zu retten.

Wenn Sie zweifelsfrei beweisen können, dass der Narzisst etwas getan hat, wird seine letzte Verteidigung sein, zu behaupten, dass Sie es verdient haben, oft aus fadenscheinigen oder nicht zusammenhängenden Gründen (denken Sie an den **irren Redeschwall**).

2 „Du bist verrückt."

Da Narzissten nicht in der Lage sind, ihre gewöhnlichen Fehler und Schwächen zu akzeptieren, müssen Sie damit rechnen, dass man Ihnen sagt, Sie seien verrückt, wenn Sie es wagen, seine Version der Ereignisse infrage zu stellen. Er wird Ihnen das vielleicht nicht direkt sagen, aber er wird Sie vielleicht an die Zeit erinnern, in der Sie sehr niedergeschlagen waren, oder er bezieht sich allgemein auf Menschen, die verrückt sind, aber in einer Weise, die Sie vermuten lässt, dass er eigentlich Sie meint.

3 „Du bist überempfindlich."

Wenn ein Narzisst in dem, was er sagt oder wie er Sie behandelt, zu weit geht, erwarten Sie niemals, dass er sich entschuldigt. Er ist in seinen eigenen Augen nicht in der Lage, sich zu irren, also ist eine Entschuldigung unter seiner Würde.

Was Sie jedoch hören werden, ist, dass Sie übermäßig sensibel oder unvernünftig sind. Oder dass Sie schon immer ein bisschen zerbrechlich gewesen sind. Oder er wird eine andere Situation erwähnen, in der Sie emotionale Verletzlichkeit gezeigt haben, um Sie daran zu erinnern, dass Sie nicht so stark oder fähig sind wie sie (obwohl es natürlich nicht schwach ist, Verletzlichkeit zu zeigen, sondern ein normales menschliches Verhalten).

4 „Es war nur ein Scherz! Das war ein Scherz."

Sie sind nicht nur überempfindlich, sondern müssen sich auch darauf gefasst machen, dass Sie „keinen Sinn für Humor" haben oder „keinen Spaß verstehen", wenn Sie sich über eine der grausamen Sticheleien des Narzissten ärgern.

Natürlich könnten Sie sich revanchieren, indem Sie darauf hinweisen, dass das, was er gesagt hat, nicht wirklich lustig war, sondern nur fies, schikanös oder einfach unhöflich, aber wenn Sie das tun, machen Sie sich auf ein noch defensiveres Verhalten gefasst.

5 „Meiner Erfahrung nach …"

Solche oder ähnliche Formulierungen wird der Narzisst benutzen – wenn Sie über etwas sprechen, das in Ihrem Leben passiert, vielleicht einen beruflichen Erfolg oder eine Anekdote, wird er immer in der Lage sein, dies zu toppen.

Wenn Sie ein Buch geschrieben haben, hat er einen Bestseller geschrieben. Wenn Sie ein Baby bekommen haben, hat er fünf bekommen. Das gilt nicht nur für Leistungen, sondern auch für dramatische Ereignisse. Wenn Ihnen die Handtasche gestohlen wurde, hat er sich einem Bankräuber entgegengestellt und jemandem das Leben gerettet. Denn der Narzisst kann es nicht ertragen, dass die Aufmerksamkeit von ihm abgelenkt wird – er will immer im Mittelpunkt stehen, er will besser sein, er will der Held in jeder Geschichte sein.

Vielleicht ist Ihnen das anfangs nicht bewusst, also reden Sie ein wenig über sich selbst, stellen ansonsten die richtigen Fragen und hören zu. Aber Sie werden bald lernen, über Ihre eigenen Leistungen zu schweigen, denn wenn Sie etwas sagen, werden Sie mit einem zehnminütigen

Monolog darüber in die Schranken gewiesen, dass er es besser gemacht hat als Sie. Es wird Ihnen leichter erscheinen, einfach zu schweigen und sich die Langeweile zu ersparen, als (wieder) seinen Prahlereien zuzuhören.

Fünf Auslöser für narzisstische Wut

Was ist also narzisstische Wut? Stellen Sie es sich wie die erwachsene, viel erschreckendere Version des Wutanfalls eines Kleinkindes vor. Während die meisten von uns von Zeit zu Zeit wütend werden, sind wir in der Regel in der Lage, uns selbst zu beruhigen und Schritte zu unternehmen, um mit unserer Wut umzugehen, ohne dabei andere zu verletzen oder unseren Beziehungen dauerhaften Schaden zuzufügen.

Die Wut eines Narzissten ist jedoch etwas ganz anderes. Diese Persönlichkeiten hassen es einfach, wenn man sie zurechtweist oder herausfordert. Mit seinen Unzulänglichkeiten konfrontiert oder getriggert zu werden, ist für niemanden angenehm, aber für Narzissten ist es unerträglich, und Sie werden mit solch brodelnder Wut konfrontiert, dass Sie sich vielleicht körperlich angegriffen fühlen. Im Idealfall, so die Vorstellung des Narzissten, werden Sie Ihre Lektion lernen und es nicht wieder tun.

Oder Sie werden mit eisigem Schweigen und einem stillen, passiv-aggressiven Groll empfangen. Was Sie nicht bekommen werden, ist eine klare Erklärung, was los ist, oder einen Ausweg.

Was also löst narzisstische Wut aus? Im Wesentlichen alles, was die Sicht des Narzissten auf sich selbst als perfektes, erfolgreiches und außerordentlich besonderes menschliches Wesen bedroht.

Hier sind einige todsichere Methoden, um herauszufinden, wie wütend ein Narzisst werden kann:

1 Sie konfrontieren ihn mit seinem Verhalten

Wenn Sie einen Narzissten auf sein Verhalten ansprechen, bereiten Sie sich darauf vor, zu leiden. Selbst wenn Sie Ihre Gefühle auf eine konstruktive und diplomatische Weise kundtun, haben Sie die unausgesprochene Regel gebrochen, dass der Narzisst niemals im Unrecht ist.

Seien Sie auf Leugnung, Wut, Projektion und Schuldzuweisungen vorbereitet, aber seien Sie sicher, dass Sie niemals irgendeine Form der Anerkennung bekommen werden, etwa, dass Sie nicht ganz unrecht haben und der Narzisst die Dinge beim nächsten Mal vielleicht anders machen könnte. Wenn an Ihrer Aussage wirklich etwas dran ist und er keine vernünftige Verteidigung für sein Verhalten hat, ist seine letzte Taktik, wie ein Häufchen Elend zusammenzubrechen und zu weinen, sodass Sie dastehen wie der Bösewicht (und sich auch so fühlen).

2 Sie ignorieren ihn

Wenn Sie erkennen, dass Sie in einer Beziehung mit einem Narzissten sind und sich um Ihrer eigenen psychischen Gesundheit willen dazu entschließen, sich zurückzuziehen oder etwas Abstand von ihm zu nehmen, bereiten Sie sich darauf vor, herausgefordert zu werden. Narzissten hassen es vor allem, ignoriert zu werden, und wenn Sie ihm einige vernünftige Grenzen setzen, rechnen Sie damit, dass diese mit Füßen getreten werden.

Oft handelt es sich dabei um jemanden, vielleicht ein Familienmitglied oder ein glanzloser romantischer Partner, der typischerweise wenig Interesse an Ihrem Leben zeigt, sich keine Mühe gibt, Ihnen nahe zu kommen und der unangenehme Kommentare oder Kritik an Ihren Lebensentscheidungen äußert.

Aber sollten Sie sich zurückziehen oder anfangen, ihn zu meiden, wird sich das ändern. Rechnen Sie damit, dass Sie dann mit Anrufen, E-Mails und sogar unangekündigten Besuchen bei Ihnen zu Hause bombardiert werden. Das liegt daran, dass Sie bei einem Narzissten nie das Sagen haben und ihn immer in den Mittelpunkt der Aufmerksamkeit stellen müssen.

Und während er es nicht genießt, im normalen Sinne unter Menschen zu sein, braucht er Sie dennoch, um sich **narzisstisch zu versorgen**, im Wesentlichen durch Ihre Aufmerksamkeit und Energie, wie wir bereits beschrieben haben. Sollten Sie versuchen, ihm das wegzunehmen, reagiert er wie ein Süchtiger, dem man das entzieht, wonach ihn verlangt. Irgendwann wird er aufgeben und sich jemand anderem zuwenden. Aber bevor das passiert, bereiten Sie sich auf einen Kampf vor!

3   Sie lachen über ihn

Eine Sache, die Narzissten über alles schätzen, ist ihr öffentliches Image als jemand, der etwas Besonderes, intelligent und von hohem Status ist. Während die meisten Menschen in der Lage sind, von Zeit zu Zeit selbstironisch zu sein oder über sich selbst zu lachen, ist dies für einen Narzissten unmöglich. Das liegt daran, dass es seine tiefe Scham und versteckte Unsicherheit darüber berührt, dass er in Wirklichkeit gewöhnlich, manchmal ängstlich und nicht wahnsinnig besonders oder talentiert ist. Wenn Sie über ihn lachen, dann bereiten Sie sich darauf vor, mit kalter Wut empfangen zu werden.

4 Sie erhalten keine Sonderbehandlung

Narzissten haben die Menschen um sich herum oft sehr geschickt darauf trainiert, sie so zu behandeln, als ob sie etwas Besonderes und Einzigartiges wären. Aber oft, wenn sie Fremden gegenübertreten, läuft es nicht ganz so, wie sie es gerne hätten. Sie verlangen vielleicht eine Sonderbehandlung vom Ladenpersonal oder sitzen in der ersten Klasse, obwohl sie nur ein Ticket für die dritte Klasse haben.

Wenn dies geschieht, wird der ahnungslose Fremde bald herausfinden, wie „besonders" der Narzisst ist, und sich am Ende als Empfänger von Beschimpfungen oder einfach nur mehr Forderungen nach Aufmerksamkeit wiederfinden – denn der Narzisst will nur, dass diese Person ihm Aufmerksamkeit schenkt. Er ist die Art von Mensch, der weitschweifige Beschwerden an Kundendienstabteilungen richtet, Unternehmen mit unfairen Bewertungen schlechtmacht und sich ausführlich über schlechten Kundenservice beschwert, anstatt mit den Schultern zu zucken und sein Geschäft woanders zu tätigen.

In persönlichen Beziehungen können Sie ebenfalls mit narzisstischer Wut rechnen, wenn Sie sich zurückziehen oder sich weigern, dem Narzissten besondere Aufmerksamkeit zu schenken.

5 Sie stehen im Mittelpunkt

Nehmen wir an, es ist Ihr Geburtstag und Sie wollen mit einem Essen oder einer Geburtstagstorte feiern. Während die meisten Menschen froh sind, wenn das Geburtstagskind einen Tag lang im Mittelpunkt steht, finden Narzissten dies unerträglich. Machen Sie sich auf zusätzliche Forderungen, Schmollen, einen unerklärlichen Wutanfall oder gehässige Kommentare gefasst – denn natürlich geht es nur um ihn.

Eine weitere seltsame und auffällige Eigenschaft von Narzissten ist, dass sie im Allgemeinen sehr schlechte Geschenkgeber sind. Loszuziehen, um etwas auszusuchen, das jemandem gefallen würde, es einzupacken und zu überreichen ist nichts, was Narzissten als lohnenswert erachten. Natürlich bedeutet dies allein noch nicht, dass jemand ein Narzisst ist, aber es ist eine häufige Eigenschaft, die es wert ist, erwähnt zu werden.

Welchen Effekt hat der Narzisst auf Sie?

Das ist eine interessante Frage, die man sich stellen sollte. Gewiss, Menschen können schwierig sein. Lohnt es sich, eine Ehe oder Liebesbeziehung zu zerstören oder den regelmäßigen Kontakt zu einem Elternteil abzubrechen, weil dieser ein Narzisst ist? Ist es nicht besser, um des lieben Friedens willen, sich einfach mit ihm abzufinden? Familienbande aufzulösen, Eltern zu verlassen, den Freund oder die Freundin zu verlassen – das sind alles große Entscheidungen mit lebensverändernden Konsequenzen.

Ist es besser, es einfach auszuhalten und den Mund zu halten?

Die Antwort ist nein. Der Narzisst wird Sie immer glauben lassen, dass Sie sich mit ihm abfinden sollten, dass er es nicht wirklich ernst gemeint hat, dass die Dinge in Zukunft anders sein werden. Aber das werden sie nicht.

Und jedes Mal, wenn Sie sich damit abfinden, jedes Mal, wenn Sie sich auf die Zunge beißen und versuchen, Gefühle der Verletzung und Enttäuschung um eines leichteren Lebens willen zu überwinden, tun Sie zwei Dinge:

Sie beeinträchtigen Ihre Zukunft: Ihr zukünftiges Glück, Ihre zukünftigen Ziele und Bestrebungen, Ihre Kinder und Enkelkinder. Jedes Mal, wenn Sie dem Narzissten erlauben, Sie mit bösen Worten und Beschimpfungen zu erniedrigen, lassen Sie zu, dass er oder sie Sie eines glücklicheren, friedlicheren und produktiveren Lebens beraubt.

Sie beeinträchtigen in diesem Moment auch Ihre eigene Gesundheit und Ihr Wohlbefinden. Natürlich wollen Sie nur, dass das Verhalten aufhört, dass die Dinge wieder normal werden. Der einfachste Weg, das zu erreichen, ist, den Narzissten gewinnen zu lassen. Aber entscheiden Sie sich für eine langfristigere Lösung. Sie können die Auswirkungen von dauerhaftem, unterschwelligem Stress und

Missbrauch auf Ihre psychische Gesundheit nicht sehen, aber seien Sie sich sicher, dass all dies Auswirkungen hat. Sie haben es in der Hand, die Dinge zu ändern. Und Sie haben etwas viel Besseres verdient.

Lesen Sie weiter, um herauszufinden, wie Sie die bessere Entscheidung für sich selbst treffen können.

Kapitel drei – Wenn es reicht

Wenn Sie also bis hierher gelesen haben, haben Sie vielleicht erkannt, dass Sie einen Narzissten in Ihrem Leben haben. Die Frage für Sie ist nun: Was werden Sie dagegen tun?

Vielleicht ist es nicht sinnvoll, die Beziehung zu ihm komplett abzubrechen – vielleicht arbeiten Sie mit ihm zusammen oder er ist ein Familienmitglied und die Konsequenzen wären zu groß, wenn Sie sich völlig von ihm abwenden würden – aber Sie müssen jetzt ein Machtwort sprechen. Sie müssen Ihren Umgang mit ihm ändern und sich auf Rückschläge vorbereiten. Sie brauchen ein paar Strategien, und Sie müssen genug an sich glauben, um diese durchzusetzen. Vor allem müssen Sie sich erholen, sich in Selbstfürsorge üben und sicherstellen, dass Sie feste Grenzen setzen, damit Sie in Zukunft vor Schaden geschützt sind.

Sie erfahren auch etwas über den Verbindungsvertrag und wie dieser Ihnen helfen kann, Ihre eigenen Bedürfnisse zu erfüllen. Vielleicht stellen Sie letztlich fest, dass dies der erste Schritt ist, um sich vollständig von einem Narzissten zu befreien.

Lesen Sie weiter, um herauszufinden, wie Sie mit einem Narzissten umgehen und sich schützen können, solange er noch in Ihrem Leben ist.

Fünf wichtige Methoden für den richtigen Umgang mit einem Narzissten

Bevor wir uns dem nächsten Thema widmen, lohnt es sich, die fünf wichtigsten Methoden zu lernen, die Sie im Umgang mit Narzissten anwenden können. Denken Sie daran, dass Sie es mit jemandem zu tun haben, der keine gewöhnliche Persönlichkeit hat. Er hält sich nicht an die normalen Regeln für menschliche Interaktion, also müssen Sie ihn ebenfalls anders behandeln. Am wichtigsten ist, dass Sie sich selbst vor Schaden schützen, wenn Sie sich von ihm trennen wollen. Und zwar wie folgt:

1 Bewahren Sie die Ruhe und lassen Sie sich nicht beirren

Wenn Sie zum Beispiel mit einem Narzissten zusammenarbeiten, haben Sie vielleicht das Gefühl, dass Sie der Einzige sind, der bemerkt hat, wie oberflächlich sein Charme wirklich ist. Es kann sogar verlockend sein, ihn zu konfrontieren oder ihn vor anderen zu outen.

Tun Sie es nicht. Warten Sie ab, halten Sie sich in seiner Nähe bedeckt, verraten Sie ihm keine Geheimnisse und bleiben Sie freundlich und ein wenig distanziert. Mit der Zeit wird die Maske des Narzissten verrutschen und er wird anderen sein wahres Ich offenbaren. An diesem Punkt können Sie aus sicherer Entfernung zuschauen. Aber Sie können diesen Prozess nicht erzwingen, ohne sich selbst in Gefahr zu bringen.

Wenn Sie versuchen, dies schneller geschehen zu lassen, laufen Sie Gefahr, seine narzisstische Wut anzustacheln, sodass er sich gegen Sie wendet, und das sollten Sie für Ihr eigenes Wohlbefinden um jeden Preis vermeiden.

Denken Sie daran: Narzissten spielen nicht fair und sie hassen es, mit ihren eigenen Unzulänglichkeiten konfrontiert zu werden. Es ist ein Spiel, das Sie nur gewinnen können, wenn Sie sich auf ihr Niveau herablassen – und wer will das schon – also weigern Sie sich einfach, mitzuspielen. Je länger der Narzisst nichts von Ihren Plänen erfährt, desto glatter wird Ihr Abgang sein. Bleiben Sie ruhig, erstellen Sie Ihren Fluchtplan und arbeiten Sie an Ihrem eigenen Wohlbefinden – auf Letzteres werden wir in zukünftigen Kapiteln eingehen.

2 Lösen Sie sich

Letztlich will ein Narzisst nur Aufmerksamkeit. Wie ein Kleinkind wird er, wenn er keine positive Aufmerksamkeit bekommt, bald dazu übergehen, sich schlecht zu benehmen. Wenn Sie sich jedoch konsequent weigern, sich auf seine Spielchen einzulassen, wird er einfach zu jemand anderem weiterziehen, der eher bereit ist, den Köder zu schlucken.

Wenn Sie einen Narzissten entdecken, gehen Sie die Dinge langsam an und wenn sich Ihr Verdacht bestätigt, präsentieren Sie sich so langweilig wie möglich, wenn Sie mit ihm sprechen. Dies ist eine gute Methode, um sich selbst zu schützen und hoffentlich auch den Narzissten loszuwerden.

In manchen Situationen möchten Sie vielleicht nicht langweilig sein. In Ihrem Berufsleben zum Beispiel möchten Sie vielleicht glänzen, und wenn Ihr Narzisst im gleichen Bereich tätig ist, müssen Sie vielleicht mit etwas Eifersucht umgehen. Konzentrieren Sie sich einfach darauf, Ihre eigene Arbeit so gut wie möglich zu machen, beißen Sie nie zurück und seien Sie immer höflich und professionell.

Fangen Sie in persönlichen Beziehungen mit Narzissten an, allmählich ein wenig zurückzutreten. Hören Sie auf, bei Streits den Köder zu schlucken, erwarten Sie nicht mehr, dass er sich ändert, belassen Sie die Gespräche bei Oberflächlichem.

3   Finden Sie Ihre Grenzen heraus und machen Sie sie deutlich

Dies ist etwas, was Sie vielleicht tun müssen, wenn Sie erkannt haben, dass Sie in einer Beziehung mit einem Narzissten sind. Diese Persönlichkeiten rütteln ständig auf alle möglichen Arten an Grenzen – sie nutzen Ihre Zeit und Ihre Energie aus und dringen in Ihre Privatsphäre und Ihr Privatleben ein. Sobald Sie dies jedoch erkennen, sind Sie in einer stärkeren Position, Grenzen um die Dinge zu ziehen, die Ihnen wichtig sind, und diese aufrechtzuerhalten.

Nehmen wir zum Beispiel an, ein Verwandter lässt ständig negative oder herabsetzende Kommentare über Ihre Karriere fallen. Wenn Sie das wissen, sollten Sie ein paar Sätze parat haben, wenn der nächste Kommentar kommt, z. B.: „Hmm. Ich bin wirklich zufrieden damit, wie meine Arbeit läuft. Es ist nicht immer ein gerader Weg, aber ich habe das Gefühl, dass ich Fortschritte mache." Tragen Sie diese Sätze leicht vor und ohne jegliche Aggressivität, und seien Sie sich bewusst, dass Sie gerade eine Entscheidung getroffen haben, für sich selbst einzustehen, die Ihre Position stärkt und die des Narzissten schwächt.

Und dann wechseln Sie das Thema oder lenken es wieder auf den anderen und fragen ihn, wie seine Arbeit läuft.

Oder vielleicht versucht der Narzisst, Sie in ein Gespräch darüber zu verwickeln, wie Ihr Leben läuft, und Sie spüren, dass er Sie aushorcht. Seien Sie sich dessen bewusst, dass Narzissten gerne Ihre Schwachstellen kennenlernen, um sie später anderen zu offenbaren oder Sie damit zu ködern.

Bleiben Sie auch in diesem Fall freundlich und neutral und geben Sie nichts preis, was Sie nicht wollen – denken Sie daran, nur weil jemand Ihnen eine persönliche Frage gestellt hat, heißt das nicht, dass Sie sie beantworten müssen. Manchmal genügt es, mit „Was meinen Sie?" oder „Warum fragen Sie?" zu antworten, um dem Herumstochern in Ihrem Privatleben ein Ende zu setzen.

4 Erwarten Sie kein faires oder vernünftiges Verhalten

Narzissten sind chronische Spielverderber. Aber sie neigen auch dazu, vorhersehbare Angriffsmethoden zu haben, und werden es immer wieder mit der gleichen Masche versuchen, wenn sie sehen, dass es Sie provoziert. Seien Sie unvorhersehbar in Ihrer Reaktion und arbeiten Sie an Ihren eigenen Strategien, wie zum Beispiel sich einfach zu verweigern.

Wenn der Narzisst eine böse Bemerkung macht, weigern Sie sich einfach, sie zu akzeptieren. Sagen Sie milde: „Nein. Das stimmt nicht."

Erwarten Sie niemals, fair oder freundlich behandelt zu werden, und halten Sie Ihre Deckung aufrecht, um zurückzuschlagen. Selbst eine lange Pause zu machen, gefolgt von der Frage „Was meinen Sie?", ist effektiv und gibt Ihnen in dem Moment Zeit, für sich selbst einzustehen.

Lassen Sie Ihr Gegenüber in dem unsicheren Gefühl zurück, nicht zu wissen, ob Sie ihm auf die Schliche gekommen sind oder nicht. Er wird niemals nach fairen Regeln spielen, also brauchen Sie nicht das Gefühl zu haben, völlig fair reagieren zu müssen – schlagen Sie ihn mit seinen eigenen Waffen, aber auf unschuldige Weise.

Eine weitere gute Taktik, wenn Sie vielleicht mit einem Narzissten arbeiten müssen oder ihn bei einem Familientreffen sehen, ist es, sich im Voraus vorzubereiten. Schlafen Sie sich aus, essen Sie gut, treiben Sie Sport und lernen Sie einige einfache Atemtechniken, die Ihnen helfen, im entsprechenden Moment ruhig und fröhlich zu bleiben. Narzissten neigen dazu, die Schwachen auszunutzen, also ist es eine gute Möglichkeit, sich stark und gesund zu halten, um sie abzuwehren. Wir werden uns das später noch genauer ansehen.

5 Akzeptieren Sie die Person

Das ist eine schwierige Angelegenheit, besonders wenn Sie sehr an Ihrem Narzissten hängen – wenn er vielleicht

Ihr Liebespartner, ein enger Freund oder ein Elternteil ist. Aber wenn Sie akzeptieren können, dass er ein Narzisst ist, dass er sich nicht ändern kann und dass Sie nie etwas anderes von ihm bekommen werden, wird Ihr Leben einfacher. Ein Teil dessen, was an diesem Persönlichkeitstyp so frustrierend ist, ist, dass er manchmal so nett sein kann. Sie wissen, dass er das Zeug dazu hat, also warum kann er nicht immer so sein?

Das spielt keine Rolle. Er kann es nicht. Oft haben Narzissten auch keinen Anreiz, sich zu ändern. Schließlich ist das Leben eines Narzissten oberflächlich betrachtet oft recht angenehm, vor allem, wenn ein paar dressierte Affen um ihn herumtanzen. Ja, sie haben ihre Dämonen, aber sie halten sie gut im Zaum, sodass sie meistens ziemlich zufrieden sind.

Zu akzeptieren, dass Ihr Narzisst sich nicht ändern wird, ist der erste Schritt, um in Ihrem eigenen Leben voranzukommen, frei von seinem negativen Einfluss. Sie werden ihn vielleicht nicht ganz abschütteln können, wenn es sich um ein Familienmitglied handelt, aber Sie werden feststellen, dass er sie viel weniger provoziert als zuvor.

Wenn Sie in einer romantischen Beziehung mit einem Narzissten sind, ist das Aufgeben Ihrer Erwartungen, dass er sich ändern wird, der erste Schritt, um sich selbst zu befreien und damit abzuschließen. Oder Sie akzeptieren ihn so, wie er ist, und finden andere Wege, um Ihre Bedürfnisse zu erfüllen. Sie haben schließlich etwas Besseres verdient.

Fünf Phrasen, um einen Narzissten sofort zu entwaffnen

1 „Ich stimme zu." oder „Du hast so recht."

Wenn Sie sich in einer Arbeitssituation oder bei einer Familienfeier befinden, ist es viel leichter, den Narzissten einfach hinzunehmen. Stimmen Sie allem zu, was er sagt, lächeln Sie süß und wirken Sie ein bisschen langweilig, damit er schnell zu jemand anderem weiterzieht, um mehr Drama zu veranstalten.

Einen Narzissten herauszufordern ist nie wirklich die Energie wert, da Sie sich am Ende angegriffen und erniedrigt fühlen werden, wenn Sie das tun. Er kann solches Verhalten nicht tolerieren, und wenn Sie es versuchen, werden Sie bald merken, wie schwierig es für ihn ist. Außerdem wird er versuchen, den Streit um jeden Preis zu gewinnen, und Sie werden sich am Ende angegriffen fühlen. Viel besser ist es, einfach zu lächeln und sich anderen Dingen zuzuwenden – zum Beispiel etwas zu tun, das Ihnen ein gutes Gefühl gibt.

2 „Was werden die Leute denken?"

Eine Sache, die dem Narzissten wichtiger ist als alles andere, ist sein Image. Wenn Sie wollen, dass er etwas für Sie tut oder sich einfach nur benimmt, sollten Sie ihn daran erinnern, dass er mit seinem Verhalten auffallen könnte.

Eine Möglichkeit, dies zu tun, ist, andere Menschen hinzuzuziehen. Sagen wir, Sie streiten sich mit ihm. Sagen Sie:

„Hören Sie, ich denke, ich werde mich mit Soundso darüber unterhalten und sehen, was er denkt" oder „Sollen
wir Papa auch in den Raum holen, damit wir gemeinsam
darüber reden können?" Der Narzisst wird seinen Ton
schnell ändern, wenn er merkt, dass Sie bereit sind, andere
auf sein Verhalten aufmerksam zu machen und es nicht
zu verschweigen.

3 „Es tut mir leid, dass du dich so fühlst."

Dies ist eine gute Möglichkeit, einen Streit mit einem
Narzissten zu entschärfen. Es lenkt die Gefühle des
Narzissten auf ihn zurück und ist neutral genug, um
ihn von weiteren Angriffen abzuhalten. Sie entschuldigen sich nicht oder nehmen die Schuld auf sich, aber Sie
erkennen an, dass es für ihn schwer ist, so herausgefordert zu werden.

4 „Ich kann mit deiner fehlerhaften Wahrnehmung von mir leben"

Auch hier werden die Gefühle und Meinungen des Narzissten auf ihn zurückgeworfen. Nehmen wir an, Sie
haben einem Narzissten eine klare Grenze gesetzt, mit der
er nicht zufrieden ist. Jetzt greift er Sie an und sagt, dass
Sie sich nicht so umständlich aufführen sollen und dass
Sie ihm nachgeben sollten.

Anstatt zu sagen: „Nein, das werde ich nicht!" und in
einen Verteidigungsmodus zu verfallen, können Sie
ruhig sagen, dass Sie die fehlerhafte Meinung des anderen akzeptieren können. Dies bewirkt zwei Dinge: Es
sagt ihm, dass er falschliegt, aber dass Sie sich nicht die

Mühe machen werden, ihn zu berichtigen. Stattdessen werden Sie akzeptieren, dass *er* falschliegt, und Ihrer Wege gehen. Damit hat er keinen Einfluss mehr auf Sie, weil Sie seine negative Einstellung Ihnen gegenüber nicht übernehmen.

Im Wesentlichen sagen Sie damit, dass Sie kein Interesse daran haben, seine Gedanken zu kontrollieren, auch wenn Sie nicht seiner Meinung sind oder ihn in irgendeiner Weise akzeptieren. Dies ist wirklich eine gesunde Einstellung, die man gegenüber jedem einnehmen sollte.

5 „Deine Wut liegt nicht in meiner Verantwortung."

Auch hier werfen Sie sein Verhalten wieder auf ihn zurück. Dies kann ihn absolut wütend machen – Narzissten neigen dazu, jede Form von Selbsthilfegesprächen zu hassen, sie betrachten das als New-Age-Quatsch. Wiederholen Sie diesen Satz einfach, wenn nötig mehrmals, und eisen Sie sich von ihm los, wenn Sie können. Er wird bald gelangweilt sein und weiterziehen.

Wie Sie sich vor einem Narzissten schützen können

Es ist nicht einfach, sich vor einem Narzissten zu schützen, aber es gibt ein paar Taktiken, die Sie ausprobieren können. Wenn Sie noch nicht bereit sind, eine Beziehung mit einem Narzissten zu verlassen, können Sie in Erwägung ziehen, einen **Verbindungsvertrag** mit ihm abzuschließen, um das zu bekommen, was Sie sich von der Beziehung wünschen.

Was ist ein Verbindungsvertrag?

Vereinfacht ausgedrückt, ist ein Verbindungsvertrag eine schriftliche Vereinbarung, in der Sie festlegen, wie Sie behandelt werden möchten. Sollte der Narzisst diesen Vertrag brechen, hat er nicht länger das Recht, eine Verbindung mit Ihnen zu genießen. Wenn Sie in einer Beziehung mit einem Narzissten sind, könnte die Abmachung etwa so lauten:

„Ich möchte mir keine Herabsetzungen anhören, angeschrien oder unfair kritisiert werden. Wenn du dazu nicht in der Lage bist, werde ich gehen."

Bei einem narzisstischen Elternteil, der Sie besuchen möchte, könnte es eher so aussehen:

„Du kannst drei Nächte in meinem Haus bleiben, aber während du hier bist, sollst du dich auf positive Art mit meinen Kindern beschäftigen und weder mich noch irgendjemand anderen, der hier wohnt, anschreien oder anpöbeln. Ich will dir auch kein Geld geben – du musst dich selbst um deine Finanzen kümmern und immer für deine eigenen Ausgaben aufkommen. Wenn du diesen Bedingungen nicht zustimmen kannst, musst du in ein Hotel gehen, und wir können uns auf einen Kaffee treffen."

Im Wesentlichen schafft ein Verbindungsvertrag eine Reihe von kristallklaren und neutralen Richtlinien darüber, was toleriert wird und was nicht. Wenn der Narzisst dagegen verstößt, brauchen Sie nicht wütend zu werden oder zu diskutieren, Sie weisen einfach darauf hin, dass er den Vertrag gebrochen hat und deshalb in Ihrer Gegenwart nicht mehr willkommen ist.

Ja, es ist hart und schonungslos, aber es nimmt Ihnen den Druck, sich ständig zu fragen, was akzeptabel ist und was nicht. Mit einem Verbindungsvertrag weiß jeder, was die Regeln sind, und wenn der Narzisst sie bricht (und die Chancen stehen gut, dass er das tun wird), können Sie auf den Vertrag verweisen und dabei die Ruhe bewahren.

Wann ist es sinnvoll, einen Verbindungsvertrag zu verwenden?

Ein Verbindungsvertrag kann sich als nützlich erweisen, wenn Sie bereits mehrere Zusammenstöße und Konfrontationen mit einem Narzissten hatten und er weiß, dass Sie mit seinem Verhalten nicht zufrieden sind, er aber nicht bereit ist, sich zu ändern oder zuzugeben, dass er etwas falsch gemacht hat.

Im Wesentlichen vermeidet der Vertrag weitere Diskussionen und legt dar, was Sie als nicht akzeptabel ansehen. Es kann sein, dass der Narzisst ihn lesen wird und wieder mit Ihnen diskutieren will. In diesem Fall können Sie einfach sagen, dass Sie nicht weiter streiten wollen, sondern sich nur an das halten wollen, was schriftlich festgelegt wurde.

Es ist ein letzter Versuch, den Narzissten dazu zu bringen, sich zu benehmen, und obwohl er vielleicht nicht von Erfolg gekrönt sein wird, zeigt er zumindest, dass Sie es ernst meinen.

Kapitel vier – Sich abnabeln

Warum es so schwer ist, mit einem Narzissten Schluss zu machen

Nehmen wir an, Sie haben bis hierher gelesen und erkannt, dass Sie in einer Beziehung sind, die für Ihr eigenes Wohlbefinden schadhaft ist, und dass Sie aussteigen müssen. Dies kann jemanden betreffen, mit dem Sie in einer romantischen Beziehung waren, oder es kann ein Familienmitglied oder ein enger Freund sein, von dem Sie sich trennen müssen. In welcher Situation auch immer Sie sich befinden, Sie müssen einige bewährte Strategien befolgen, um sich selbst zu schützen, während Sie diesen Prozess durchlaufen.

Eine Sache, die Sie bedenken müssen, wenn Sie Pläne schmieden, ist, dass man mit einem Narzissten **nicht so Schluss machen kann wie mit den meisten Menschen**. Narzissten mögen es nicht, und sie werden es Ihnen extrem schwer machen.

Wenn Sie sich in einen Narzissten verliebt haben, sind Sie in etwas verstrickt, das Psychologen als Traumabindung bezeichnen. Als Menschen sind wir darauf programmiert, uns anderen nahe zu fühlen. Die narzisstische Taktik des „Love Bombings" zu Beginn einer Beziehung oder wenn wir anfangen, uns zurückzuziehen, wird also dazu führen, dass Sie sich ihm näher fühlen.

Aber irgendwann wird sich ein Narzisst langsam, aber sicher gegen Sie wenden. Sie werden sich verwirrt und unsicher fühlen, weil Sie nie ganz wissen, wo Sie stehen. Diese Unsicherheit macht Sie weniger selbstbewusst und leichter manipulierbar – alles Taktiken, die der Narzisst ohne Skrupel einsetzen wird, um in der Beziehung die Oberhand zu gewinnen. Sie werden sich verwirrt fühlen, weil Sie sich in einem seiner netteren Momente an ihn gebunden hatten und nun eine andere Seite an ihm sehen.

Sie wissen vielleicht, dass die Beziehung schlecht für Sie ist und dass diese Person Sie unglücklich oder ängstlich macht, aber irgendwie haben Sie den Mut verloren, für sich selbst zu sorgen und zu gehen. Sie zweifeln auch an sich selbst – schließlich schienen Sie ihn anfangs so glücklich zu machen? Sicherlich müssen Sie irgendetwas falsch gemacht haben, da sich die Dinge so verändert haben, und wenn Sie nur herausfinden könnten, was es war, würde alles wieder so werden wie zuvor? Und hin und wieder benimmt sich der andere ja ganz reizend, sodass Sie bei ihm bleiben.

Narzissten sind auch sehr geschickt darin, ihre Opfer zu isolieren, sodass Sie vielleicht das Gefühl haben, niemanden zu haben, an den Sie sich wenden können. Doch das ist nicht wahr. Die Chancen stehen gut, dass es alte Freunde oder Familienmitglieder gibt, die Sie unterstützen werden, wenn Sie ihnen die Wahrheit über Ihre Beziehung zu dieser Person sagen. Sie wissen vielleicht schon von den Problemen und warten darauf, dass Sie sie ansprechen. Tatsache ist, dass Beziehungen nicht so schwer sein sollten.

Wie sind Sie also in diesen Zustand geraten? Nun, Sie sind ein Mensch. Das kommt vor. Einige von uns sind für den Charme des Narzissten anfälliger als andere, und das ist etwas, worüber Sie in Zukunft vielleicht nachdenken sollten – wir werden uns am Ende des Buches Warnsignale für zukünftige Beziehungen ansehen. Aber im Wesentlichen sind Narzissten sehr geschickt in dem, was sie tun, und darin, eine Traumabindung zu schaffen.

Traumabindung geschieht auf unterschiedliche Arten, je nachdem, ob es sich um eine langfristige Beziehung – wie zu einem Elternteil – oder um einen neuen, romantischen Partner handelt.

Bei Langzeitbeziehungen ist es eher ein ständiger Kreislauf zwischen liebevollem Verhalten und Missbrauch, der sich über Jahre hinziehen kann und in der Kindheit verankert ist.

Bei romantischen Beziehungen ist es oft so, dass die Dinge gut anfangen und sich dann verschlechtern. Entweder steigen Sie beim ersten Anzeichen von Ärger aus, oder Sie geraten in einen missbräuchlichen Kreislauf, der sich über Jahre hinziehen kann – wenn Sie dies zulassen.

Die sieben Stufen der Trauma-Bindung

1 Love Bombing

Sie sind perfekt und können nichts falsch machen, und er überzeugt Sie mit seinem Charme und seinen Aufmerksamkeiten. Er ist schmeichelhaft, freundlich, anhänglich und scheint völlig in Sie verliebt zu sein. Da Sie ein Mensch sind, genießen Sie das selbstverständlich. Aber natürlich wird dieses Gefühl bei einem Narzissten nie von Dauer sein.

2 Vertrauen

Sie glauben alles, was er sagt, und beginnen, ihm zu vertrauen und an ihn zu glauben. Obwohl ein kleiner Teil von Ihnen weiß, dass alles ein bisschen zu schön ist, um wahr zu sein, wickelt er Sie auch mit kleinen Gesten der Freundlichkeit und Intimität ein, durch die Sie ihm glauben und vertrauen. Sie haben einfach noch nie jemanden getroffen, der so wunderbar ist, und ihm scheint es genauso zu gehen!

3 Die Kritik beginnt

Das Love Bombing lässt langsam oder manchmal auch sehr abrupt nach, und die Spitzfindigkeiten und Kritik beginnen, überhandzunehmen. Plötzlich sind Sie nicht mehr ganz so perfekt. In diese Phase stellt er zunehmend Anforderungen an Ihre Zeit und Energie, und sie kann von Konflikten und einem Gefühl der Verzweiflung oder Verwirrung begleitet sein, da Sie sich fragen, was sich verändert hat und wie Sie den Boden unter den Füßen wieder zurückbekommen.

4 Gaslighting

Dieser neue Stand der Dinge ist Ihre Schuld. Wenn Sie die Dinge nur anders machen würden, oder nicht so verrückt oder irrational reagieren würden, wäre alles in Ordnung. Sie beginnen an sich selbst zu zweifeln, auch weil er so überzeugend wirkt. Er hat nichts falsch gemacht. Das bilden Sie sich alles nur ein.

5 Kontrolle

Sie machen alles mit, was er verlangt, weil Sie anfangen, zu glauben, dass Sie im Unrecht sind und dies der einzige Weg ist, um sich bei ihm wieder lieb Kind zu machen.

6 Resignation und zunehmende Verzweiflung:

Die Dinge scheinen immer schlimmer zu werden. Wenn Sie versuchen, sich zu wehren, werden Sie noch mehr beschimpft. Sie fühlen sich einsam, traurig und isoliert.

7 Sie sind süchtig

Sie wissen, dass diese Person schlecht für Sie ist, aber irgendwie gehen Sie immer wieder zu ihr zurück, und alles, was Sie wollen, ist, ihre Anerkennung zurückzugewinnen und ihre freundliche Seite zu sehen. Handelt es sich um einen Elternteil, liegt dieses Verhalten daran, dass wir von Natur aus so programmiert sind, dass wir unsere Eltern lieben, egal wie unzulänglich sie für diese Aufgabe sind.

Bei romantischen Beziehungen liegt es oft daran, dass wir eine Vorstellung von der Beziehung und ihrer Zukunft im Kopf haben, und wir wissen, dass es schmerzhaft und ein einsamer Weg sein wird, sie aufzugeben und erneut auf die Suche zu gehen. Es ist viel einfacher, durchzuhalten und zu hoffen, dass sich die Dinge ändern. Sie sind zudem geschwächt von dem ständigen, unterschwelligen Missbrauch und fühlen sich nicht stark genug, um auszusteigen.

Wie man mit einem Narzissten endgültig Schluss macht

Mit einem Narzissten Schluss zu machen, ist kein einfacher Prozess, aber es lohnt sich. Vor allem, weil die Beziehung Ihnen nie das geben wird, was Sie brauchen, trotz gelegentlicher guter Tage. Sie sind auf der Suche nach etwas, das einfach nicht da ist. Wenn Sie diese Person hinter sich lassen, werden Sie in Ihrem Leben Platz schaffen und Energie freisetzen für bessere Dinge, gesündere Beziehungen und mehr Glück. Es ist Ihnen erlaubt, das zu tun – ich gebe Ihnen sogar sofort die Erlaubnis dazu! Aber wie stellen Sie das an? Lesen Sie weiter, um es herauszufinden.

1   Bereiten Sie sich vor

Besorgen Sie sich so viele Informationen über Narzissten, wie Sie können. Arbeiten Sie dieses Buch und andere Quellen durch und seien Sie sich sicher, dass Sie das Richtige für Ihr eigenes Wohlbefinden tun.

2   Distanzieren Sie sich allmählich

Seien Sie ein bisschen weniger verfügbar und ein bisschen langweiliger. Lassen Sie die andere Person sogar denken, dass sie sich von Ihnen gelangweilt fühlt, und versuchen Sie, sich langsam zurückzuziehen, anstatt sie merken zu lassen, was Sie tun, denn dies kann narzisstische Wut hervorrufen.

3   Verbinden Sie sich wieder mit anderen.

Dies ist eine gute Möglichkeit, den Einfluss des Narzissten auf Sie zu unterbinden. Finden Sie

Wege, um andere wieder in Ihr Leben zu lassen, egal wie niedergeschlagen und isoliert Sie sich fühlen mögen. Rufen Sie einen alten Freund an, beschäftigen Sie sich mit etwas, das Sie interessiert, treten Sie einem Verein bei. Wofür auch immer Sie sich entscheiden – wenn Sie aus Ihrer Isolation ausbrechen und sich mit gesunden Menschen umgeben, werden Sie anfangen, sich besser zu fühlen.

4 Denken Sie sich eine Ausrede aus

Versuchen Sie nicht, ihm für die Trennung oder Distanzierung die Schuld zu geben. Sprechen Sie darüber, was für Sie beide besser ist, und präsentieren Sie die Sache so, dass es eher wie seine Idee als Ihre erscheint. Geben Sie ihm keinen Anlass, beschuldigen Sie ihn nicht und halten Sie ihm nicht seine Fehler vor – das ist für ihn unerträglich und macht das Beenden der Beziehung nur schwerer.

5 Machen Sie einen sauberen Schnitt

Ziehen Sie es nicht in die Länge – wenn Sie sich entschieden haben, zu gehen, gehen Sie schnell. Sobald Sie gegangen sind, kontaktieren Sie ihn nicht mehr. Bleiben Sie stark und lassen Sie sich nicht durch das Love Bombing zurücklocken, das folgen wird. Bei einem Familienmitglied ist es oft unmöglich, einen sauberen Schlussstrich zu ziehen, ohne dass es im weiteren Kreis der Familie zu einer großen Zerrüttung kommt. In diesem Fall ist es oft leichter, einfach wegzuziehen oder den Kontakt auf ein Minimum zu beschränken und sich mit festen Grenzen zu schützen.

Viele Kinder von Narzissten werden angeben, dass das Beste für sie war, physischen Abstand zwischen sich und ihren narzisstischen Elternteil zu bringen. Es löste den starken emotionalen Halt und erlaubte ihnen auch, sich wirklich sicher und glücklich zu fühlen, an einem Ort ohne Erinnerungen an den Schmerz der Kindheit.

6 Erwarten und planen Sie Vergeltungsmaßnahmen ein

Es wird Leute geben, die bei Ihnen anrufen und sich Sorgen um Sie machen – diese **Handlanger,** deren sich der Narzisst so geschickt bedient. Jemand anderes wird auftauchen, der versucht, eine Brücke zu schlagen. Sie werden Anrufe erhalten, unerwartete Besuche, Briefe mit unaufrichtigen Entschuldigungen. Bereiten Sie sich auf all das vor und bleiben Sie stark.

Wenn Sie lange genug neutral und standhaft bleiben, wird sich der Narzisst schließlich langweilen und sich jemand anderem zuwenden. Aber das wird Zeit brauchen. In der Zwischenzeit sollten Sie einige Gewohnheiten übernehmen, um sich zu schützen – viel Schlaf, Bewegung und gutes Essen helfen Ihnen, angesichts der Empörung des Narzissten ruhig und konzentriert zu bleiben. Wir werden darauf später noch eingehen.

7 Seien Sie freundlich zu sich selbst

Eine Beziehung mit einem Narzissten kann dazu führen, dass Sie sich ziemlich ausgelaugt fühlen. Sie können mit einigen Gefühlen der Trauer, des

Verlustes und sogar des Versagens rechnen. Das sind alles normale Gefühle, die vorübergehen werden. Geben Sie sich Zeit und Raum, suchen Sie eine Beratung auf, wenn Sie sie brauchen, und lassen Sie es ruhig angehen.

Das Führen eines Tagebuchs, in dem Sie Ihre Gefühle ausbreiten und sich auch daran erinnern können, warum Sie tun, was Sie tun, wird Sie bei der Stange halten. Wenn der Narzisst mit dem Love Bombing beginnt, lesen Sie in Ihrem Tagebuch nach, um sich daran zu erinnern, wie fies er sein kann, egal wie reizend er gerade erscheint. Er wird und kann sich nicht ändern, also war es die richtige Entscheidung, ihn zu verlassen. Erinnern Sie sich daran, wenn Sie anfangen zu schwanken.

Nutzen Sie die Gray-Rock-Methode (engl. „grauer Fels") zu Ihrem Vorteil

Narzissten lieben vor allem Drama. Sie sind zudem sehr wettbewerbsorientiert und neidisch. Wenn also etwas Aufregendes in Ihrem Leben passiert, werden sie versuchen, davon zu profitieren – und Ihnen die Freude daran zu verderben. Narzissten lieben es, die Kerzen auf dem Kuchen eines anderen auszublasen.

Wie gehen Sie also damit um? Stellen Sie ihnen den Kuchen nicht vor die Nase. Die Gray-Rock-Methode ist ein wunderbares Mittel für den Umgang mit Narzissten. Sie geht gegen unsere normalen Instinkte, aber genau das ist es, was Sie tun müssen, wenn Sie mit diesem Persönlichkeitstyp zurechtkommen müssen.

Wie funktioniert es also?

Stellen Sie sich einen grauen Felsen vor. Keine Farbe, kein Leben, hier gibt es nichts zu sehen. Und dann verhalten Sie sich ganz einfach wie einer. Das ist alles. Dieser Trick besteht im Wesentlichen darin, sich selbst so fade, so langweilig erscheinen zu lassen, dass nichts mehr übrig ist, was sich der Narzisst einverleiben könnte und bald (hoffentlich) zu jemand anderem weiterziehen wird.

Was Narzissten wollen, ist Ihre Energie. Wenn Sie sich gut fühlen, wollen sie Ihnen das wegnehmen. Wenn Sie eine aufregende Neuigkeit haben, wollen sie diese übertreffen. Wenn Sie etwas Schmerzhaftes in Ihrem Leben erleben, wollen sie ganz nah an Sie herankommen und Ihren Schmerz sehen. Das ist die wahre Definition von emotionalen Vampiren.

Geben Sie den Narzissten nichts als einen langweiligen „grauen Felsen".

Wenn sie zu Ihnen zurückkommen und nach glänzenden Schätzen zum Stehlen suchen, geben Sie ihnen weiterhin nichts. Reagieren Sie auf ihre Bitten um Informationen mit langweiligem Small Talk. Erzählen Sie ihnen nie, was in Ihrem Leben gut läuft, denn sie werden einen Weg finden, es zu zerstören. Wenn sie nachfragen, sagen Sie ihnen einfach, dass alles beim Alten ist. Keine Neuigkeiten.

Die Gray-Rock-Methode ist eine gute Möglichkeit, um aus dem melodramatischen Leben des Narzissten verbannt zu werden. Der Narzisst muss dann woanders nach seinem

Kick suchen, und Sie können ein friedlicheres Dasein genießen.

Das ist schwer. Ein Teil von Ihnen wird ihn immer gern bekehren wollen – vor allem, wenn es sich um ein Elternteil handelt. Sollten sich Eltern nicht eigentlich für ihre Kinder freuen? Das ist doch normal, oder?

Ja, das ist normal. Doch Sie müssen bedenken, dass Sie kein guter Mensch sein müssen, um Eltern zu werden. In der Tat kann man ein durch und durch unangenehmer Mensch sein und trotzdem viele Kinder haben. Es ist eine traurige Tatsache des Lebens, dass manchmal die unwürdigsten Menschen mit Kindern gesegnet werden, diese aber emotional nicht in der Lage sind, sie zu lieben und für sie zu sorgen.

Zum Glück ist das bei den meisten von uns nicht der Fall. Aber wenn Sie dieses Pech haben, sind Sie besser dran, es zu akzeptieren und woanders nach Liebe und Anerkennung zu suchen, als zu versuchen, sie von jemandem zu bekommen, der dazu nicht fähig ist, selbst wenn es sich um Ihre Mutter oder Ihren Vater handelt.

Wenn der Narzisst ein romantischer Partner ist, möchten Sie ihn vielleicht beeindrucken, ihn überzeugen und die Dinge wieder so machen, wie sie am Anfang waren. Leider können Sie das nicht. Sein anfänglicher Charme war nur gespielt, und was Sie jetzt zu sehen bekommen, ist sein wahres Ich. Hören Sie auf, zu versuchen, auf ihn einzureden, und stecken Sie Ihre Energie und Zeit in den Aufbau einer glücklicheren Zukunft, weit weg von dieser beschädigten Seele.

Eine Anmerkung für Ihr zukünftiges Ich:

Die Chancen stehen gut, dass Sie sich nicht so schnell wieder auf eine Beziehung mit einem Narzissten einlassen werden. Sie haben Ihre Lektion gelernt und wissen, dass Sie sich zurückziehen müssen, sobald Sie Anzeichen von Love Bombing oder plötzlicher Gemeinheit bemerken (dazu später mehr.)

Hier ist ein kraftvolles Zitat der Schriftstellerin Maya Angelou, um Sie zu schützen:

„Wenn dir jemand zeigt, wer er ist, dann glaube ihm beim ersten Mal."

Kapitel fünf – Heilung von narzisstischem Missbrauch

Wenn Sie dieses Buch lesen, stehen die Chancen gut, dass Sie sich durch die Interaktionen, die Sie mit dem Narzissten in Ihrem Leben hatten, verletzt und angegriffen fühlen.

Psychologen erkennen jetzt an, dass emotionaler Missbrauch – die Art, die man nicht sehen kann und die ihre blauen Flecken auf der Seele und nicht auf dem Körper hinterlässt – genauso schädlich und traumatisierend ist wie körperlicher Missbrauch. Diejenigen, die ihn erlebt haben, sagen oft, dass sie lieber körperlich geschlagen werden würden, weil die Wunden an der Psyche viel schmerzhafter und lähmender sind.

Es ist inzwischen auch anerkannt, dass psychischer Missbrauch zu denselben Arten von Traumata führen kann, die aus einmaligen traumatischen Ereignissen resultieren, wie z. B. aus einem Einbruch oder Überfall. Da der Missbrauch durch den Narzissten über einen langen Zeitraum hinweg stattfindet, kann es schwer sein, die erlittenen Wunden und Schäden zu erkennen. Stattdessen haben die Opfer das Gefühl, angegriffen oder verletzt worden zu sein, und davon geheilt zu werden wird ebenso lang dauern.

Überlebende von Einzelereignissen wie Autounfällen wissen das instinktiv, und obwohl der Schaden tief sitzen kann, können Sie sich davon erholen. Der Unterschied bei narzisstischem Missbrauch ist jedoch, dass Sie auf einer gewissen Ebene das Gefühl haben, dass es Ihre Schuld war. Der Narzisst ist sehr geschickt darin, Sie an sich selbst zweifeln zu lassen und Unsicherheit in Ihnen auszulösen, während er sich selbst als unschuldig darstellt. Es ist kein Wunder, dass Sie das Gefühl haben, sich im Belagerungszustand zu befinden oder unter einem tiefen Trauma zu leiden, wenn Sie einem Narzissten begegnen.

In diesem Kapitel des Buches, dem wichtigsten, werden wir unsere Aufmerksamkeit vom Narzissten weg und dorthin zurücklenken, wo sie sein sollte – auf Sie. Wir werden uns die Phasen der Genesung von narzisstischem Missbrauch ansehen und wie sich jede einzelne davon abspielt.

Wir werden auch die transformativen Wahrheiten aufdecken, denen sich jedes Opfer stellen muss, wenn es sich von seiner Erfahrung erholen will. Außerdem werden wir Ihnen einige wichtige Übungen zur Verfügung stellen, um Ihren Geist und Ihr Herz zu stärken und zu heilen.

Zum Schluss bieten wir Ihnen lebensverändernde Affirmationen an, um vergangene Verletzungen zu heilen. Diese können Sie wie ein Mantra wiederholen, während Sie den aufregenden Prozess beginnen, sich von dieser toxischen Beziehung zu lösen und das nächste, glücklichere Kapitel Ihres Lebens aufzuschlagen.

Die fünf Stadien der Genesung von narzisstischem Missbrauch

Sich von narzisstischem Missbrauch zu erholen ist so ähnlich, wie sich vom Tod eines geliebten Menschen zu erholen. Besonders wenn Sie diese Person lange Zeit geliebt und an sie geglaubt haben und auf ihre Geschichten hereingefallen sind, ist es schwer zu akzeptieren, dass sie nicht die ist, für die sie sich ausgibt. In der Tat ist sie nicht einmal annähernd so, wie sie sich selbst darstellt.

Die Genesung kann in fünf Phasen unterteilt werden. Bis zu einem gewissen Grad wird Ihr Heilungsprozess von Ihrer Persönlichkeit und dem Narzissten in Ihrem Leben abhängen. Vielleicht wird es keinen bestimmten Moment geben, in dem Sie sagen können, dass Sie vollständig über das Geschehene hinweg sind. Es ist wichtig, auch das zu beachten. Missbrauch hinterlässt Narben, und selbst wenn die Wunden abheilen und keine neuen entstehen, sind sie immer noch da. Aber sie machen Sie stärker und mitfühlender, also haben Sie nicht das Gefühl, dass Sie sich zum Schlechten verändert haben oder irreversibel geschädigt sind. Sie haben sich einfach verändert und sind ein wenig erwachsener geworden, wie wir alle (abgesehen vom Narzissten!)

Hier ist ein grober Leitfaden, der Ihnen helfen wird, den Genesungsprozess besser zu verstehen.

1 Notfallmodus

Nehmen wir an, Sie meinen, dass Sie Ihren letzten Kampf mit dem Narzissten ausgefochten haben. Sie haben ihm gesagt, dass es vorbei ist, Sie haben das Gebäude verlassen oder den Hörer aufgelegt, und Sie sind fest entschlossen, ihn nicht mehr zurückkommen zu lassen.

Vielleicht bekommen Sie Nachrichten von ihm oder er taucht an Ihrer Tür auf. Oder Sie hören von ihm durch besorgte, unbeteiligte Dritte, die vom Narzissten geschickt wurden, um mit Ihren Schuldgefühlen, Ihrer Angst, Ihrer Verpflichtung und Ihrem Mitgefühl zu spielen.

Was Sie im Moment brauchen, ist emotionale Sicherheit. Sprechen Sie mit jemandem, der den Narzissten versteht und Ihnen keine Schuld zuweist. Versichern Sie sich selbst, dass Sie das Richtige tun. Und das Wichtigste: Tun Sie nichts, wodurch Sie sich selbst bestrafen. Keine Fressattacken, kein Grübeln oder Selbstvorwürfe, kein Alkohol oder Drogen.

Üben Sie **radikale Selbstfürsorge**: Behandeln Sie sich selbst so, wie Sie einen geliebten Menschen behandeln würden, der eine Verletzung erlitten hat. Hier sind einige Vorschläge:

- Gönnen Sie sich Ruhe, gutes Essen, warme Bäder und sogar einen Blumenstrauß. Kochen Sie Ihr Lieblingsessen.

- Gehen Sie an die frische Luft und machen Sie sanfte Bewegungsübungen.

- Hören Sie sich erbauliche geführte Meditationen auf YouTube an.

- Beschäftigen Sie sich, bringen Sie Ordnung in Ihr Haus und entrümpeln Sie.

- Gehen Sie schwimmen oder machen Sie andere Übungen, bei denen Sie sich gut fühlen.

- Lesen Sie ein Buch oder schauen Sie einen lustigen Film.

- Machen Sie einige Pläne für die Zukunft – eine Reise, ein Projekt, ein neues Studiengebiet.

- Kommen Sie wieder in Kontakt mit der Natur: ein Spaziergang im Wald oder am Strand, oder einfach ein Ausflug in den örtlichen Park. Was auch immer nötig ist!

Anhand dieser Liste können Sie sehen, dass es darum geht, zu den Grundlagen zurückzukehren: die Art von Dingen zu tun, die einem kleinen Kind ein gutes Gefühl geben. Halten Sie es unkompliziert und wissen Sie, dass Sie das Richtige tun, indem Sie sich um sich selbst kümmern.

Schalten Sie Ihr Telefon aus, wenn es nötig ist, und halten Sie sich von sozialen Medien fern, wo Ihr Missbraucher versuchen könnte, Sie aufzuspüren. In dieser Phase sind Sie möglicherweise durch den missbräuchlichen Kontakt traumatisiert und es ist entscheidend, sich darauf zu konzentrieren, sich selbst zu entspannen.

2 Vorwärtsgehen und wütend werden

Hier werden Sie anfangen, zu spüren, wie Ihre Energie zurückkehrt, und Sie durchleben vielleicht Momente der Wut und des Zorns, wenn Sie erkennen, wie viel Zeit und Energie der Narzisst Ihnen gestohlen hat.

Vielleicht sind Sie auch wütend auf sich selbst – dafür, dass Sie den Narzissten so lange mit seinem Verhalten davonkommen ließen, dafür, dass Sie nicht die Stimme erhoben haben oder für sich selbst eingetreten sind. Das ist alles völlig normal und bedeutet nur, dass Sie sich weiterentwickeln und wachsen, nicht, dass Sie versagt oder etwas falsch gemacht haben.

Es kann sein, dass Sie wieder in das erste Stadium zurückfallen, besonders wenn Sie Kontakt zu dem Narzissten haben. In dieser Phase ist es wichtig, Ihre Wut anzuerkennen, aber nicht in ihr stecken zu bleiben. Zu viel Zeit im Internet zu verbringen und sich mit anderen Betroffenen auszutauschen, ist zum Beispiel nicht die beste Idee, da es Sie davon abhalten kann, in Ihrem Leben voranzukommen.

Wenn es Ihnen wirklich schwerfällt, weiterzumachen, oder Sie das Gefühl haben, dass Sie sich im Kreis drehen, ist dies ein guter Zeitpunkt, um Ihren Hausarzt aufzusuchen und über eine professionelle Beratung zu sprechen, wenn Sie glauben, dass dies helfen könnte.

3   Sollten Sie sich wieder bei ihm melden?

Jetzt kommt der Punkt, an dem Sie einige Details von dem, was passiert ist, vergessen haben, und vor allem sind die unangenehmen Gefühle vielleicht verblasst. Sie beginnen, sich an die guten Seiten des Narzissten zu erinnern. Sie beginnen, zu denken, dass es vielleicht gar nicht so schlimm war, wie Sie es in Erinnerung haben, und dass Sie vielleicht einfach überreagiert haben oder zu sensibel waren.

Vielleicht wollen Sie einen Schlussstrich ziehen oder herausfinden, ob er sich gebessert hat (das hat er nicht). Vielleicht hören Sie jetzt auch etwas von dem Narzissten, weil ihm Ihre Aufmerksamkeit fehlt und er überlegt, wie er Sie zurücklocken kann.

Bleiben Sie stark. Gehen Sie nicht zurück – es gibt dort nichts als Schmerz für Sie. Wenn Sie den Narzissten wieder in Ihre Welt lassen, kehren Sie direkt wieder in das erste Stadium zurück, oder schlimmer noch, Sie finden sich vielleicht erneut in einer Beziehung mit ihm wieder, und der Kreislauf beginnt von vorn.

4   Distanz erreichen

Dies ist der Punkt, an dem Sie etwas Zeit hatten, sich zu erholen und sich mit Normalität zu umgeben. Sie haben viele der heftigsten Emotionen hinter sich gelassen und fangen an, ein klareres Verständnis dafür zu bekommen, was Ihnen widerfahren ist und warum Sie in die Beziehung hineingezogen wurden bzw. wie Sie wieder den Weg daraus gefunden haben.

Es kann aber immer noch schlechte Tage geben, an denen Sie sich selbst die Schuld zuweisen oder sich dabei ertappen, dass Sie glauben, was der Narzisst über Sie gesagt hat.

Akzeptieren Sie diese Gefühle, setzen Sie sich mit ihnen auseinander und sie werden vorübergehen. Sie kommen der Heilung näher und können mit Ihrem Leben weitermachen. Der Narzisst hat sich in Ihnen getäuscht, und Sie haben das Beste getan, was Sie zu diesem Zeitpunkt tun konnten.

5 Akzeptanz und vorwärtsgehen

Es geht weiter vorwärts. Sie haben ein gutes Verständnis für Ihre eigenen Stärken und Schwächen. Sie sind nun zunehmend in der Lage, die Dinge, die der Narzisst zu Ihnen gesagt hat, zurückzuweisen.

Vielleicht haben Sie eine Therapie gemacht und denken darüber nach, wie Sie in Zukunft gesündere Beziehungen gestalten können. Sie haben einige gute tägliche Gewohnheiten gebildet, die Ihnen helfen, sich stark und sicher zu fühlen (mehr dazu später) und Sie planen ein glücklicheres Leben für sich selbst.

Vor allem aber sind Sie frei von dem Narzissten und dem giftigen Einfluss, den er auf Ihr Leben hatte.

Fünf transformative Wahrheiten, denen sich jedes Opfer stellen muss

1 Der Narzisst wird sich nie so ändern, wie Sie es brauchen

Natürlich ist jeder Mensch zu Veränderung und persönlichem Wachstum fähig. Wir alle entwickeln uns auf alle möglichen Arten, manche von uns mehr als andere. Aber der Narzisst ist sehr resistent gegen Veränderungen, und Sie sollten niemals Ihre Zeit und Energie mit der Hoffnung verschwenden, dass die Dinge anders werden.

Zunächst einmal bleiben Sie dadurch in einer Position des Wartens stecken. Und Menschen können jahrelang in dieser Position bleiben. Es gibt vielleicht Momente, in denen Sie denken, dass sich die Dinge zum Positiven verändern könnten – zum Beispiel hat sich der Narzisst schlecht verhalten, Sie haben den Kontakt zu ihm abgebrochen, und er lockt Sie jetzt wieder mit dem Versprechen, dass es diesmal anders wird.

Das wird es nicht. Das Einzige, was passieren wird, wenn Sie diese Person wieder an sich heranlassen, ist, dass der Kreislauf von Neuem beginnt. Und dann wieder und wieder. Selbst wenn die Person sich ändern würde, vielleicht nach vielen Jahren der Therapie, wird es ihr immer noch an grundlegendem Einfühlungsvermögen mangeln. Und wollen Sie wirklich Jahre Ihres kostbaren Lebens damit verbringen, darauf zu warten, dass es jemandem besser geht? All diese Zeit, all diese Energie könnte weitaus produktiver verwendet werden – für andere Unternehmungen und Menschen, die es mehr verdient haben.

2 Er ist gegenüber Dritten kein anderer Mensch und nicht Sie waren das Problem

Glauben Sie nicht, dass Sie der Einzige sind, der mit dieser Person zu kämpfen hat, auch wenn sie Ihnen dieses Gefühl vermitteln mag. Ja, es mag den Anschein haben, dass in ihren anderen Beziehungen alles in Ordnung ist und Sie derjenige waren, der Probleme verursacht hat. Aber sie ist nicht anders zu anderen Menschen. Sie ist überall die gleiche Person.

Der einzige Unterschied besteht darin, dass Sie diese anderen Beziehungen nur von außen sehen, nicht von innen. Narzissten sind nicht in der Lage, jemanden mit Freundlichkeit und Anstand zu behandeln. Zugleich sind sie geheimniskrämerisch und besessen von ihrer Wirkung nach außen, sodass es recht wahrscheinlich ist, dass ihre anderen Beziehungen ebenso fehlerhaft und vergiftet sind, sie dies jedoch einfach gut verstecken.

3 Er hat Sie absichtlich missbraucht und es war nicht „alles nur Einbildung"

Weil Narzissten so geschickt in ihrem Tun sind und darin, mit ihren Tricks unbemerkt zu bleiben, fangen Sie vielleicht an, sich zu fragen, ob Sie sich die Dinge nur einbilden. Sie könnten sich fragen, ob der Narzisst wirklich böse und missbräuchlich ist oder ob er irgendwie nicht ganz bemerkt, dass das, was er sagt und tut, verletzend ist.

Doch. Er weiß genau, was er tut. Es gibt keine Entschuldigung für sein Verhalten, obwohl Sie wahrscheinlich ein paar Ausreden zu hören bekommen werden: Er wird älter (ältere Narzissten sind sehr gut darin, ihr Alter vorzutäuschen, wenn es ihnen passt), oder vielleicht hatte er eine unglückliche Kindheit und Sie sollten eigentlich Mitleid mit ihm haben.

Nein. Tut mir leid. Das reicht nicht. Viele Leute haben eine miserable Kindheit und lassen das nicht an anderen aus. Es gibt keine Entschuldigung für missbräuchliches Verhalten. Diese Mitleidstour ist etwas, das Narzissten sehr gut können, wenn es ihnen gefällt, insbesondere um empathische Menschen anzusprechen, die sie bemitleiden und ihnen ihr Verhalten verzeihen – nur um dann alles wieder von vorne beginnen zu lassen.

Was mitfühlende Menschen an Narzissten nur schwer verstehen können, ist, wie viel Freude sie daran haben, andere zu manipulieren, auszubeuten und mit ihnen zu spielen. Die meisten von uns genießen diese Dinge nicht und können sich nur schwer vorstellen, Freude am Leid anderer zu empfinden. Aber Narzissten tun es. Sie laben sich an dem Drama, dem Elend, und es gibt ihnen ein Gefühl von Macht, Kontrolle und Sinn in ihrem ansonsten leeren Leben. Trauriger weise gibt es kein Entkommen davon, kein höheres Selbst in der Seele des Narzissten, an das man appellieren könnte.

Auch sein missbräuchliches Verhalten ist nicht zufällig. Eine gute Frage, die Sie sich stellen sollten, wenn Sie sich über etwas wundern, was ein Narzisst gesagt oder getan hat, ist – wer war bei Ihnen, als er diese Dinge geäußert hat? Waren Sie allein? Oder hat er es vor anderen gesagt? Menschen, die ihr Verhalten abhängig davon ändern können, wer ihnen zuhört, wissen genau, was sie tun.

Und selbst wenn es ihm nicht gut geht, ist das nicht Ihr Problem. Sie haben das Recht, sich selbst zu schützen und ein Leben frei von narzisstischem Missbrauch zu führen.

4 Die Genesung braucht Zeit und ist kein Prozess, den Sie überstürzen können

Anders als bei einem einzelnen traumatischen Ereignis, wie z. B. ein Autounfall, findet narzisstischer Missbrauch über einen langen Zeitraum statt. Während körperliche Wunden heilen können, dauert dies bei einer Schädigung Ihrer psychischen Gesundheit länger.

Das bedeutet, dass Sie Ihrem Missbraucher nicht verzeihen oder Ihre Gefühle unter den Teppich kehren müssen.

Wenn Sie traurig oder wütend darüber sind, wie Sie behandelt wurden, ist das kein Zeichen von Schwäche. Es ist eine angemessene Reaktion auf das, was Ihnen widerfahren ist. Sie müssen auch nicht verzeihen oder Mitleid für Ihren Missbraucher empfinden. Schließlich empfindet er auch kein Mitgefühl für Sie.

Der Narzisst möchte, dass Sie an sich selbst zweifeln, dass Sie das Geschehene herunterspielen und glauben, dass Sie übertreiben oder es schlimmer machen, als es in Wirklichkeit war. Doch das stimmt nicht. Narzissten sind wirklich gefährliche und störende Menschen, und Sie können sich so viel Zeit nehmen, wie Sie brauchen, um sich von Ihrer Erfahrung zu erholen.

5   Alle Emotionen sind berechtigt

Es gibt keine richtige Art zu fühlen. Vielleicht haben Sie bei Ihrem Missbraucher das Gefühl gehabt, dass bestimmte Gefühle oder Reaktionen inakzeptabel waren. Narzisstische Eltern sind sehr gut darin, ihren Kindern beizubringen, emotionale Reaktionen zu unterdrücken und sich z. B. niemals zu beschweren.

Aber alle Ihre Emotionen sind berechtigt, Sie haben das Recht, sie zu fühlen und sie angemessen auszudrücken, egal worum es sich handelt. Sie haben das Recht, **wütend zu** sein über das, was gesagt und getan wurde, solange Sie Ihre Wut nicht in einer Weise ausdrücken, die für andere destruktiv ist.

Nutzen Sie Ihren Ärger auf produktive Weise: Um vorwärtszukommen, um Ihnen Energie zu geben und um

Ihre Gefühle in Dinge zu investieren, die Ihr eigenes Leben voranbringen. Sie kann eine kreative Kraft für das Gute sein, wenn Sie sie lenken und weise einsetzen!

Sie haben auch das Recht, **Trauer zu** empfinden. Das ist keine Schwäche, sondern eine Anerkennung, dass Sie jemanden verloren haben, der Ihnen wichtig war, oder zumindest die Vorstellung, die Sie sich von ihm gemacht haben. Nehmen Sie Ihre Trauer wahr, ehren Sie sie, und blicken Sie nach vorn.

Es kann hilfreich sein, etwas Abstand von Ihren Emotionen zu nehmen, sie als getrennt von Ihnen zu betrachten: Vielleicht visualisieren Sie Ihre Gefühle als Wolken, die über den Himmel ziehen. Auf die gleiche Weise bewegen sie sich durch Ihren Körper und gehen schließlich einfach vorbei. Sie brauchen nicht zusammenzubrechen: Spüren Sie sie einfach, erkennen Sie an, was Sie fühlen, und lassen Sie sie so lange auf sich wirken, wie es nötig ist.

Wenn Sie ein nicht hilfreiches Gefühl verändern wollen, können Sie zwei Dinge versuchen.

- Körperarbeit: Wir halten sowohl gute als auch schlechte Emotionen in unserem Körper fest – denken Sie nur daran, wie unterschiedlich wir aussehen, uns bewegen und klingen, wenn wir uns glücklich fühlen und wenn wir traurig sind. Es macht also Sinn, Emotionen durch Körperarbeit zu verändern. Das kann durch eine Massage bei einem erfahrenen Therapeuten geschehen, durch Yoga, Meditation oder einen langen Spaziergang.

Schwimmen und die Nähe zum Wasser sind ebenfalls sehr heilsam für unsere Emotionen.

- Das Gespräch mit einem Therapeuten, der sich mit posttraumatischen Belastungsstörungen auskennt, ist ebenfalls hilfreich, wenn Sie Ihre Gefühle verarbeiten wollen, und er verfügt über spezielle Techniken, die Sie anwenden können, um Ihre Emotionen zu bewältigen.

Essenzielle Übungen zur Stärkung von Herz und Geist bei der Heilung

Wenn Sie Ihren Weg zur Heilung beginnen, kann es hilfreich sein, Ihre Gedanken und Gefühle in einem Tagebuch festzuhalten. Vielleicht bringen Sie einfach alle Gedanken und Erinnerungen aus Ihrem Kopf zu Papier, wie Sie Ihnen gerade einfallen, oder Sie arbeiten gezielt eine Reihe von Fragen durch, die Ihnen helfen, zu verstehen, wie Sie in die Beziehung mit dem Narzissten geraten sind und was Sie daraus gelernt haben.

Im Folgenden erfahren Sie einige einfache Schreibübungen, die Ihre inneren Gedanken und Gefühle klären und Ihnen das Vorwärtskommen ein wenig erleichtern, indem sie Ihnen einige Fragen über Ihre Erfahrungen stellen.

Suchen Sie sich einen Zeitpunkt, zu dem Sie von niemandem unterbrochen werden und an dem Sie sich stark, neugierig und bereit fühlen, auf merkliche Weise voranzukommen, um den größten Nutzen aus dieser Übung zu ziehen. Nehmen Sie sich so viel Zeit wie nötig, und kehren Sie immer wieder zu diesen Fragen und Ihren Antworten zurück, wenn Sie sich unsicher oder aufgebracht fühlen. Sie werden Ihre Antworten und Ihre eigene innere Weisheit sehr kraftvoll finden. Sind Sie bereit? Los geht's!

1 Welche falschen Vorstellungen haben Sie über die Beziehung?

Hier können Sie alles notieren, was Sie über die Person und Ihre Beziehung zu ihr geglaubt haben und was Sie jetzt als falsch empfinden. Hier sind einige Ideen dazu:

✦ Hatten Sie das Gefühl, dass Sie die Schuld an allen Problemen trugen? Keiner von uns ist perfekt, aber es kann nicht alles Ihre Schuld gewesen sein. Fangen Sie an, dies zu analysieren, und schauen Sie, ob Sie ein klareres Bild von Ihrer Beziehung gewinnen.

✦ Hatten Sie das Gefühl, dass es Dinge gab, die Sie hätten tun können, um die Beziehung zu retten?

✦ Hatten Sie das Gefühl, dass die Person andere besser behandelt, oder behandelt sie in Wirklichkeit jeden mit einer gewissen Verachtung?

✦ Haben Sie das Gefühl, dass Sie nie jemand anderen finden werden? Stimmt das wirklich? Gibt es andere Menschen in Ihrem Leben, die sich um Sie kümmern?

2 Gibt es jemanden in Ihrer Kindheit, der Sie dazu animiert hat, die Schuld auf sich zu nehmen?

✦ Im Umgang mit einem Narzissten ertappen wir uns manchmal dabei, dass wir die Schuld für alles, was schiefgelaufen ist, auf uns nehmen, während die andere Person davonkommt und wie die unschuldige Partei dasteht.

✦ Ist dies ein Muster aus Ihrer Kindheit? Kommt es Ihnen bekannt vor? Entspricht das der Wahrheit oder haben Sie, wie die meisten Kinder, einfach Ihr Bestes gegeben und dabei ein paar Fehler gemacht?

3 Was haben Sie davon, Ihren Missbraucher zu schützen und die Schuld auf sich zu nehmen?

Vielleicht haben Sie sich ein idealistisches Bild davon gemacht, wie Ihre Beziehung zu dieser wichtigen Person sein sollte, und Sie wollen daran festhalten. Vielleicht befürchten Sie, dass Sie allein bleiben, wenn Sie für sich selbst einstehen.

Was hindert Sie daran, sich der Wahrheit zu stellen und diese Person hinter sich zu lassen?

4 Welche alternativen Betrachtungsweisen fallen Ihnen ein?

Schauen Sie sich zum Schluss alle Glaubenssätze an, die Sie im ersten Teil aufgeschrieben haben, und denken Sie sich einige Alternativen aus, die realistisch sind und sich für Sie wahr anfühlen. Wenn Sie zum Beispiel das Gefühl hatten, dass alles Ihre Schuld war, schreiben Sie auf, auf welche Weise Sie versucht haben, die Dinge besser zu machen. Listen Sie dann die Dinge auf, an denen Sie definitiv keine Schuld hatten und die einfach dem schlechten Verhalten des Narzissten geschuldet waren.

Ziehen Sie diese Aufzeichnungen wieder zurate, wenn Sie zweifeln oder von Selbstvorwürfen für das, was passiert ist, überwältigt werden. Wenn Sie sich die Zeit nehmen, über das Geschehene nachzudenken und den Status quo sowie die Geschichte, die Ihr Narzisst Ihnen erzählt hat, infrage stellen, können Sie ungesunde Überzeugungen durch solche ersetzen, die freundlicher sind und Ihnen helfen, weiterzukommen.

Lebensverändernde Affirmationen zur Heilung vergangener Verletzungen

Fügen Sie Ihrem Tagebuch einige Affirmationen hinzu, mit denen Sie sich identifizieren können, und verwenden Sie diese, um sich zu stärken, wenn Sie sich überwältigt fühlen. Noch mal: Hierbei handelt es sich um etwas für Ihren eigenen privaten Gebrauch und Sie können es gestalten, wie Sie wollen, auf eine Art und Weise, die sich für Sie hilfreich und angemessen anfühlt.

1   „Ich erhole mich."

Dies ist vielleicht die mächtigste Affirmation und eine, die Sie verwenden können, um allen negativen Gedankenspiralen entgegenzuwirken, wenn sie auftauchen. Heilung ist ein langer, langsamer Prozess, aber sie kann und wird geschehen.

Heilung mag kein geradliniger oder linearer Prozess sein, und es wird Rückschläge auf dem Weg geben. Aber Sie werden sich erholen.

2   **„Die Vergangenheit liegt hinter mir, und ich konzentriere mich auf die Gegenwart und die Zukunft."**

Es ist leicht, in der Vergangenheit stecken zu bleiben, besonders wenn Sie einen schlechten Tag haben: Bedauern, Grübeln, Gedanken darüber, was Sie hätten anders machen können oder das erneute Durchleben schrecklicher Momente mit dem Narzissten. Vergeben Sie sich selbst, wenn das passiert, und konzentrieren Sie sich auf die Gegenwart und die Zukunft.

Wenn Sie in der Vergangenheit feststecken, kann die obige Affirmation Ihnen Halt geben. Keiner von uns kann etwas tun, um die Vergangenheit zu ändern. Wir können nur anerkennen, was passiert ist, und das, was es uns gelehrt hat, für die Gestaltung einer glücklicheren Zukunft nutzen. Es ist auch eine gute Erinnerung daran, den gegenwärtigen Moment zu schätzen.

3 „An diesem Moment ist nichts auszusetzen.“

Noch einmal: Die Vergangenheit kann wieder auftauchen und uns in verletzlichen Momenten heimsuchen. Wenn das passiert, konzentrieren Sie sich auf die Gegenwart. Gehen Sie nach draußen, hören Sie den Vögeln zu, spüren Sie die Sonne auf Ihrem Gesicht und erinnern Sie sich daran, dass Sie sicher sind und Ihnen nichts passieren kann.

4 „Ich bin ein liebenswerter Mensch, der es verdient, mit Respekt und Freundlichkeit behandelt zu werden.“

Dies ist der Glaube, den Narzissten so geschickt zu zerstören versuchen. Sie sind nicht in der Lage, anderen mit Liebe, Respekt und Freundlichkeit zu begegnen oder diese Dinge an sich selbst wahrzunehmen, also tun sie ihr Bestes, um Ihnen das Gefühl zu geben, dass Sie das auch nicht verdient haben.

Sobald Sie sich von einem Narzissten getrennt haben, müssen Sie an dieser Affirmation hart arbeiten. Sie meint genau das, was sie besagt, und sie ist wahr!

5 „Ich verdiene Selbstfürsorge."

Diese ist eine lebenslange Affirmation. Wir haben in diesem Kapitel bereits ein wenig über Selbstfürsorge gesprochen, und das ist etwas, das Ihnen auf Ihrem Weg zur Heilung wirklich helfen wird. Es ist auch eine Methode, um sich selbst an die erste Stelle zu setzen – natürlich nicht ständig, Sie sind ja kein Narzisst – aber genug, sodass Sie sich umsorgt und geliebt fühlen.

Das ist kein egoistischer Akt, sondern ein Weg, um sicherzustellen, dass Sie sich auch um andere kümmern können. Sie können anderen, wie z. B. Ihren Kindern und Freunden, keine Kraft spenden, wenn Sie selbst erst einmal Kraft tanken müssen. Kümmern Sie sich also um sich selbst.

6 „Ich lasse mich nicht beirren und ich vertraue mir selbst."

Narzissten sind Experten im Gaslighting und in der Manipulation, indem sie Sie an Ihrer eigenen Realität zweifeln lassen, damit sie selbst sich mächtiger fühlen.

Diese Affirmation versucht, dem entgegenzuwirken, indem sie Ihnen die Macht über Ihre eigene Wahrnehmung überträgt und Sie ermutigt, Ihrer eigenen Intuition, Ihren Gedanken und Gefühlen zu vertrauen und zu glauben.

7 „Ich habe das Recht auf Grenzen."

Ihre Grenzen zu schützen ist ein weiterer Akt der Selbstfürsorge, an dem Sie arbeiten müssen, wenn Sie sich von narzisstischem Missbrauch erholen. Das ist besonders wichtig, da Sie damit rechnen müssen, dass der Narzisst sich für eine Weile zurückzieht, aber irgendwann zurückkommt, um Sie erneut anzugreifen.

Bleiben Sie stark und unnachgiebig und schützen Sie Ihre Grenzen zu jeder Zeit auf friedliche Weise.

8 „Er vermisst nicht mich; sondern die Macht."

Wenn Sie Mitleid für den Narzissten empfinden, weil er einsam zu sein scheint oder versucht, wieder mit Ihnen in Kontakt zu treten, erinnern Sie sich mit dieser Affirmation daran, wer er wirklich ist. Er hat Sie nie wahrhaft geliebt. Nicht, weil Sie irgendetwas falsch gemacht haben, sondern weil er einfach nicht zur Liebe fähig ist. Was er jedoch vermisst, ist die Macht, Sie zu misshandeln.

9 „Mein Erfolg spricht für sich."

Wenn die Wut zuschlägt – und das wird sie –, greifen Sie ihn nicht an. Das ist genau das, was er von Ihnen erwartet, denn wenn Sie Emotionen zeigen, bedeutet das, dass er immer noch Macht über Sie hat. Wiederholen Sie stattdessen die obige Affirmation und nutzen Sie ihre Energie, um etwas Positives in Ihrem neuen Leben zu tun: ein berufliches Ziel, ein kreatives Projekt, ein Trainingsplan oder etwas Selbstfürsorge.

Arbeiten Sie an den Dingen in Ihrem eigenen Leben und lassen Sie Ihr Glück und Ihren zukünftigen Erfolg Ihre Rache sein. Karma hat eine Art, sich in seinem eigenen, angenehmen Tempo zu entfalten – Sie brauchen es also nicht anzuschieben. Sie sind zu sehr mit anderen Dingen beschäftigt.

10 „Ich habe gute Freunde und meine Familie um mich herum.“

Wiederholen Sie dies nicht nur für sich selbst, sondern suchen Sie sich auch Menschen, bei denen Sie sich gut fühlen, die Sie lieben und denen Sie vertrauen. In der Nähe eines Narzissten zu sein, ist wie sich in einem kalten, dunklen Raum aufzuhalten. Suchen Sie nach den Menschen, die Ihnen das Gefühl geben, von warmem Sonnenlicht durchflutet zu werden, die Sie mit Freundlichkeit und Wärme behandeln. Gute Freunde und liebevolle Familienmitglieder sind die besten Gegenmittel gegen einen Narzissten, die Sie je finden werden. Dazu können auch Arbeitskollegen, Nachbarn und die neuen Menschen gehören, die unerwartet auftauchen, wenn Sie Platz für sie schaffen – all die Menschen in Ihrem Leben, die Sie mit Respekt und Freundlichkeit behandeln. Schätzen Sie sie, erfreuen Sie sich an ihnen und behalten Sie den Glauben daran, dass sie irgendwo da draußen auf Sie warten.

Kapitel sechs – Den Kreislauf durchbrechen

In diesem Kapitel wollen wir darüber sprechen, wie Sie Narzissten in Zukunft vermeiden können. Wir werden uns ansehen, warum Sie vielleicht die Aufmerksamkeit von Narzissten auf sich ziehen und wie Sie einen Narzissten erkennen können.

Zum Schluss werden wir kreativ und geben Ihnen einige Methoden an die Hand, um Selbstliebe und Selbstfürsorge zu entwickeln, zusammen mit verschiedenen Praktiken für inneren Frieden und Glück. Diese Techniken werden nicht nur dafür sorgen, dass Sie sich gut fühlen, sie werden Sie auch vor Narzissten in Ihrem Leben schützen. Lassen Sie uns beginnen.

Sechs Gründe, warum Sie immer wieder Narzissten anziehen

Zuallererst muss ich die obige Aussage klarstellen. Es wird geschätzt, dass etwa 6 % der Bevölkerung an einer narzisstischen Persönlichkeitsstörung leidet. Wenn Sie also viel unterwegs sind, arbeiten, ausgehen und in Ihrem täglichen Leben Menschen treffen, stehen die Chancen gut, dass Sie dem einen oder anderen Narzissten begegnen.

Das Problem besteht nicht darin, ihnen zu begegnen oder sie gar anzuziehen. Da sie mehr Beziehungen als die meisten Menschen verheizen, neigen sie auch dazu, sich auf jeden neuen Menschen zu stürzen, um frische Aufmerksamkeit zu bekommen. Das Problem beginnt dann, wenn man sie nicht vertreibt. Narzissten sind sehr geschickt darin, diejenigen ausfindig zu machen, die es mit ihnen aushalten, und die daher dafür geeignet sind, ausgenutzt zu werden. Schwierig wird es also nicht, wenn man einen Narzissten anzieht – das tun wir alle von Zeit zu Zeit –, sondern, wenn man ihnen nicht die Tür weist.

Hier sind einige Fragen, die Sie sich stellen sollten, um herauszufinden, warum Sie möglicherweise einen Narzissten in Ihr Leben aufgenommen haben. Sie werden Ihnen helfen, sich selbst besser zu verstehen und sich in Zukunft bewusster darüber zu sein, worauf Sie zu Beginn einer Beziehung achten sollten.

1   Neigen Sie dazu, sich den Egoismus anderer Menschen gefallen zu lassen?

Einige von uns sind toleranter als andere, und wenn Sie unter geringem Selbstwertgefühl leiden oder in einer Umgebung aufgewachsen sind, in der von Ihnen erwartet wurde, egoistisches Verhalten zu akzeptieren, z. B. das eines Elternteils, sind Sie vielleicht darauf konditioniert, Egoismus zu dulden. Narzissten werden sehr schnell herausfinden, wer sich ihre Spielchen gefallen lässt und wer nicht, und sich auf diejenigen konzentrieren, die eher akzeptierend und nachsichtig sind.

Sie müssen nicht allzu misstrauisch sein – schließlich sind die meisten Menschen keine Narzissten. Aber denken Sie nicht, dass Sie jeden sofort einweihen müssen. Sich die Zeit zu nehmen, um die Menschen langsam kennenzulernen, ist die bessere Strategie. Wenn Sie bemerken, dass jemand ein wenig egoistisch zu sein scheint – dominant im Gespräch, oder wenn er Sie für alles bezahlen lässt – nehmen Sie das zur Kenntnis und halten Sie sich zurück damit, ihm zu viel zu geben.

2 Haben Sie Grenzen bezüglich dessen, welches Verhalten anderer Sie tolerieren und welches nicht?

Dies kann auf Freunde, Familie und romantische Partner gleichermaßen zutreffen. Wenn Sie jemand sind, der dazu neigt, sich ausgenutzt zu fühlen, sind Sie vielleicht auch ein Ziel für Narzissten. Betrachten Sie zuerst Ihren eigenen Umgang mit anderen – sind Sie respektvoll gegenüber anderen, stellen Sie sicher, dass Sie jeden so behandeln, wie Sie selbst behandelt werden möchten? Wenn Sie wissen, dass Sie die Grenzen anderer respektieren, warum bestehen dann Sie nicht darauf, dass auch Ihre Grenzen geschützt werden?

Das bedeutet, darüber nachzudenken, wie Sie von anderen behandelt werden möchten, und sich zu Wort zu melden, wenn Sie mit etwas nicht zufrieden sind. Das ist etwas, was Sie lernen können. Wenn Sie also das Gefühl haben, dass der Narzisst auf dieses Defizit aufmerksam geworden ist, sollten Sie nach Möglichkeiten suchen, Ihre Grenzen zu stärken – wir werden hier einige behandeln, aber ein paar Sitzungen mit einem Therapeuten sind ebenfalls ein guter Ausgangspunkt.

3 Neigen Sie dazu, länger in einer schlechten Beziehung zu bleiben, als Sie sollten?

Aus einer Beziehung auszusteigen, die gut angefangen hat, mit der es aber dann bergab ging, ist nicht immer einfach. An welchem Punkt sollte man sie beenden? Wie gehen Sie dabei vor? Sollten Sie bleiben, nur um zu sehen, ob es besser wird?

Wenn Sie jemand sind, dem es schwerfällt, zu wissen, wann er etwas beenden, loslassen und damit abschließen soll, sind Sie vielleicht leider auch jemand, zu dem sich Narzissten hingezogen fühlen. Wenn Sie das Gefühl haben, dass sich eine Beziehung nicht so entwickelt hat, wie Sie es gerne hätten, und Sie unsicher sind, ob Sie gehen oder bleiben sollten, gibt es ein paar Dinge, die Sie tun können.

Denken Sie zunächst einmal daran, dass sich Beziehungen immer verändern. Sie werden besser oder schlechter, aber sie bleiben nie gleich. Der Trick besteht darin, sich das Muster anzusehen – wenn die Beziehung gut angefangen hat, sich aber stetig verschlechtert hat und Sie sich schlecht fühlen, dann ist es an der Zeit, sich zu trennen. Es ist Ihre kostbare Zeit und Energie einfach nicht wert, in einer Beziehung zu bleiben, die Sie nicht glücklich macht. Niemals.

4 Sind Sie jemand, der es zulässt, abgewertet zu werden?

Ein Narzisst verhält sich zunächst immer nett und charmant, aber wenn Sie ihn an sich heranlassen, werden Sie anfangen, sein wahres Ich zu sehen. Das kann mit einer subtilen Herabsetzung oder einer leicht abfälligen Bemerkung beginnen. Oder Sie stellen fest, dass er bei Verabredungen nie seine Brieftasche dabei hat. Insgesamt scheint er immer mehr zu nehmen, als er gibt, was Zeit, Energie und Mühe angeht.

Wenn Sie jemand sind, der dazu neigt, sich zu fügen und den Mund zu halten, sind Sie das ideale Ziel für einen Narzissten. Das bedeutet nicht, dass Sie sich mit ihm anlegen müssen, wenn er sich schlecht benimmt, es bedeutet nur, dass Sie sich vor der Tendenz hüten müssen, es den Menschen zu sehr recht zu machen. Vergewissern Sie sich, dass die Menschen, denen Sie Ihre Zeit und Freundlichkeit schenken, diese auch wirklich verdienen und sie Ihnen auch Gleiches zurückgeben.

5 Neigen Sie dazu, das schlechte Verhalten anderer Menschen zu entschuldigen?

Es ist gut, den Menschen einen Vertrauensvorschuss zu geben. Jeder hat schlechte Tage und niemand ist perfekt. Aber wenn das Verhalten von jemandem durchgehend schwierig ist und Sie feststellen, dass Sie immer versuchen, eine Entschuldigung dafür zu finden, sollte Ihnen das eine Warnung sein.

6 Wenn jemand ausfällig wird, gehen Sie dann sofort?

Ein größeres Warnsignal gibt es nicht. Wir alle haben ein unterschiedliches Maß an Toleranz, abhängig davon, wie wir aufgewachsen sind und von unserem eigenen Temperament und unserer Persönlichkeit. Wenn jemand zum

Beispiel mit einem gewalttätigen Elternteil aufgewachsen ist, könnte er dazu erzogen worden sein, dieses Verhalten als akzeptabel oder als etwas, was in Beziehungen normal ist, anzusehen.

Wenn Sie das Gefühl haben, dass Sie jemand sind, der sich mehr gefallen lässt, als Sie sollten, setzen Sie sich damit auseinander. Sprechen Sie mit einem Therapeuten oder informieren Sie sich darüber, was sowohl emotionalen als auch körperlichen Missbrauch ausmacht. Lernen Sie, auf Ihr Bauchgefühl zu hören und die Warnzeichen von Missbrauch zu erkennen. All diese Dinge können erlernt werden und werden Sie in Zukunft vor Schaden bewahren.

Sieben Methoden, um einen Narzissten beim ersten Date zu erkennen

Wie wir jetzt wissen, sind Narzissten gut darin, andere zu bezaubern und unglaublich fürsorglich und verständnisvoll zu wirken – bis man sie richtig kennenlernt. Dann zeigen sie sich von einer ganz anderen Seite. Aber wie kann man ihnen auf die Schliche kommen, bevor man verletzt wird? Es ist nicht einfach, und das Gefühl, eine Verbindung mit jemandem zu haben, macht es noch schwieriger. Zum Glück gibt es einige Warnzeichen.

1 Er hat das Date bis ins Detail geplant

Menschen, die nicht in der Lage sind, etwas zu planen, können frustrierend sein, und auf den ersten Blick bietet jemand, der jedes Detail eines ersten Dates unter Kontrolle zu haben scheint, eine willkommene Abwechslung.

Aber beachten Sie diese frühen Interaktionen – lässt der andere Sie den Treffpunkt wählen, oder besteht er darauf, zu entscheiden? Wenn Sie dort ankommen, sagt er dann: „Möchtest du, dass ich das Essen bestelle?" oder treffen Sie diese Entscheidung gemeinsam?

Jemand, der die Kontrolle über jedes Detail zu haben scheint, ist vielleicht einfach nur gut organisiert, oder er hat eine kontrollierende und narzisstische Persönlichkeit. Es ist zu früh, um das mit Sicherheit zu sagen – aber seien Sie einfach neugierig und nehmen Sie diese Dinge zur Kenntnis.

2   Love Bombing

Wir haben uns dies bereits im Detail angesehen, aber es ist es wert, noch einmal erwähnt zu werden, da es sich um eine typische narzisstische Eigenschaft handelt, die Sie leicht überzeugen kann, wenn Sie nicht darauf aufmerksam gemacht werden. Wenn die Person, mit der sie ausgehen, absolut allem zustimmt, was Sie sagen, stimmt etwas nicht. Niemand ist so nett oder so zustimmend. Es ist zwar schmeichelhaft, jemanden zu treffen, der scheinbar so mit Ihnen übereinstimmt, aber wenn Sie das Gefühl haben, dass man mit Ihnen spielt, dann ist es wahrscheinlich auch so.

Achten Sie auch auf Verabredungen, bei denen Sie zu schnell zu viele Pläne machen. Bei einem ersten Date sollten Sie das Gefühl haben, dass Sie danach ein wenig Zeit zum Durchatmen und Nachdenken haben, und nicht sofort ein weiteres Treffen ansetzen.

Narzissten sind sehr geschickt darin, Menschen zu bezaubern, und bevor Sie sich versehen, sind sie Teil Ihres Lebens, richten sich ein und nehmen Ihre Zeit, Ihre Energie und Ihr Geld in Beschlag. Seien Sie auf der Hut. Wenn etwas zu schön erscheint, um wahr zu sein, ist es meistens auch nicht wahr.

3 Viel subtile Prahlerei

Es ist eine interessante Tatsache, dass diejenigen, die wirklich am meisten Grund haben zu prahlen – Reichtum, Erfolg, Talent, Schönheit – dazu neigen, überhaupt nicht zu prahlen. Stattdessen versuchen sie, für andere da zu sein, weil sie selbst kein Bedürfnis danach haben, Anerkennung von anderen zu bekommen.

Die absoluten Angeber sind leicht zu erkennen und fast schon komisch in ihren Bemühungen, mit ihrem Geld, ihrer Macht und ihrem Erfolg zu prahlen und zu beeindrucken. Aber achten Sie auch auf diejenigen, die falsche Bescheidenheit zur Schau stellen und sich in heimlichen Prahlereien ergehen, aus denen sie allmählich ein Bild der Überlegenheit schaffen. Dies sind die wirklich geschickten Narzissten, und wenn Ihnen ein paar zu viele Prahlereien aufgefallen sind, befinden Sie sich vielleicht in der Gesellschaft eines solchen.

4 Er ist unhöflich zum Personal

Es ist immer aufschlussreich, wie jemand das Servicepersonal und die Bedienung behandelt. Stellt er Forderungen, beschwert er sich und verhält sich überlegen, macht er Witze auf Kosten des Gegenübers oder versucht, denjenigen zu demütigen? Besteht er darauf, an einem bestimmten Platz zu sitzen, oder hat er irgendein Problem mit der Umgebung des Restaurants? Wenn Sie jemanden dabei beobachten, wie er diese Dinge tut, ist das ein sicheres Warnzeichen, dass er Sie bald genauso behandeln könnte.

Unhöflich zu sein oder sich über alltägliche Ärgernisse wie langsamen Service in einem Restaurant zu ärgern, ist auch ein Zeichen dafür, dass er möglicherweise Probleme mit der Wutbewältigung hat. Sicher, jeder hat schlechte Tage und ärgert sich, aber wenn jemandem jegliche Perspektive zu fehlen scheint und er in der Öffentlichkeit nicht die Ruhe bewahren kann, hat er vielleicht ein Problem.

Und achten Sie auch auf alles, was mit Geld zu tun hat – wie wir herausgefunden haben, neigen Narzissten dazu, schlechte Geschenke zu machen, und sind oft geizig mit Geld. Warnsignale sind z. B. das plötzliche Verschwinden auf die Toilette, wenn es Zeit ist, die Rechnung zu bezahlen, die Weigerung, Trinkgeld zu geben, oder das Vergessen der Brieftasche.

5 Seine Äußerungen über Wünsche und seine Vergangenheit stimmen nicht überein

Wenn jemand so tut, als wolle er unbedingt sesshaft werden, heiraten und Kinder haben, sollten Sie vorsichtig sein. Niemand sollte beim ersten Date (oder beim zweiten, dritten oder vierten …) von einer langfristigen Beziehung sprechen. Haken Sie nach und fragen Sie nach den letzten Liebesbeziehungen der Person. Hat er eine Reihe von kurzfristigen Beziehungen und dramatischen Trennungen hinter sich? Hat er Ex-Partner, über die er immer noch viel redet? All diese Punkte können bedeuten, dass

Sie sich in der Gesellschaft eines Narzissten befinden, der dazu neigt, romantische Partner regelrecht zu verheizen.

6 Er bringt Sie dazu, Ihre Unsicherheiten zu offenbaren, verbirgt aber seine eigenen

Narzissten sind sehr geschickt darin, nach Ihren Schwächen zu forschen und die Punkte zu finden, bei denen Sie ein wenig empfindlich reagieren. Mit der Zeit wird der Narzisst diese nutzen, um sich selbst überlegener zu fühlen und Sie damit zu sticheln, wenn er Sie in Ihre Schranken weisen will.

Dennoch werden Sie nie zu sehen bekommen, dass er seine eigenen Unsicherheiten in irgendeiner bedeutsamen Weise zugibt. Während Sie Ihre Geheimnisse ausplaudern, wird er nur zuhören, lächeln und vielleicht etwas Verletzendes sagen, um ein wenig Salz in die Wunde zu streuen.

Wenn Sie eine Verabredung mit dem Gefühl beenden, viel zu offen und verletzlich gewesen zu sein, kann das ein Zeichen dafür sein, dass Sie gerade einen Narzissten getroffen haben. Wenn Sie neue Leute kennenlernen, sollten Sie sich gut, erbaut und ermutigt fühlen – nicht klein oder bloßgestellt.

7 Es dreht sich alles um ihn

Die besten Gespräche bestehen aus einem Geben und Nehmen – etwas Zuhören, etwas Reden, gemeinsames Lachen und Beobachtungen. Aber nicht so mit dem Narzissten, der nicht da ist, um zu lernen, zuzuhören und zu genießen, sondern um bewundert und angehimmelt zu werden. Wenn jemand ununterbrochen redet und Sie sich dabei ertappen, dass Sie auf die Toilette verschwinden müssen, nur um eine Pause von seinem unaufhörlichen Geplapper zu bekommen, seien Sie gewarnt – so wird Ihre Zukunft aussehen.

Wenn jede Anekdote, die Sie erzählen, in eine ähnliche Geschichte über etwas überzugehen scheint, das er getan hat, aber besser als Sie, handelt es sich hierbei um ein weiteres Warnsignal. Narzissten fällt es sehr schwer, zuzuhören. Oft wirken sie abgelenkt, fummeln an ihrem Telefon herum oder sehen Ihnen nicht richtig in die Augen. Sie diskutieren lieber über ihre eigenen Fähigkeiten und Talente, als mehr über die Menschen um sie herum zu erfahren. Wenn sich alles um ihn dreht, bereiten Sie sich darauf vor, sich möglicherweise in der Gesellschaft eines Narzissten zu befinden.

Eine andere Sache, die Ihnen vielleicht auffällt, ist, dass er sehr schmeichelhaft über andere Menschen spricht, die er kennt – Freunde, Arbeitskollegen, Familienmitglieder. Sie fühlen sich im Vergleich zu diesen wunderbaren Menschen immer kleiner und fragen sich, warum Sie eine Verabredung damit verbringen, sich anzuhören, wie besonders jemand anderes war – sollte er sein Augenmerk nicht auf Sie richten? (Antwort: ja.)

Was tun, wenn Ihnen das alles beim ersten Date klar wird?

Geraten Sie nicht in Panik. Genießen Sie den Abend so, wie er ist (als Lernerfahrung!) und führen Sie danach mit einem vertrauten Freund eine Nachbesprechung durch. Einen Narzissten frühzeitig zu erkennen und sich entsprechend abzugrenzen, ist eine nützliche Fertigkeit, die es wert ist, gelernt zu werden!

Vier Methoden, um nie wieder Narzissten anzuziehen

Wenn Sie das Gefühl haben, dass Sie immer wieder diese Art von Menschen anziehen, wollen Sie dieses Muster wahrscheinlich unbedingt stoppen. Denn warum sollte jemand solch schwierige Menschen in seinem Leben willkommen heißen?

Die Wahrheit ist, der Narzisst ist da, um Sie etwas zu lehren. Und bis Sie es lernen, wird er immer wieder zurückkommen. Wenn Sie ihn als ein Lehrmittel betrachten, wird es plötzlich viel einfacher, mit ihm umzugehen. Aber was will er Sie lehren?

Im Grunde genommen scheinen die Menschen Narzissten anzuziehen, die versuchen, es anderen immer recht zu machen. Fügsame, nachgiebige Typen sind ihre bevorzugte Beute. Wenn das auf Sie zutrifft, gibt es Möglichkeiten, wie Sie diese Verhaltensweisen ändern können.

1 Entschuldigen Sie andere Menschen nicht so leicht

Wenn sich jemand schlecht verhält, ist er im Unrecht. Punktum. Es spielt keine Rolle, wie schwer seine Kindheit war, wie stressig sein Job ist – es gibt keine Entschuldigung für missbräuchliches Verhalten. Entschuldigen Sie dieses nicht. Schenken Sie der Person kein Mitgefühl. Sie sind nicht ihr Arzt und Sie sind nicht ihr Prügelknabe. Es ist nicht Ihr Problem und Sie können sich nur um sich selbst kümmern.

Ja, es ist schwer, sich von Menschen zu trennen. Es ist schwer, zu akzeptieren, dass man den anderen nicht in Ordnung bringen kann, selbst wenn man sich um ihn sorgt. Es ist schwer, wenn man weiß, wie leicht man doch vergibt, wie nett man selbst ist und wie gut die Beziehung sein könnte, wenn derjenige nur nicht so gemein wäre. Aber Sie müssen sich selbst und Ihre eigene körperliche und emotionale Sicherheit an erste Stelle setzen.

Wenn sich jemand Ihnen gegenüber ausfällig verhält, gehen Sie weg. Das ist wirklich der Schlüssel zu einem glücklichen und sicheren Leben, und Sie haben ein solches verdient.

2 Erkennen Sie die Warnsignale und vertrauen Sie Ihren Instinkten

Wir haben die Warnsignale ausführlich behandelt, und Sie sind nun mit einer Checkliste der Anzeichen, auf die Sie achten sollten, gut gewappnet.

Nehmen Sie diese zur Kenntnis, vertrauen Sie Ihrem Instinkt, und wenn Sie das Gefühl haben, dass Sie nicht sicher sind, dann ziehen Sie sich zurück. Widerstehen Sie dem Drang, in einer Situation zu verweilen, die Ihnen Unbehagen bereitet, weil Sie nicht unhöflich sein oder Ärger verursachen wollen.

Sie müssen der Person nicht sagen, warum Sie nicht mehr zur Verfügung stehen – bei einem Narzissten ist es sogar besser, wenn Sie das nicht tun, da er Konfrontationen und Machtkämpfe liebt. Ziehen Sie sich einfach zurück, lösen Sie sich von der Person und machen Sie ihr klar, dass Ihre Zeit und Energie anderweitig in Anspruch genommen werden.

3 Lassen Sie sich nicht überwältigen

Narzissten sind sehr gut darin, ihre Opfer zu zermürben. Das kann durch lange, anstrengende Gespräche geschehen, denen Sie buchstäblich nicht entkommen können. Es kann sein, dass er Sie frühmorgens aufweckt oder nachts lange wachhält, sodass Sie sich müde fühlen und weniger dazu in der Lage sind, klare Entscheidungen zu treffen. Es kann sein, dass er Sie einer Prüfung unterzieht – dass er genau beobachtet, was Sie tun, viele Fragen stellt und viele Kommentare abgibt, sodass Sie sich unsicher und ins Visier genommen fühlen.

Seien Sie sich dieser Tendenz bewusst, und wenn Sie spüren, dass Sie überfordert sind, dann finden Sie einen Weg, sich zu befreien. Legen Sie das Telefon weg, gehen Sie früh ins Bett, gehen Sie nach Hause. Nehmen Sie sich etwas Zeit und Raum, um neue Energie zu tanken – ein Bad, ein Work-out, etwas Meditation oder ein langer Spaziergang – und widmen Sie sich dann dem Problem. Wenn ein Narzisst weiß, dass Ihre Zeit und Energie durch klare Grenzen geschützt sind, wird er zu jemand anderem weiterziehen.

Wenn es sich hingegen um eine gute, gesunde Beziehung handelt, wird es dem anderen nichts ausmachen, wenn Sie die Dinge langsam angehen lassen.

4 **Suchen Sie Hilfe bei einem qualifizierten Therapeuten**

Wenn Sie sich immer wieder in diesen Beziehungen wiederfinden, kann es sein, dass Sie die tieferen Gründe mithilfe eines qualifizierten Therapeuten aufdecken müssen. Dies wird Zeit und Geld kosten, aber es kann die beste Investition sein, die Sie jemals für sich selbst und Ihre Zukunft tätigen.

Neun kraftvolle Techniken für die Entwicklung einer unzerbrechlichen Selbstliebe

Ein bewährter Weg, sich vor Narzissten zu schützen, ist es, Selbstliebe zu entwickeln. Dabei geht es nicht darum, selbst egoistisch oder narzisstisch zu werden; es geht darum, sich um sich selbst zu kümmern, so wie man es mit einem guten Freund oder einem kleinen Kind tun würde. Im Folgenden habe ich einige einfache Techniken und Ideen zusammengetragen, um wahrhaft an Ihrer Selbstliebe zu arbeiten.

Dies ist etwas, das Ihnen ein Narzisst nicht wegnehmen kann und das Sie in Zukunft schützen wird.

1 **Beginnen Sie jeden Tag mit achtsamen Intentionen**

Das Festlegen von Intentionen bezweckt im Wesentlichen, sich selbst daran zu erinnern, dass Sie es wert sind, Fürsorge und Liebe zu erfahren. Beginnen Sie jeden Tag mit ein paar Momenten achtsamen Atmens und formulieren Sie Ihre Intention für den Tag. Es kann etwas so Einfaches sein wie „Heute werde ich mich um mich selbst kümmern und mir in allem, was ich tue, Liebe zeigen, weil ich es verdient habe."

Es mag seltsam klingen, aber sagen Sie sich dies – oder erstellen Sie eine persönliche Botschaft oder ein Mantra, das für Sie funktioniert – und Sie werden den Nutzen darin erkennen. Im Wesentlichen sendet ein liebevolles Mantra oder eine Intention ein Signal an Ihr Unterbewusstsein, dass Sie Liebe und Fürsorge verdient haben. Dieses wird langsam, aber sicher all die negativen Botschaften infrage stellen, die Ihnen vom Narzissten eingeprägt wurden.

2   Behandeln Sie sich selbst wie einen Freund oder ein kleines Kind

Wenn Sie sich niedergeschlagen fühlen und das Gefühl eines geringen Selbstwertgefühls nicht abschütteln können, stellen Sie sich vor, Sie wären jemand anderes – vielleicht ein guter Freund oder ein kleines Kind. Was würden Sie tun, damit er oder sie sich besser fühlt? Was würden Sie raten? Wenn Sie ein weiser und mitfühlender Freund wären, was würden Sie sich selbst sagen, um sich besser zu fühlen? Wenn Sie sich um ein kleines Kind kümmern würden, würden Sie es mit einer guten Mahlzeit füttern, ihm ein warmes Bad einlassen und es mit einer beruhigenden Geschichte ins Bett bringen?

Einen Brief an sich selbst zu schreiben ist eine weitere kraftvolle Möglichkeit, sich Ihre innere Weisheit und Güte zunutze zu machen. Schreiben Sie alles auf, was Sie sich selbst sagen würden, und wenn Sie es später wieder lesen, werden Sie erstaunt sein, wie kraftvoll Ihre eigenen Worte sein können. Bewahren Sie Ihre Briefe auf und lesen Sie sie sich vor, wenn Sie Klarheit oder ein wenig Unterstützung brauchen.

3   Erkennen Sie Ihre Gefühle an

Manchmal kann das einfache Benennen Ihrer Gefühle – *ich bin traurig* oder *ich bereue etwas* – ein Weg sein, um diese zu überwinden. Wir sind sehr gut darin, unseren Gefühlen auf alle möglichen Arten zu entkommen: Betäubung durch soziale Medien, Alkohol, Shopping, Essattacken.

Aber manchmal ist es der beste Weg, sich die Zeit zu nehmen, diese Gefühle wirklich zu fühlen, um sie zu integrieren und daraus zu lernen. Zum Beispiel, indem Sie sie einfach auf sich wirken lassen, sie aufschreiben, einen langen Spaziergang machen oder schwimmen gehen. Anstatt immer zu versuchen, ihnen zu entkommen, freunden Sie sich mit Ihren Gefühlen an und Sie werden bald feststellen, dass sie einfach nur Gefühle sind, keine konkrete, festgelegte Realität, und dass sie vorübergehen werden.

4   Verwöhnen Sie sich auf gesunde Weise

Das Leben ist dazu da, genossen und ausgekostet zu werden. Wenn Sie sich in einer Beziehung mit einem Narzissten wiedergefunden haben, haben Sie das vielleicht vergessen. Sie fühlen sich vielleicht erschöpft, entmutigt und klein.

Übernehmen Sie wieder die Kontrolle und begegnen Sie sich selbst mit Freundlichkeit und einer positiven

Einstellung, so wie Sie es mit jemandem tun würden, der sich von einer Krankheit oder einem Unfall erholt. Wie entspannen Sie sich am liebsten – bei einem lustigen Film, im Urlaub, mit Ihrem Lieblingsessen vor dem Fernseher, einem heißen Bad oder einem langen Spaziergang im Wald?

Geben Sie sich zur Abwechslung einmal selbst die Priorität – tun Sie all die Dinge, die Ihnen ein gutes Gefühl vermitteln, und nehmen Sie sich Zeit, sie regelmäßig zu tun.

5   Meditieren Sie

Die Vorteile der Meditation sind mittlerweile bekannt, und regelmäßige Meditation ist eine effektive Methode, um Gefühle von Ruhe, Glück und Kontrolle zu steigern. Dank des Internets ist es leicht, zu meditieren – suchen Sie einfach online nach geführten Meditationen, wählen Sie einen ruhigen Platz zum Sitzen oder Liegen und nehmen Sie sich zehn Minuten oder länger Zeit zum Meditieren – Sie werden bald merken, wie gut Ihnen mehr Klarheit und Freude tun.

6   Seien Sie dankbar

Es ist leicht, sich von allem, was schiefläuft, erdrücken zu lassen, besonders wenn Sie einen Narzissten in Ihrem Leben haben, der Sie an jeden Fehler und jedes Versagen erinnert. Aber die Forschung zeigt immer wieder, dass es Gefühle der Dankbarkeit sind und nicht Geld, Reichtum oder Erfolg, die zu einem guten Selbstwertgefühl führen.

Nehmen Sie sich einen Moment Zeit, wenn es Ihnen gerade passt, um an alles in Ihrem Leben zu denken, für das Sie dankbar sind – Ihre Freunde, Ihre Gesundheit und alles, was an diesem Tag gut gelaufen ist; von einem kleinen Gespräch über einen friedvollen Moment bis hin zum Lesen eines guten Buches. Dankbarkeit für die kleinen Freuden des Lebens zu empfinden, ist der wahre Schlüssel zum Glück.

7 Achten Sie auf Ihren Körper

Während Sie sich auf Meditation und gesunde Selbstgespräche konzentrieren, sollten Sie Ihren Körper nicht vergessen. Sich gut zu ernähren, viel Wasser zu trinken, ausreichend zu schlafen und sich regelmäßig zu bewegen – und sei es nur ein leichter Spaziergang, ein zehnminütiges Work-out oder durchs Haus zu tanzen – sind für das Glück unerlässlich.

Heutzutage passiert es schnell, völlig kopfgesteuert zu leben – seine Zeit online zu verbringen oder sich in Gedankengängen zu verrennen – während unser Körper vernachlässigt wird. Aber wenn Sie gerade eine schlechte Beziehung hinter sich haben, ist die Pflege Ihres Körpers genauso wichtig wie Ihr emotionales Wohlbefinden. Und wenn Ihr Kopf durcheinander ist, ist es manchmal eine gute Idee, zu den Grundlagen zurückzukehren – Essen, Wasser, Bewegung, Schlaf – um Ihr Wohlbefinden wiederherzustellen.

8 Geben Sie etwas zurück

Was egoistische Menschen nicht erkennen, ist, dass andere zu beschenken den Geber genauso belohnen kann wie den Empfänger. Sich die Zeit zu nehmen, anderen etwas

Gutes zu tun, ist eine Art, sich um sich selbst zu kümmern – engagieren Sie sich ehrenamtlich, verbringen Sie Zeit damit, mit einem Kind zu spielen, sammeln Sie Geld für einen guten Zweck oder helfen Sie einem Freund aus. Sie werden spüren, wie Ihr eigenes Glück steigt – zusammen mit dem Glück desjenigen, dem Sie helfen.

9 Planen Sie für die Zukunft

Sobald Sie sich um Ihre Bedürfnisse im gegenwärtigen Moment gekümmert haben, verbringen Sie etwas Zeit damit, Ihre Zukunft besser zu gestalten. Was können Sie heute tun, damit es Ihnen in einem Jahr besser geht? Überlegen Sie sich, was Sie in Zukunft gerne tun würden und wo Sie gerne sein möchten, und drehen Sie den Prozess um, indem Sie überlegen, was Sie jetzt tun können, um dorthin zu gelangen.

Vielleicht müssen Sie sich weiterbilden oder sich eine freiberufliche Tätigkeit suchen, um einen Traumurlaub zu finanzieren. Vielleicht wollen Sie gesünder und fitter sein, also müssen Sie sich heute zum Laufen antreiben. Vielleicht wollen Sie ein Buch schreiben, also nehmen Sie sich heute eine Stunde Zeit, um 500 Wörter zu schreiben.

Das Führen einer To-do-Liste für die Gestaltung Ihres Lebens wird Sie bei Ihren täglichen Entscheidungen leiten und dafür sorgen, dass Sie sich auf Ihr Glück und Ihre Lebensziele konzentrieren. So verlieren Sie das große Ganze nicht aus den Augen.

Kapitel sieben – Wieder lieben

Sie haben also begonnen, sich von Ihrer Beziehung mit einem Narzissten zu erholen, und Sie sind bereit, nach vorne zu blicken. Sind Sie das wirklich? In diesem Kapitel befassen wir uns mit der Partnersuche und damit, wie Sie vermeiden können, mit Ihrem neuen Partner dieselben Fehler noch einmal zu machen.

Wir werden auch einige Änderungen Ihrer Einstellung behandeln, die Sie vornehmen müssen, damit Sie bessere Beziehungen genießen können. Wir haben bereits Warnsignale behandelt, auf die Sie achten sollten. In diesem Kapitel gehen wir noch einen Schritt weiter und betrachten die ersten Anzeichen, die zeigen, dass Sie einen guten Partner gefunden haben. Zum Schluss behandeln wir gute Gewohnheiten, die einer neuen Beziehung einen gesunden Start ermöglichen.

Sie können die Bedingungen für eine Beziehung bis zu einem gewissen Grad festlegen, und der Anfang einer Beziehung ist der beste Moment dafür. Im Idealfall haben Sie einige Zeit damit verbracht, über Beziehungen und Ihre eigenen Verhaltensmuster nachzudenken, Sie fühlen sich frisch und energiegeladen und sind bereit, sich wieder in die Welt der Partnersuche hinauszuwagen.

Was können Sie tun, damit Ihre neuen Beziehungen einen optimalen Start erfahren? Die Antwort lautet: eine ganze

Menge. Aber schauen wir uns erst einmal einige Dinge an, die Sie unbedingt vermeiden sollten.

Sieben Fehler, die es zu vermeiden gilt, wenn Sie wieder mit der Partnersuche beginnen

Wenn Sie in einer Beziehung mit einem Narzissten waren, tragen Sie vielleicht immer noch wenig hilfreiche Überzeugungen darüber in sich, was ein Partner sagen und tun sollte. Ihr Urteilsvermögen kann getrübt sein, wenn Sie Zeit mit den falschen Leuten verbracht haben. Vielleicht haben Sie auch das Gefühl, dass Ihr Selbstvertrauen einen Schlag erlitten hat. Zunächst einmal gibt es keinen Grund, sich sofort wieder auf eine Beziehung einzulassen.

Geben Sie sich so viel Zeit, wie Sie brauchen, um sich zu erholen, indem Sie einen oder alle der Tipps anwenden, die ich im vorherigen Kapitel erwähnt habe. Denken Sie immer daran, dass Sie vorsichtig vorgehen müssen, um nicht noch einmal die gleichen Fehler zu machen.

Hier sind einige häufige Fallstricke, auf die Sie achten sollten, wenn Sie wieder anfangen, sich zu verabreden:

1   Ihr wahres Ich zu verbergen

In der Welt der Partnersuche kann es sich so anfühlen, als müssten wir uns als ein glänzendes Paket präsentieren, mit interessanten Hobbys, einem tollen Körper und einem glücklichen, unbeschwerten Gesicht. Tappen Sie nicht in diese Falle. Seien Sie zu jedem, den Sie treffen, ehrlich darüber, wer Sie sind. Haben Sie nicht das Gefühl, gefallen oder beeindrucken zu müssen, dann werden Sie feststellen, dass die richtigen Leute zu Ihnen kommen.

Was, wenn Sie dies lesen und dabei denken – aber ich weiß nicht, wer ich bin? Dann finden Sie es heraus. Lernen Sie sich selbst kennen und fühlen Sie sich wohl mit sich selbst, entweder allein oder unter Anleitung eines Therapeuten. Wenn Sie dann in die Welt hinausgehen, werden Sie sich sicherer fühlen und es ist weniger wahrscheinlich, dass Sie von einem Narzissten erschüttert werden.

2   Sich zu schnell in eine neue Beziehung zu stürzen

Wie wir bereits gesehen haben, sind Narzissten geschickt darin, zu Beginn einer neuen Beziehung keine Zeit zu verlieren, doch sobald der anfängliche Rausch nachlässt, geht alles wieder in die Binsen. Seien Sie sich dieser Tendenz bewusst, wenn Sie jemanden kennenlernen, und achten Sie auf Love Bombing. Das Wichtigste: Gehen Sie es langsam an. Betrinken Sie sich nicht und gehen Sie nicht gleich am ersten Abend mit Ihrem Date nach Hause, und teilen Sie auf keinen Fall alle Ihre Geheimnisse mit ihm.

Genießen Sie jedes unverschämte Love Bombing oder große Reden von Selbstverpflichtung mit Vorsicht. Wenn die Beziehung vorherbestimmt ist, wird es keinen Unterschied machen, ob Sie sich Zeit lassen. In diesem Sinne – und das muss gesagt werden: Schlafen Sie nicht gleich beim ersten Date mit jemandem, wenn Sie denken, dass eine längerfristige Beziehung daraus werden könnte.

3   Eine feste Beziehung zu erwarten

Wie oben beschrieben: Gehen Sie die Dinge langsam an. Beim Dating geht es vor allem darum, Menschen kennenzulernen, und Sie können nicht erwarten, dass sich jemand gleich bei der ersten Verabredung, oder selbst bei der zweiten oder dritten, an Sie bindet. Wenn jemand bereit zu sein scheint, Sie an sich zu reißen und bereits nach drei Stunden in Ihrer Gesellschaft von einer festen Beziehung spricht, fallen Sie nicht darauf herein! Jemand, der sich so schnell in eine Verliebtheit hineinsteigert, wird sich wahrscheinlich genauso schnell wieder entlieben, und Sie sind dann derjenige, der sich die Finger verbrennt.

4   Zu vergessen, sich zu amüsieren

Nach einer schlechten Beziehung kann man leicht das Gefühl haben, dass alles zum Scheitern verurteilt ist. Wenn Sie sich zynisch und verbittert fühlen, könnte es daran liegen, dass Sie noch nicht bereit sind oder einfach noch nicht die richtige Person gefunden haben.

Sie haben eine schlechte Erfahrung gemacht, und das kann Ihnen die Lust auf jegliche Verabredungen verderben, so wie eine Lebensmittelvergiftung Ihnen für immer ein bestimmtes Lebensmittel verleiden kann. Aber denken Sie daran: Dating kann auch Spaß machen. Es gibt – ob Sie es glauben oder nicht – viele anständige, freundliche, fürsorgliche Menschen da draußen, die einfach nur jemanden treffen wollen, mit dem sie Zeit verbringen können.

Sie hatten etwas Pech. Aber das wird nicht immer so sein. Durch etwas Selbstfürsorge und Zeit zum Nachdenken haben Sie wichtige persönliche Fortschritte gemacht, die Ihnen in Zukunft helfen werden – wenn Sie bereit sind, es erneut zu versuchen. Nehmen Sie es nicht zu ernst und erinnern Sie sich an den positiven Nutzen von Achtsamkeit und Dankbarkeit, während Sie nach vorn blicken. Das Leben ist dazu da, um genossen zu werden, wozu sonst?

Ein wichtiger Hinweis: Wenn Sie das Leben wirklich nicht genießen oder sich ernsthaft ängstlich und deprimiert fühlen, werden alle aufmunternden Botschaften, alle Achtsamkeit und Dankbarkeit der Welt nicht ausreichen, damit Sie sich besser fühlen. Suchen Sie sich immer Hilfe, wenn Sie Probleme haben. Gehen Sie zu Ihrem Hausarzt, sprechen Sie mit jemandem.

5 Einen Partner als das A und O zu sehen

Sie können als Single vollkommen glücklich sein. Seltsamerweise finden viele Menschen erst dann jemanden, an den sie sich binden können, wenn sie alleine wirklich glücklich sind und niemanden suchen.

Wenn Sie das Gefühl haben, dass die Suche nach jemandem eine dringende Priorität in Ihrem Leben ist, müssen Sie ein wenig zurücktreten. Finden Sie Wege, die Zeit für sich selbst zu genießen. Verbringen Sie einen ganzen Tag allein mit Dingen, die Ihnen Spaß machen, freunden Sie sich mit sich selbst an und gönnen Sie sich die Art von Gesellschaft, die Sie sich von jemand anderem wünschen würden.

Wenn Sie wirklich das Gefühl haben, dass es dringend notwendig ist, jemanden zu finden, machen Sie sich die Sache nur noch schwerer. Neue Beziehungen gedeihen am besten in einer Atmosphäre von Leichtigkeit und Gelassenheit.

6 Nicht unvoreingenommen zu sein

Wenn Sie eine Vorstellung davon haben, wie Ihr neuer Partner sein sollte, und diese absolut in Stein gemeißelt ist, werden Sie auf Probleme stoßen. Dieser ideale Partner existiert vielleicht gar nicht. Oder der ideale Partner für Sie ist vielleicht ganz anders als der, den Sie im Kopf haben. Mein Rat ist, generell offen zu bleiben, nicht nur bei der Partnersuche. Seien Sie flexibel und probieren Sie neue Erfahrungen aus (während Sie immer sichere Grenzen wahren und auf sich selbst aufpassen).

7 Nicht auf Ihr Bauchgefühl zu vertrauen

Das ist wahrscheinlich das Wichtigste, was Sie tun können, um zu vermeiden, dass Sie denselben Fehler in einer Beziehung noch einmal machen. Sicher, Sie mögen denjenigen vielleicht wirklich. Er ist vielleicht attraktiv, lustig, charmant und scheint wirklich in Sie verliebt zu sein. An der Oberfläche sieht alles wunderbar aus, da er die richtigen Dinge sagt und tut.

Aber wie fühlt es sich an?

Als Menschen sind wir so gestrickt, dass wir bei der Interaktion mit anderen alle möglichen nonverbalen Signale wahrnehmen, um herauszufinden, ob sie vertrauenswürdig sind oder nicht. Die meiste Zeit sind wir uns dessen nicht bewusst, sodass wir uns manchmal angewöhnen, diese Botschaften unseres Unterbewusstseins zu übergehen oder zu ignorieren, wenn sie nicht mit dem übereinstimmen, was wir zu wollen glauben – eine Beziehung, jemanden zum Ausgehen, eine Heirat, Babys … Aber auf Ihr Bauchgefühl zu hören und ihm zu vertrauen – und dann auf das zu reagieren, was es Ihnen sagt – ist eines der klügsten Dinge, die Sie für Ihre körperliche und emotionale Sicherheit tun können.

Das kann bedeuten, unhöflich zu sein und eine Verabredung vorzeitig zu verlassen oder nicht mit jemandem nach Hause zu gehen, der unglaublich charmant und überzeugend ist. Es kann bedeuten, dass man Ihnen sagt, Sie seien unhöflich oder schwierig.

Machen Sie sich keine Sorgen. Wenn Sie mit jemandem zusammen sind und Ihr Bauch sich angespannt anfühlt oder Sie ein allgemeines Unbehagen verspüren, das Sie nicht ganz abschütteln können, glauben Sie diesen Botschaften und entfliehen Sie der Situation so schnell wie möglich.

Wenn es eine Botschaft gibt, von der ich hoffe, dass Sie sie aus diesem Buch mitnehmen werden, dann ist es folgende: *Vertrauen Sie immer auf Ihr Bauchgefühl.*

Fünf erste Anzeichen dafür, dass Sie endlich einen guten Partner gefunden haben

Nun, da wir herausgefunden haben, was man nicht tun sollte, wenn man wieder anfängt, sich zu verabreden, lassen Sie uns zu den guten Dingen übergehen: jemanden zu finden, der Ihre Welt zu einem glücklicheren Ort macht, anstatt sie auf den Kopf zu stellen. Es gibt viele Anzeichen, auf die Sie achten können und die Ihnen zeigen, dass Sie mit einem neuen Partner auf dem richtigen Weg sind.

Hier sind einige Dinge, auf die Sie achten sollten, wenn Sie anfangen, sich zu verabreden. Sie signalisieren Ihnen, dass Sie jemanden gefunden haben, mit dem Sie kompatibel sind.

1 Sie fühlen sich in seiner Gegenwart körperlich wohl

Wenn Sie mit jemandem zusammen sind, der gut für Sie ist, der Ihnen nicht schaden will, werden Sie wahrscheinlich ein warmes und leichtes Gefühl bekommen. Ihre Gespräche werden, die meiste Zeit über reibungslos verlaufen. Sie werden sich nicht den Kopf darüber zerbrechen, was Sie gesagt oder getan haben, und Sie werden sich amüsieren.

Sie werden sich körperlich sicher, wohl und entspannt fühlen. Achten Sie auf diese Gefühle, wenn Sie anfangen, sich zu verabreden, und glauben Sie an sie, auch wenn die Person nicht unbedingt in jeder Hinsicht Ihr Traumpartner ist – manchmal kommt es eben so.

2 Sie haben gemeinsame Interessen und Anliegen

Egal wie attraktiv jemand ist oder wie charmant, in einer langfristigen Beziehung muss mehr als nur die Chemie stimmen. Wenn Sie das Gefühl haben, dass Sie einige ähnliche Interessen und Leidenschaften teilen, ist das ein gutes Zeichen für Kompatibilität. Das bedeutet nicht, dass jemand mit allem einverstanden ist, was Sie sagen. Es geht mehr darum, Ihre Weltanschauung auszuloten und ziemlich schnell zu wissen, dass die andere Person auf derselben Wellenlänge ist.

Das soll nicht heißen, dass Sie in jeder Hinsicht kompatibel sein müssen. In der Tat ist es großartig, einige Bereiche zu haben, in denen Sie absolut nichts gemeinsam haben. Jemand mit anderen Interessen kann Ihnen Dinge beibringen, die Sie vorher nie interessant fanden. Und selbst auch Interessen zu haben, die Ihr Partner nicht teilt, gibt Ihnen ein Gefühl von Freiraum und erlaubt Ihnen, eine eigene Identität zu bewahren.

Denken Sie daran, dass es gut ist, freie Zeit auf die gleiche Weise zu genießen. Wenn Sie gerne reisen und Ihr zukünftiger Partner keinen Reisepass besitzt, ist eine lebenslange Beziehung vielleicht nicht in Aussicht. Wenn er sich sehr für ein Hobby interessiert – Radfahren, Computerspiele-Spielen, Laufen –, dass Sie überhaupt nicht interessiert, müssen Sie Ihre Erwartungen an seine Verfügbarkeit vielleicht etwas zurückschrauben.

Aber wenn Sie herausfinden, dass Sie zumindest einige Dinge gleichermaßen genießen – selbst wenn es sich nur darum handelt, zusammen auf der Couch zu kuscheln und alte Filme zu schauen – dann stehen die Chancen gut, dass Sie die Gesellschaft des anderen genießen werden.

3   Er taucht zur angekündigten Zeit auf

Narzissten sind großartig darin, sich zu verspäten und mit Absagen und Enttäuschungen in letzter Minute für

Drama zu sorgen. Sie machen eine Menge Aufhebens um den einfachen Akt, Sie mit ihrer Anwesenheit zu beehren. Es ist nicht verwunderlich, dass sich das Zusammensein mit ihnen hektisch und stressig anfühlen kann.

Wie sieht die gegenteilige Erfahrung aus? Wenn jemand einfach pünktlich auftaucht, freundlich und entspannt aussieht und Sie eine schöne Zeit miteinander verbringen – reden, plaudern, spazieren gehen, einen Film sehen oder einfach nur einen Kaffee zusammen genießen – können Sie aufhören, wachsam zu sein und sich entspannen.

Wenn Sie anfangen, sich mit jemandem zu treffen, sollte sich das mehr wie das Kennenlernen eines Freundes oder Arbeitskollegen anfühlen als wie eine Szene direkt aus einem Hollywood-Film. Es sollte sich entspannt, leicht und lustig anfühlen. Sie sollten sich neugierig und belebt fühlen, nicht überwältigt oder überflutet von Emotionen und sprühenden Funken. Es sollte eine gewisse Chemie vorhanden sein, ja, aber es sollte sich nicht zu dringend oder übertrieben anfühlen.

4 Er ist durchweg freundlich und an Ihnen interessiert

Erinnern Sie sich an die zwischenzeitliche Bestärkung? Das Gegenteil davon ist Beständigkeit. Wenn jemand nett zu Ihnen ist, aber nur manchmal, wäre mein Rat an Sie, sich zurückzuhalten. Aber wenn jemand durchgängig nett und freundlich ist – nicht übertrieben, nur angemessen –, dann könnte es gut sein, dass Sie einen Glückstreffer gelandet haben.

Verschwenden Sie Ihre Zeit nicht mit jemandem, der nur manchmal verfügbar ist oder der Ihnen nur die kläglichen Überreste seiner Aufmerksamkeit schenkt. Generell gilt: Wenn jemand Sie mag, **werden Sie das spüren**. Es ist kein Geheimnis. Wenn Sie sich fragen müssen, wo Sie bei jemandem stehen, ist es wahrscheinlich, dass Sie demjenigen nicht am Herzen liegen.

5 Sie haben ähnliche Lebensstile

Schlaf, Essen, Bewegung, ein gewisses Maß an Sauberkeit und tägliche Gewohnheiten wie Lesen oder Sport – all diese alltäglichen Dinge machen die Art und Weise aus, wie Sie Ihr Leben leben. Wenn Sie in Bezug auf die kleinen Dinge eine gewisse Kompatibilität feststellen, dann ist das ein sehr gutes Zeichen für Ihre gemeinsame Zukunft. Wenn Sie das Haus von jemandem betreten und Ihnen gefällt, wie es aussieht und sich anfühlt (anstatt dass Sie sich beeindruckt, ehrfürchtig oder einfach nur leicht verblüfft fühlen), dann sollten Sie diesem Gefühl vertrauen. In einer langfristigen Beziehung geht es nicht um umwerfende Leidenschaft und Anziehungskraft. Es geht darum, das tägliche Leben zusammen zu genießen, und Ihre täglichen Gewohnheiten sind ein großer Teil davon.

In diesem Sinne: Wenn Sie sich das Leben leichter machen wollen, achten Sie darauf, wie jemand sich selbst und seinen Lebensraum präsentiert. Wenn er ungepflegt oder chaotisch wirkt, sollte Sie das stutzig machen. Und wenn diese Person von Alkohol oder anderen Substanzen abhängig ist, sollten Sie sich dessen bewusst sein, dass sie möglicherweise nicht die Ressourcen hat, um ein guter Partner zu sein.

Acht großartige Gewohnheiten, um Ihre neue Beziehung auf die richtige Weise zu beginnen

1 Langsam und gleichmäßig

Halten Sie sich zurück, wenn Sie jemand Neues kennenlernen. Denken Sie daran: Wenn er oder sie der/die Richtige ist, haben Sie alle Zeit der Welt, diese Tatsache zu genießen. Wenn derjenige nicht der Richtige ist, sollten Sie die Beziehung so genießen, wie sie ist, aber gleichzeitig sich selbst schützen, damit Sie sich nicht nachher von einer katastrophalen Beziehung erholen müssen.

2 Behandeln Sie ihn so, wie Sie auch behandelt werden möchten

Geben Sie den Ton für die Beziehung an, die Sie mit jemandem haben möchten, indem Sie selbst ein Vorbild sind. Seien Sie freundlich. Seien Sie pünktlich. Kommunizieren Sie so klar, wie Sie können. Eine neue Beziehung ist ein Neuanfang, und Sie können sie in die richtige Richtung lenken, indem Sie respektvoll und positiv sind.

Selbst wenn es zu Streitigkeiten kommt – und das wird es –, denken Sie daran, dass Sie etwas Besonderes mit der Person teilen und dass Sie darauf achten müssen, auch wenn Sie eine vorübergehende Meinungsverschiedenheit haben. Es ist möglich, mit jemandem zu streiten und dabei trotzdem respektvoll zu bleiben und der Bindung zwischen Ihnen keinen dauerhaften Schaden zuzufügen.

Wenn es zwischen Ihnen passt, haben Sie den Grundstein für eine reiche und liebevolle Beziehung gelegt, indem

Sie Ihren Partner so behandeln, wie Sie selbst behandelt werden möchten.

3 Konzentrieren Sie sich auf die andere Person

Der Aufbau einer starken Beziehung erfordert Zeit und Mühe. Sie ist oft das Ergebnis vieler täglicher Interaktionen, und zu lernen, sich auf jemanden zu konzentrieren und auf ihn einzugehen, ist eine nützliche Fähigkeit für jede Beziehung, nicht nur für eine romantische.

Um dies zu tun, beseitigen Sie zuallererst die Ablenkungen. Nehmen Sie sich Zeit für Ihren Partner, schalten Sie Bildschirme aus, hören Sie zu und konzentrieren Sie sich. Selbst wenn Sie beschäftigt sind und in gegensätzliche Richtungen davoneilen, können Blickkontakt und Zuneigung viel dazu beitragen, auch in Zukunft eine gesunde und liebevolle Verbindung aufrechtzuerhalten.

4 Achten Sie auf sich selbst

Nur weil Sie jemand Neues kennengelernt haben, sollten Sie nicht mit Ihren Bemühungen aufhören, Ihre Erfahrung mit einem Narzissten zu verarbeiten. Tun Sie weiterhin all die Dinge, die Sie getan haben, um sich zu erholen – sprechen Sie mit einem Therapeuten, kümmern Sie sich um Ihr körperliches und geistiges Wohlbefinden, schreiben Sie Tagebuch und verbringen Sie Zeit allein, um sich auszuruhen und Kraft zu tanken. Nehmen Sie sich regelmäßig Auszeiten, um darüber nachzudenken, wie es mit der Beziehung weitergeht und wie Sie sich fühlen. Dies ist eine weitere Möglichkeit, sich auch in Zukunft um sich selbst zu kümmern.

Gewöhnen Sie sich schon in den ersten Tagen an, sich etwas persönlichen Freiraum zu lassen, auch wenn Sie gern all Ihre Zeit mit der anderen Person verbringen würden. Geben Sie ihr die Möglichkeit, Sie zu vermissen und neugierig darauf zu sein, was Sie zwischenzeitlich so getrieben haben. Es ist wichtig, sich selbst Zeit zu geben, um Ihre eigene Gesellschaft zu genießen.

5 Verweilen Sie nicht in der Vergangenheit

Was auch immer mit dem Narzissten passiert ist, halten Sie sich nicht zu sehr damit auf, wenn es Ihnen ein schlechtes Gefühl gibt. Natürlich müssen Sie sich damit auseinandersetzen, entweder allein oder mit einem Therapeuten, aber halten Sie nicht daran fest. Wenn Sie sich dabei ertappen, dass Sie grübeln oder sich fragen, wie es dem Narzissten geht, bringen Sie sich mit Selbstfürsorge oder Ablenkung wieder in die Gegenwart zurück.

Gehen Sie nicht davon aus, dass alle Ihre zukünftigen Partner Sie im Stich lassen werden. Wenn Sie etwas an sich selbst gearbeitet und darüber nachgedacht haben, was Sie zu Ihrem narzisstischen Partner geführt haben könnte, sollten Sie in der Lage sein, diesen emotionalen Ballast nicht in Ihre neue Beziehung mitzunehmen. Geben Sie dieser neuen Person eine Chance.

6 Erinnern Sie sich daran, wie weit Sie gekommen sind

Wenn Sie in einer Beziehung mit einem Narzissten gewesen sind, haben Sie eine ziemlich harte Erfahrung hinter sich. Erinnern Sie sich immer daran, dass Sie sich selbst befreit haben, dass Sie jetzt in Sicherheit sind und dass Sie noch viel vor sich haben.

Wenn Sie sich dabei ertappen, dass Sie die Zeit, die Sie mit dem Narzissten verbracht haben, bereuen, dann erinnern Sie sich daran, dass Sie eine großartige Zukunft vor sich haben, die er nicht mehr ruinieren kann. Sie sind in Sicherheit. Sie haben es verdient, glücklich zu sein.

7   Machen Sie die Beziehung nicht gegenüber anderen schlecht

Wenn Sie mit jemandem eine neue Beziehung beginnen, kann es sinnvoll sein, sie in Ruhe und nicht öffentlich wachsen zu lassen, bevor Sie anfangen, mit anderen darüber zu sprechen. Es ist normal, dass Sie Freunden von Ihrer neuen Beziehung erzählen wollen, aber passen Sie auf, wie viel Sie erzählen. Versuchen Sie, einige Dinge privat zu halten. Hierfür gibt es mehrere Gründe.

Erstens kann es sich negativ auf die neue Beziehung auswirken, wenn Sie andere zu schnell in Ihre neue Welt mit dieser Person einweihen, vor allem, wenn diese Sie lieber als Single sehen. Zweitens kann das detaillierte Besprechen einer Beziehung mit Dritten ihrem Wachstum Energie entziehen und die neue Bindung, die Sie eingegangen sind, dem Einfluss anderer aussetzen, die vielleicht nicht Ihr Bestes im Sinn haben.

Wenn Sie sich nicht sicher sind, wie es zwischen Ihnen läuft, aber im Allgemeinen ein gutes Gefühl haben, vertrauen Sie sich Ihrem neuen Partner, Ihrem Tagebuch oder Ihrem Therapeuten an. Und wenn Sie sich plötzlich verärgert fühlen, sollten Sie nicht gleich losstürmen und Ihren neuen Partner bei Ihren Freunden schlechtmachen. Eine neue Beziehung ist zerbrechlich, wie ein Setzling oder ein winziges Baby, und Sie müssen sie mit Vorsicht behandeln, während sie gedeiht.

8 Gemeinsam lachen

Gemeinsamer Humor ist eine der besten Möglichkeiten, Stress abzubauen und sich mit Ihrem Partner zu verbinden. Und genau dies macht den Reiz einer romantischen Beziehung aus. Vergessen Sie also nicht, zu lachen, die Gesellschaft des anderen zu genießen und gemeinsam albern zu sein.

Ein letztes Wort zum Finden einer neuen Liebe

Wenn Sie mit dem Narzissten abschließen, denken Sie daran, positiv und hoffnungsvoll gegenüber der Zukunft zu sein, aber auch realistisch. Leider gibt es da draußen einige Menschen, von denen Sie sich zu Ihrem eigenen Wohlbefinden und Glück fernhalten müssen. Aber es gibt auch viele andere, die Ihr Leben bereichern werden. Letztlich geht es darum, den goldenen Mittelweg zu finden zwischen dem Wahren der eigenen Sicherheit und dem Vertrauen darin, dass die Menschen, die Sie treffen, Sie gut behandeln werden.

Wenn die Beziehung mit einem Narzissten für irgendetwas gut war, dann dafür, dass Sie gelernt haben, sich auf alle möglichen neuen Arten um sich selbst zu kümmern. Glauben Sie an Ihre neuen Erkenntnisse, gehen Sie raus und haben Sie Spaß!

Fazit

Hoffentlich haben Sie in diesem Buch mehr über sich selbst und andere Menschen herausgefunden. Nutzen Sie dieses Wissen, um gesunde, befriedigende und freudvolle Beziehungen zu genießen. Wir haben uns gemeinsam auf eine Reise begeben, und ich wünsche Ihnen von ganzem Herzen, dass Sie sich gestärkt, gebildet und bereit für die Zukunft fühlen.

Nehmen wir uns einen Moment Zeit, um die wichtigsten Punkte dieses Buches durchzugehen.

Zuerst haben wir uns die Gründe dafür angeschaut, warum Sie dieses Buch überhaupt lesen: Sie vermuten, dass Sie sich in einer Beziehung mit einem Narzissten befinden könnten, und Sie wollen mehr darüber herausfinden. Oder Sie haben sich aus einer schlechten Beziehung gelöst und fragen sich nun – was ist passiert? Vielleicht wollen Sie auch vermeiden, die gleichen Fehler noch einmal zu machen oder andere davor bewahren, dies zu tun.

Ich glaube fest daran, dass man seinen Feind kennen sollte. Und den Narzissten zu kennen und zu wissen, wie er oder sie tickt, ist ein Hilfsmittel, das Ihnen auf Ihrem Weg durchs Leben zugutekommen wird.

Wir haben uns auch die Haupteigenschaften von Narzissten angesehen, die sie so leicht erkennbar machen: in erster Linie ein großspuriges Selbstverständnis – ein unerschütterlicher Glaube, dass sie etwas Besonderes und einzigartig talentiert sind. Sie haben auch eine schamlose Fähigkeit, Menschen auszunutzen, andere zu missbrauchen und sich selbst an die erste Stelle zu setzen.

Wir haben uns ebenfalls angeschaut, was jemanden zu einem Narzissten macht und dass eine Kindheit, die von einem Wechsel zwischen exzessiver Verwöhnung und Zeiten der Vernachlässigung geprägt ist, oft den Boden für eine narzisstische Persönlichkeitsstörung bereitet. Wir haben gesehen, dass der Narzisst trotz der starken und überwältigenden Art der Selbstdarstellung tief im Innern in Wirklichkeit sehr einsam und nicht annähernd so mächtig ist, wie er Sie glauben machen will.

Wir haben die wichtigsten Warnzeichen von Narzissten und einige ihrer häufigsten Taktiken entdeckt, darunter Gaslighting, Love Bombing, zwischenzeitliche Bestärkung und narzisstische Wut. Die manipulativen Taktiken von Narzissten können auf diejenigen, die an eine geradlinigere Kommunikation gewöhnt sind, ziemlich beunruhigend wirken, aber wenn Sie sie erst einmal kennen und verstehen, sind Sie besser gerüstet, um mit ihnen umzugehen. Und, was am wichtigsten ist: Sie haben aufgehört, sich zu fragen, ob das alles nur Einbildung ist.

Sie kennen jetzt viele der bezeichnenden Phrasen, mit denen Narzissten daherkommen und was sie auslöst. Sie können die Art von Menschen identifizieren, zu denen sich Narzissten hingezogen fühlen – in der Regel freundliche und empathische Seelen, die dazu neigen, anderen einen Vertrauensvorschuss zu geben. Wir haben uns auch angeschaut, wie Sie vermeiden können, den Narzissten zu triggern und die volle Wut einer seiner Angriffe zu spüren.

In einfachen Worten: Sie können mit einem Narzissten nicht vernünftig reden und Sie können von ihm nicht die gleichen vernünftigen Antworten erwarten, die Sie von anderen bekommen würden. Das Zusammensein mit einem Narzissten ist nicht wie das Zusammensein mit den meisten Menschen – Sie müssen sich in erster Linie darauf konzentrieren, sich selbst zu schützen und mit dem Narzissten auszukommen, damit er sich unter Kontrolle halten kann.

Ein wichtiger Punkt, den wir hier berührt haben, ist, dass der Narzisst sich nicht ändern kann. Es gibt nichts, was Sie tun können, um sein Verhalten zu verbessern. Dies zu akzeptieren und so gut es geht weiterzumachen, ist die einzig vernünftige Reaktion.

Wir haben dann untersucht, wie sich all dies auf seine Opfer auswirkt. Wir haben uns angeschaut, welchen Schaden es bei Ihnen anrichten kann und warum Sie sich zu Ihrem eigenen Wohlbefinden von dem Narzissten entfernen oder lösen müssen. Narzissten sind sehr gut darin, ihre Opfer zu manipulieren, an ihnen festzuhalten, wenn sie Anzeichen für einen Ausstieg zeigen, und Ihnen einen klaren Schnitt so schwierig wie möglich zu machen.

Aber sobald Sie sich dessen bewusst sind und Ihre eigene zukünftige psychische Gesundheit und Ihr Wohlbefinden im Auge behalten können, werden Sie in sich selbst die Kraft finden, das Band endgültig zu kappen. Das Traurige dabei ist, zu akzeptieren, dass der Narzisst nicht wirklich zu Liebe oder fürsorglichen Beziehungen fähig ist, und Sie müssen die Hoffnung aufgeben, dass Sie von ihm jemals das bekommen werden, was Sie brauchen.

Der zweite Teil des Buches war aktiver und erforderte mehr Input von Ihnen, mit vielen Techniken und Strategien, um in Ihrem neuen Leben voranzukommen, frei von dieser störenden Persönlichkeit.

Wir haben uns angeschaut, wie man es schafft, sich davonzumachen, und die Gray-Rock-Methode als eine Möglichkeit, den Narzissten dazu zu bringen, sein Interesse an Ihnen zu verlieren.

Dann haben wir uns mit der Heilung beschäftigt – wie man sich nach dieser verstörenden Erfahrung wieder in eine neutrale Position bringen kann, und wie man von dort aus wieder Kraft schöpft und mit Mut, starkem Selbstwertgefühl und Hoffnung nach vorne geht.

Sie haben alle möglichen Arten entdeckt, sich selbst stärker und gesünder zu machen, sodass der Narzisst keinen Weg zu Ihnen zurückfinden kann. Zu den Möglichkeiten, um die psychische Gesundheit zu fördern, gehören Therapie, Meditation, Selbstliebe, Mantras und das Führen eines Tagebuchs. Sie können sich körperlich mit Essen, Schlaf und Bewegung stärken. Es gibt so viele Möglichkeiten, sich selbst zu heilen, und ich hoffe, Sie finden eine, die für Sie funktioniert und aus der Sie jede Menge Nutzen ziehen können.

Schließlich haben wir uns angesehen, wie Sie den Kreislauf durchbrechen können, damit Sie sich nicht wieder in diese Situation begeben. Wir behandelten frühe Warnzeichen, auf die Sie in einer Beziehung achten sollten, und auch die Signale, die zeigen, dass Sie auf dem richtigen Weg zu einer gesünderen und zufriedeneren Zukunft sind.

Sie verdienen es, gut behandelt zu werden, Sie verdienen eine liebevolle Beziehung, und ich glaube ehrlich, dass Sie das finden können, wenn Sie die Arbeit zu neuem Wachstum leisten und auf sich selbst aufpassen. Manchmal ist ein Buch nicht genug und man braucht auch etwas Anleitung aus dem wirklichen Leben: Ich hoffe, dass Sie die Ressourcen und den Mut haben, sich mithilfe eines ausgebildeten und kompatiblen Therapeuten weiter damit auseinanderzusetzen, wenn Sie das brauchen.

Ich hoffe, Sie haben die Reise genossen und fanden sie nützlich. Der Umgang mit Narzissten ist unglaublich frustrierend, und sie können eine Menge Schaden anrichten. Ich wünschte, es wäre nicht so, aber es ist sehr wahrscheinlich, dass Sie ihnen in Ihrem Leben, Ihrer Arbeit und Ihrem täglichen Umgang mit der Welt begegnen werden, selbst wenn Sie nie eine enge Beziehung zu einem Narzissten führen.

Manchmal kann man sie nicht einfach ignorieren. Sie werden von Psychologen weithin als einige der am schwierigsten zu behandelnden Menschen betrachtet. Wenn Sie sich also die Zeit zu nehmen, sich über sie zu belesen und mehr zu erfahren, nutzen Sie Ihre Zeit und Energie gut. Die menschliche Natur ist faszinierend, und vielleicht kommen Sie sogar an den Punkt, an dem Sie die Macken eines Narzissten in Ihrer Familie oder an Ihrem Arbeitsplatz einfach genießen können, ohne zu sehr davon betroffen zu sein.

Sie kennen jetzt eine ganze Reihe von effektiven Strategien, um mit Narzissten umzugehen, die Sie einsetzen und so oft wie nötig anwenden können (hoffentlich werden Sie das nicht nötig haben, aber das kann man nicht garantieren!) Sie wissen, wie Sie auf sich selbst aufpassen, wie Sie sich zurückziehen können und wie Sie gesündere und befriedigendere Beziehungen zu denen aufbauen können, die Ihre Anwesenheit, Zeit und Energie zu schätzen wissen. Sie wissen, dass Sie immer das Recht dazu haben, zu entfliehen, auch wenn Narzissten es Ihnen schwer machen.

Wenn es eine Sache gibt, die Sie aus diesem Buch mitnehmen sollten, dann ist es, **Ihren Instinkten zu vertrauen und alles Nötige zu tun, um sicher und glücklich zu sein**. Es gibt keinen Grund, mit denen zu leiden, die nicht gut für Sie sind, und ihnen Ihre Zeit und Energie zu geben, die Sie anderswo besser verbringen könnten.

Narzissten sind wirklich Vampire, die unter uns wandeln, die sich von der guten Energie anderer ernähren und denen es nichts ausmacht, Ihre Freundlichkeit und Großzügigkeit auszunutzen. Fühlen Sie sich nicht schlecht, wenn Sie einen Narzissten verlassen, wie sehr er auch weinen und jammern mag. Sagen Sie Nein, schützen Sie Ihre Grenzen, stellen Sie sich und Ihr eigenes Wohlbefinden an die erste Stelle. Sie haben in Ihren zwischenmenschlichen Beziehungen so viel mehr als das verdient – und Sie können es erreichen.

Literatur

Ahrend, M. (2020). *Durchschaue das gefährliche Spiel des Narzissten: Wie du ihn für immer besiegst und endlich wieder glücklich wirst (Ratgeber Narzissmus in Beziehungen).* Virtuoso.

Albert, E. (2021). *Jeden Tag neu verliebt: Mit den richtigen Fragen die Beziehung vertiefen und glücklich werden wie am ersten Tag. Das Ausfüllbuch mit wertvollen Tipps vom Beziehungscoach.* Yes Publishing.

Merzeder, C. (2015). *Wie schleichendes Gift: Narzisstischen Missbrauch in Beziehungen überleben und heilen* (7. Aufl.). Scorpio Verlag.

Müller, T. (2022). *Verdeckter Narzissmus in Beziehungen: Die subtile Form toxischen Verhaltens erkennen und sich von emotionalem Missbrauch befreien* (Originalausgabe Aufl.). Kailash.

Simon, J. H. & Arnoldt, M. (2019). *Sieg über Narzissmus: Narzisstischen Missbrauch erkennen - überwinden - heilen* (Illustrated Aufl.). J.H. Simon.

Stahl, S. (2017). *Jeder ist beziehungsfähig: Der goldene Weg zwischen Freiheit und Nähe* (Originalausgabe Aufl.). Kailash.

Wardetzki, B., R., S., Seifert, J., Rauen, L. & Medien, H. (2021). *Und das soll Liebe sein? Wie es gelingt, sich aus einer narzisstischen Beziehung zu befreien.* Hierax Medien.

Winkler, I. (2022). *365 Fragen für Dich & Mich: Abwechslungsreiche Fragen zum Vertiefen eurer Beziehung. Das perfekte Geschenk für Pärchen, den Partner oder die Partnerin.* Bookian Publishing.

Zangl, M. (2020). *Mein verlorenes Ich: Narzissmus in der Beziehung und wie Dir die Befreiung gelingt.* Zangl Publishing.

Co-Abhängigkeit in Beziehungen

– Selbsthilfe für Betroffene –

Mit diesen 155 bewährten Methoden,
Übungen und Hinweisen bauen Sie sich
eine gesunde Partnerschaft auf

Sigmund Ambrosius

.

Inhaltsverzeichnis

Einführung

Auf den ersten Blick sehen co-abhängige Beziehungen völlig gesund aus. Es scheint Vertrauen, Fürsorge und Nähe zu geben – und was kann daran schon schlecht sein? Doch schauen Sie etwas genauer hin und Sie werden sehen, dass mehr dahintersteckt. Beide Partner scheinen unterschiedliche Rollen zu haben und in einem Kreislauf gefangen zu sein. Ein Partner ist der Kümmerer oder der „Wiedergutmacher", während der andere Partner ein Übermaß an Unterstützung erhält, das jedes persönliche Wachstum verhindert. Jetzt, wo Sie es aus der Nähe sehen, erkennen Sie dieses ungesunde Muster als das, was es ist: Co-Abhängigkeit.

Wenn Sie sich in einer co-abhängigen Beziehung befinden, kennen Sie diese einseitige Dynamik gut. Vielleicht sind Sie der Zuhelfer und wollen Ihrem Partner so sehr helfen, dass Sie am Ende alles für ihn tun – und sogar zulassen, dass seine abträglichen Gewohnheiten Schaden anrichten. Oder vielleicht sind Sie der Partner, dem zugeholfen wird, und der an einer Krankheit, einer Sucht oder einer psychischen Störung leidet, und Sie sind auf Ihren Partner angewiesen, da dieser Sie dabei unterstützt, jeden Tag zu überstehen. Bis jetzt hat man Ihnen beigebracht, zu glauben, dass Ihr Verhalten ein Zeichen von Liebe ist, aber ich bin hier, um Ihnen zu sagen, dass Sie sich sehr irren.

Co-Abhängigkeit ist ein zutiefst dysfunktionaler Zustand. Wenn sie eine Beziehung übernimmt, kann sie die Partner in ihrem beruflichen Erfolg bremsen, die Verbindung zu Familienmitgliedern und Freunden kappen, tiefe emotionale oder psychische Verletzungen verursachen und auf lange Sicht Feindseligkeit in der Beziehung erzeugen. Dies kann zum Zerfall der jeweiligen Partnerschaft führen, was bedeutet, dass all Ihre Opfer umsonst waren. Sobald die Co-Abhängigkeit erkannt wird, muss sie aufgehalten werden, sonst wird immenser Schaden verursacht.

In diesem Buch werde ich Ihnen helfen, Ihre co-abhängigen Verhaltensweisen abzulegen, damit Sie endlich in der gesunden, glücklichen Beziehung leben können, die Sie sich wünschen. Ich werde aus dem klammernden, abhängigen Partner, der Sie jetzt sind, ein ermächtigtes Individuum machen, das sich in seiner eigenen Welt pudelwohl fühlt. Selbst wenn Sie schon lange in diesem destruktiven Kreislauf feststecken, zeige ich Ihnen, wie Sie ihn für immer verlassen können.

Ich bin stolz darauf, sagen zu können, dass ich ein von Co-Abhängigkeit Genesener bin. Seitdem ich mich vor einigen Jahren von meinen co-abhängigen Gewohnheiten befreit habe, habe ich vielen co-abhängigen Paaren geholfen, aus ihren schädlichen Beziehungsmustern auszubrechen. Ich kenne Ihre Kämpfe besser als die meisten Menschen. Ich habe sie selbst erlebt und ich verstehe das Verlangen, gebraucht zu werden – und wie es sich anfühlt, nicht zu wissen, wer man ist, wenn man nicht gebraucht wird. Ich bin der lebende Beweis dafür, dass es besser wird und dass sich Ihre Beziehung millionenfach erfüllender, liebevoller und ermächtigender anfühlen kann, wenn Sie nur die richtigen Mittel und Informationen haben. Genau diese werde ich Ihnen geben. In diesem Buch teile ich alle Erkenntnisse mit

Ihnen, die ich auf meiner Reise von der Co-Abhängigkeit hin zur Selbstermächtigung gelernt habe. Alles, was ich auf die harte Tour gelernt habe, werde ich Ihnen einfach erzählen, damit Sie nicht die gleichen Fehler machen müssen wie ich. Ich werde Ihnen zeigen, wie ich meine ungesunde, belastende Beziehung in eine kraftvolle Partnerschaft verwandelt habe, die bis heute gedeiht – sogar nach zwanzig Jahren!

Ihre Beziehung ist dazu bestimmt, zu gedeihen. Bald werden Sie endlich verstehen, was das wirklich bedeutet. Sie werden sich nicht mehr verzweifelt und von Ihrem Partner erschöpft fühlen. Sie werden wissen, wie Sie die Bedürfnisse Ihres Partners und gleichzeitig auch Ihre eigenen erfüllen können. Sie werden wissen, wie Sie es schaffen, Ihrem Partner das absolut Beste zu geben, während Sie gleichzeitig bestimmte Belohnungen für sich selbst genießen. Zum ersten Mal wird sich Ihre Beziehung tatsächlich im Gleichgewicht befinden, und Sie werden erleben, wie es wirklich ist, zutiefst zu lieben und im Gegenzug zutiefst geliebt zu werden.

Ich habe mit vielen Paaren gearbeitet, die andere für „nicht mehr zu retten" hielten, und sie alle haben eine vollständige Genesung von ihrer Co-Abhängigkeit erlebt. Diejenigen, die sich einst festgefahren fühlten, wissen jetzt, wie es ist, sich weiterzuentwickeln und zu wachsen. Die Wahrheit ist, dass der Ausbruch aus der Co-Abhängigkeit nicht nur Ihre Beziehung verändert, sondern Ihr ganzes Leben. Die Menschen, mit denen ich gearbeitet habe, ernten bis zum heutigen Tag den Lohn für die Arbeit an sich selbst. Die Hilfe, die ich ihnen angeboten habe, werde ich Ihnen nun in diesem Buch geben.

Co-abhängig oder nicht, lassen Sie uns nicht vergessen, dass wir uns alle in liebevollen Beziehungen befinden wollen, die Freude in unser Leben bringen. Das ist eine Gemeinsamkeit, die wir alle teilen. Was Sie von anderen unterscheidet, ist, dass Sie sich in den falschen Gewohnheiten und in dysfunktionalen Mustern verfangen haben. Mit meiner Hilfe werden Sie diese Hindernisse endlich beseitigen. Sie können all das genießen, was an Ihrer Beziehung wunderbar ist, und zugleich alles hinter sich lassen, was Sie frustriert und aufregt.

Hier ist der erste Tipp, den ich Ihnen gebe: Fangen Sie jetzt an! Mit der Zeit fahren sich co-abhängige Paare in ihren Gewohnheiten fest und es wird immer schwieriger, ihre schädlichen Verhaltensweisen zu durchbrechen. In jedem Moment, den Sie damit verschwenden, co-abhängig zu sein, leben Sie nicht Ihr volles Potenzial aus. Was entgeht Ihnen und Ihrem Partner, während Sie an diesen destruktiven Mustern festhalten? Welche wunderbaren Erfahrungen oder Leistungen könnten Sie *jetzt* erzielen, wenn Sie nur den Raum dafür schaffen würden, um sich zu entfalten?

Wenn Sie auf die nächste Seite blättern, haben Sie den ersten Schritt getan, um sich Ihr Leben von der Co-Abhängigkeit zurückzuerobern. Dies ist eine aufregende Zeit – das Ende einer dunklen Ära und der Beginn eines neuen Zeitalters, in dem Sie endlich frei von den Fesseln der Co-Abhängigkeit sein werden. Machen Sie sich bereit für das neue Kapitel in Ihrem Leben.

Anmerkung zu den im Text verwendeten Begriffen:
Die Person in der co-abhängigen Beziehung, die durch ihre stetige Hilfeleistung dazu beiträgt, dass ihr Partner weiterhin in seiner Abhängigkeit verbleibt, wurde ursprünglich von Sharon Wegscheider (1988, Es gibt doch eine Chance. Hoffnung und Heilung für die Alkoholiker-Familie) mit dem englischen Begriff „Enabler" bezeichnet und mit „Zuhelfer" ins Deutsche übersetzt, sein Verhalten als „zuhelfen". Das Verb „to enable" bedeutet ermöglichen, befähigen. Der „Enabler" ermöglicht bzw. verhilft dem Partner also zu dessen Abhängigkeit. Dieser ist der „enabled Partner" - derjenige, dem zugeholfen wird - und wird somit im Folgenden als der „zugeholfene Partner" bezeichnet.

Kapitel eins: Sind Sie co-abhängig?

Co-Abhängigkeit ist für viele Paare ein unangenehmes Thema und das liegt zum Teil an einem großen Missverständnis über die eigentliche Bedeutung des Begriffes. Das Wort „Co-Abhängigkeit" wird in der modernen Welt viel umhergeworfen und dazu benutzt, um jedes Paar zu beschreiben, das sich extrem nahesteht oder viel Zeit miteinander verbringt. Diese Definitionen sind natürlich völlig unzutreffend. Co-Abhängigkeit geht weit über Verliebtheit oder Intimität hinaus. Sie ist weit mehr als nur Verlässlichkeit oder Abhängigkeit. Echte Co-Abhängigkeit erweist beiden Partnern in einer Beziehung einen großen Bärendienst und hält sie in ungesunden Gewohnheiten gefangen, die ihr Leben langsam ruinieren. Es ist an der Zeit, dass wir aufhören, den Begriff „Co-Abhängigkeit" so leichtfertig zu verwenden. Ihre Auswirkungen können brutal sein, wenn nichts gegen sie unternommen wird.

In einer gesunden Beziehung geben und nehmen beide Partner in gleichem Maße voneinander. Du übernimmst diese Aufgabe, ich übernehme jene Aufgabe. Du bezahlst heute das Abendessen, ich koche morgen. Es mag nicht immer so einfach sein, und es mag Zeiten geben, in denen der Austausch etwas aus dem Gleichgewicht gerät – zum Beispiel in Zeiten von Stress, Krankheit oder Trauma – aber das ist an sich nicht ungesund. Dies an sich ist keine Co-Abhängigkeit. Es ist normal, dass diese Fluktuation im

Laufe der Zeit auftritt. Im Leben ereignen sich Dinge und wir sind nicht immer auf der Höhe unserer Kräfte. Während der Tiefpunkte ist die Abhängigkeit von unserem Partner oder geliebten Menschen völlig natürlich. Lassen Sie uns also über eine wichtige Frage nachdenken: Wann genau überschreitet Verlässlichkeit die Grenze? Wann wird aus der Abhängigkeit eine Co-Abhängigkeit?

Was es bedeutet, co-abhängig zu sein

In einer co-abhängigen Beziehung finden zwei dysfunktionale Persönlichkeiten im jeweils anderen den ultimativen Zuhelfer. Ein Partner braucht verzweifelt jemanden, der sich um ihn kümmert, und der andere Partner hat das Gefühl, dass sein Selbstwertgefühl darin begründet ist, wie sehr er gebraucht wird. Diese beiden Persönlichkeiten ziehen sich gegenseitig an wie Magnete. Ohne Selbsterkenntnis oder eine hilfreiche dritte Partei kann dies eine ziemlich schädliche Mischung ergeben – eine, die auf lange Sicht definitiv nicht tragfähig ist. Der gefragte Partner übernimmt die Rolle des „Gebenden" oder „Retters", während der bedürftige Partner sich wie ein gestörtes Opfer verhält, dem anderen Partner „etwas wegnimmt" und ein übermäßiges Bedürfnis nach Fürsorge zeigt. Der co-abhängige Geber reagiert auf dieses Bedürfnis nach Fürsorge, indem er übermäßig hilft oder seine Unterstützung übermäßig ausdehnt.

Dies unterscheidet sich von der alltäglichen Verlässlichkeit in einer gewöhnlichen Beziehung, weil die Co-Abhängigkeit ungesundes Verhalten weiter zulässt. Während es völlig normal ist, von seinem Partner zu erwarten, dass er ab und zu den Einkauf macht oder eine

Mahlzeit kocht, wenn man von der Arbeit erschöpft ist, ist es nicht normal, wenn ein Partner ständig die Rolle des Helfers übernimmt. Manchmal kann der Gebende sogar eine elterliche Rolle einnehmen, indem er sich ständig vergewissert, dass es dem Partner gut geht und ihm bei alltäglichen Tätigkeiten hilft, die er eigentlich selbst erledigen können sollte. Der bedürftige Partner kommt damit durch, sehr wenig zu tun, während der gefragte Partner fast alles macht. Beide Fehlfunktionen befeuern sich gegenseitig.

Der Begriff „Co-Abhängigkeit" bezog sich früher ausschließlich auf die toxischen Beziehungen von Süchtigen und ihren Partnern, aber heute hat er sich auf jede Beziehung ausgeweitet, in der selbstzerstörerische Verhaltensweisen zugelassen werden. Eine Co-Abhängigkeit kann jede der folgenden Verhaltensweisen bewirken:

1. **Sucht** nach Substanzen wie Drogen oder Alkohol, Glücksspiel oder anderen zwanghaften Aktivitäten, die finanzielle Belastungen und andere Schäden im persönlichen Leben verursachen.

2. **Schlechte psychische Gesundheit**, insbesondere destruktive Symptome, die durch Persönlichkeitsstörungen oder Depressionen hervorgerufen werden.

3. **Unreife** und andere Formen von Verantwortungslosigkeit, bei denen der Zuhelfer das Gefühl hat, dass er keine andere Wahl hat, als dieses Verhalten zu akzeptieren, weil es keine Möglichkeit gibt, den Partner zu ändern, und er „einfach so ist".

4. **Leistungsschwäche,** die unter Umständen mit einer der oben genannten Verhaltensweisen zusammenhängen kann. Der leistungsschwache

Partner bringt sich finanziell nicht ein oder gibt persönliche Ziele auf, und der Zuhelfer lässt dies weiterhin zu.

Co-Abhängigkeit: Na und?

Hier ist eine Frage, die ich oft höre: „Was solls, wenn ein Paar co-abhängig ist? Wenn ein Partner in der Helferrolle Erfüllung findet und er zufällig jemanden findet, dem geholfen werden muss, wo liegt dann das Problem? Keiner wird gezwungen, etwas zu tun, was er nicht tun will! Vielleicht sind sie so glücklich."

Ein co-abhängiges Paar kann zwar glücklich erscheinen, aber dieses brüchige Glück beruht ausschließlich auf ihrer Verleugnung. Wenn ein co-abhängiger Partner seinem Partner zu sehr hilft, behindert er die geliebte Person in ihrem emotionalen und psychischen Wachstum. Destruktives Verhalten breitet sich aus. Die Beziehung beginnt wie eine Stütze zu funktionieren, in der der fragile Partner nie lernt, sich um seine eigenen Bedürfnisse zu kümmern. Er spürt nicht mehr die Dringlichkeit, seine eigenen Probleme zu lösen. Stattdessen erwartet er, dass jemand anderes für ihn einspringt. Wenn eine Person wie ein Kind behandelt wird, wird sie entmachtet und die Verbindung zu ihrer eigenen inneren Stärke getrennt. Sie bekommt nicht die Möglichkeit, psychisch zu reifen. Diese bedürftige Haltung wirkt sich nicht nur auf das Liebesleben aus; es ist sogar wahrscheinlich, dass auch das Berufsleben darunter leidet. Schließlich sind Chefs und Mitarbeiter viel weniger verständnisvoll als unsere liebenden Partner!

Und genauso schlimm steht es um co-abhängige Zuhelfer. Sie scheinen vielleicht mehr zu leisten als ihre Partner, aber auch sie werden von der Entfaltung ihres vollen Potenzials abgehalten. Zuhelfer haben das Gefühl, dass ihr Selbstwert darin begründet ist, wie sehr sie gebraucht werden und wie sehr sie helfen können – hierbei handelt es sich um eine extrem ungesunde Art, den eigenen Wert zu bestimmen. Menschen mit dieser Mentalität fällt es schwer, ihre eigenen Bedürfnisse zu erkennen und zu äußern, weil sie ständig denken, dass die Bedürfnisse eines anderen wichtiger sind. Kann jemand wirklich glücklich sein, wenn seine Bedürfnisse nicht erfüllt werden? Viele co-abhängige Paare bleiben langfristig zusammen, aber am Ende sind Zuhelfer oft nachtragend und erschöpft von dem Leben, das sie im Dienste eines anderen gelebt haben, ohne sich um ihr eigenes Selbst zu kümmern.

Abhängigkeit vs. Co-Abhängigkeit

In einer liebevollen Beziehung besteht die gesunde Erwartung, dass beide Partner aufeinander angewiesen sind. Das ist es, worum es in einer Beziehung geht! Leider denken viele co-abhängige Paare, die ihre dysfunktionalen Verhaltensweisen nicht erkennen, dass sie sich in einer völlig gesunden Abhängigkeit befinden. Wenn Sie sich mit den Mustern der Co-Abhängigkeit nicht gut auskennen, kann es schwierig sein, zwischen den beiden zu unterscheiden. Um Ihnen zu helfen, zwischen Abhängigkeit und Co-Abhängigkeit zu differenzieren, werden wir die beiden Verhaltenstypen vergleichen.

Beispiel eins

Abhängig: Partner A macht eine schwere Zeit durch und Partner B hat Mitleid mit ihm. In einem Versuch, Partner A aufzumuntern, denkt sich Partner B etwas Besonderes aus und hofft, dass es einen positiven Unterschied bewirken wird. B weiß, dass er an der Lage nichts ändern kann, aber er möchte zumindest ein Lächeln in das Gesicht von A zaubern.

Co-abhängig: Wenn Partner A eine schwere Zeit durchmacht, hat Partner B das Gefühl, dass er A bei der Lösung des Problems helfen muss. Partner B wird alles tun, was in seiner Macht steht, damit sich sein Partner besser fühlt. Wenn die Versuche nicht zu funktionieren scheinen, wird Partner B anfangen, sich wertlos zu fühlen, als ob er nichts richtig machen könnte. Wenn er das Leiden von Partner A nicht lindern kann, empfindet er sich selbst gegenüber extreme Frustration.

Beispiel zwei

Abhängig: Partner B möchte einen Tag allein in der Natur verbringen, um sich nach einer anstrengenden Arbeitswoche zu entspannen. Er erzählt Partnerin A von seinem Plan und sie ermutigt ihn, alles Notwendige zu tun, um sich um seinen mentalen Zustand zu kümmern. Sie verbringt einen Tag damit, ihre eigenen Hobbys zu genießen, während ihr Partner sich alleine entspannt. Als sie sich am Ende des Tages wiedersehen, fühlen sie sich nach der Zeit für sich erfrischt und freuen sich, einander zu sehen.

Co-abhängig: Partner B muss sich alleine entspannen, aber er traut sich nicht, Partnerin A zu fragen, weil sie es vielleicht falsch auffasst. Als er Partnerin A schließlich fragt, ob sie einen Tag getrennt verbringen können, sieht sie traurig aus, erlaubt ihm aber widerwillig, zu gehen. Während sie voneinander getrennt sind, sind sie ängstlich. Partner B beginnt sich schuldig zu fühlen, weil er Partner A allein gelassen hat, und er denkt sich, dass es eine schlechte Idee war. Als sie sich am Ende des Tages wiedersehen, ist Partnerin A mürrisch und versucht, Partner B ein schlechtes Gewissen einzureden, weil er gegangen ist. Partner B fühlt sich schlecht und hat das Gefühl, dass er es wiedergutmachen muss.

Beispiel drei

Abhängig: Beide Partner äußern, was sie brauchen, um sich in der Beziehung wertgeschätzt und umsorgt zu fühlen. Jeder teilt seine Gedanken und Gefühle mit, während der andere genau zuhört und darüber nachdenkt, wie er die Bedürfnisse des Partners am besten erfüllen kann.

Co-abhängig: Partnerin A äußert ihre Bedürfnisse, während Partner B genau zuhört und versucht zu helfen. Partnerin A wird als Person mit dringenderen Bedürfnissen angesehen, da ihr emotionaler Zustand fragiler ist. Partner B bringt vielleicht seine Bedenken vor, aber sie werden beiseitegeschoben, da er glaubt, dass die fragile Partnerin A wichtigere Bedürfnisse hat. Partnerin A stimmt im Stillen zu, dass ihre Bedürfnisse wichtiger sind.

Es kann für Menschen außerordentlich schwierig sein, sich eine Co-Abhängigkeit einzugestehen. Tatsache ist, dass co-abhängige Partner im Grunde oft reine Absichten haben; sie wollen einfach ihrem Partner helfen und sein

Leiden lindern. Dennoch sind die Ergebnisse nicht weniger kontraproduktiv. In den meisten Fällen schadet diese Verhaltensweise beiden beteiligten Partnern mehr als sie ihnen nützt. Wenn Sie glauben, dass Sie sich in einer co-abhängigen Beziehung befinden könnten, ist es wichtig, dass Sie dies so schnell wie möglich erkennen.

Anzeichen dafür, dass Sie der Zuhelfer in einer co-abhängigen Beziehung sind

Der Versorger oder „Geber" in einer co-abhängigen Beziehung wird auch als „Zuhelfer" bezeichnet. Das liegt daran, dass er durch übermäßige Fürsorge das selbstzerstörerische Verhalten seines Partners ermöglicht. Wenn Sie drei oder mehr der folgenden Kästchen ankreuzen, dann sind Sie höchstwahrscheinlich der Zuhelfer in Ihrer Beziehung.

1 Sie geben ständig nach

Wenn Ihr Partner etwas braucht oder will, ertappen Sie sich immer wieder dabei, dass Sie nachgeben und tun, wonach er verlangt. Manchmal fühlt es sich unvernünftig an und Sie nehmen es ihm vielleicht sogar übel – aber Sie geben trotzdem nach. Am Ende blenden Sie Ihre Gefühle aus, um sich um Ihren Partner zu kümmern oder den Frieden zu wahren.

2 Sie übernehmen die Verantwortung für die Handlungen Ihres Partners

Wenn ein bedürftiger Partner etwas falsch macht oder ein negatives Verhalten an den Tag legt, kann es sein, dass ein Co-Abhängiger die Verantwortung dafür übernimmt. Anstatt den Partner als den alleinigen Schuldigen zu sehen, wird er glauben, dass er das Verhalten beeinflusst hat. Co-abhängige Geber entschuldigen ihre Partner ständig und geben sich vielleicht sogar selbst die Schuld für deren Verhalten.

3 Sie führen einfache Aufgaben aus, die Ihr Partner selbst erledigen sollte

Es ist normal, dass wir uns um unsere Partner kümmern, aber wie oft werden Sie aufgefordert, bei einfachen Aufgaben zu helfen, die jeder andere Erwachsene gut bewältigen kann? Sind Sie die Person, die sich um das Essen Ihres Partners kümmern muss? Müssen Sie ihn ständig wecken, damit er nicht zu spät zu Terminen kommt? Müssen Sie am Ende die Aufgaben erledigen, die er eigentlich ausführen sollte?

4 Sie versuchen immer, alles in Ordnung zu bringen

Sie können es einfach nicht lassen. Egal, was passiert, Sie versuchen immer, Bedürfnisse zu erfüllen, die vielleicht gar nicht existieren. Wenn es Ihrem Partner nicht gut geht, haben Sie das Gefühl, dass es Ihre Aufgabe ist, dafür zu sorgen, dass er sich besser fühlt. Vielleicht ertappen Sie sich dabei, dass Sie seine Bedürfnisse vorwegnehmen und möglicherweise sogar versuchen, etwas wiedergutzumachen, was gar nicht wiedergutgemacht werden muss. In jedem Fall sind Sie immer da, wenn Ihr Partner etwas braucht, und tun alles, was in Ihrer Macht steht, damit es ihm besser geht, auch wenn er selbst nichts tut, um sich zu helfen.

5 Sie müssen häufig um die Zustimmung Ihres Partners bitten

Aus dem einen oder anderen Grund haben Sie nicht das Gefühl, dass Sie tun können, was Sie wollen. Wenn Sie eine Entscheidung für sich selbst treffen oder sich eine Auszeit gönnen wollen, haben Sie das Gefühl, dass Sie überprüfen müssen, ob Ihr Partner damit einverstanden ist. Der Grund für dieses Verhalten ist wahrscheinlich, dass Sie glauben, Ihr Partner könnte Sie brauchen, und die Vorstellung, dass er allein ist, macht Ihnen ein schlechtes Gewissen. Indem Sie die Zustimmung Ihres Partners einholen, wird dieses Schuldgefühl beseitigt.

6 Sie sehen Ihren Partner als hilflos an

Seien Sie hier ehrlich zu sich selbst. Stellen Sie sich vor, Ihr Partner wäre eine ganze Woche lang auf sich allein gestellt. Vielleicht gehen Sie auf eine wichtige Reise an einen Ort mit minimalem Telefonempfang. Ihr Partner muss alles alleine machen und auf sich selbst aufpassen, ganz ohne Hilfe von außen. Wie besorgt macht Sie dieser Gedanke? Vertrauen Sie darauf, dass Ihr Partner in der Lage sein wird, sich um sich selbst zu kümmern und ohne Sie zu funktionieren? Wird er in der Lage sein, sich von seinen schlechten Angewohnheiten fernzuhalten, gut zu essen und zu schlafen und pünktlich zu wichtigen Terminen zu erscheinen? Wenn Sie eine dieser Fragen mit Nein beantwortet haben, geben Sie es sich selbst gegenüber zu: Sie glauben, dass Ihr Partner hilflos ist.

7 Wenn Sie sich nicht um Ihren geliebten Menschen kümmern, fühlen Sie sich wie ein schlechter Partner

Letzten Endes geben Sie weiter nach und helfen auch künftig, weil Sie sich bei jeder anderen Vorstellung schuldig fühlen. Sie machen sich Sorgen, dass das Setzen von Grenzen die Situation für Ihren Partner noch schlimmer machen würde. Sie haben das Gefühl, dass Ihr Partner Sie wirklich braucht und der Gedanke, ihm bei alltäglichen Erledigungen nicht zu helfen, fühlt sich an, als würden Sie ihn im Stich lassen. Sie sind es gewohnt, Hilfe zu leisten, und wenn Sie es nicht tun, haben Sie das Gefühl, etwas Schreckliches getan zu haben.

Verdrängen Sie die Wahrheit?

Eines der größten Hindernisse in co-abhängigen Beziehungen ist die Verleugnung. Sie ist ein Kernsymptom der Co-Abhängigkeit. Selbst wenn Sie den Rat eines Experten vor sich haben, wird Ihnen nichts helfen, wenn Sie nicht zugeben können, dass etwas nicht stimmt. Einer der Gründe dafür, dass Co-Abhängigkeit fortbesteht, findet sich darin, dass beide Partner den ungesunden Kreislauf verleugnen. Bevor die Störungen behandelt werden können, ist es wichtig, dass beide Partner aufhören, ihre schlechten Angewohnheiten oder die Schwere der Auswirkungen dieser zu verleugnen. Hier sind die Anzeichen dafür, dass Sie die Wahrheit verdrängen:

1 Sie weisen Ihre eigenen Gefühle und Instinkte zurück

Es ist schon mal passiert. Sie haben gespürt, wie etwas an Ihrem Verstand nagt und sagt: „Es sollte nicht so sein" oder „Das fühlt sich nicht ganz richtig an." Anstatt tiefer in die Materie einzutauchen, entscheiden Sie sich immer, dieses Gefühl beiseitezuschieben. Sie sagen sich, dass es nicht wichtig ist oder dass das Gefühl einfach nur albern ist, auch wenn Sie sich nicht zum ersten Mal so fühlen. Wenn Sie sich oft dabei ertappen, dass Sie Ihre Instinkte, Gedanken oder Gefühle abtun müssen, dann ist die Wahrscheinlichkeit groß, dass Sie die Wahrheit verdrängen. Wenn ein Gefühl immer wieder auftaucht, ist es wahrscheinlich, dass Ihre Intuition richtig liegt.

2 Sie warten nur auf Veränderung

Vielleicht haben Sie sich selbst eingestanden, dass es eine Veränderung geben muss. Was passiert nach diesem Eingeständnis? Ergreifen Sie und Ihr Partner sofort Maßnahmen, um die Situation zu verbessern? Oder lehnen Sie sich einfach zurück und sagen sich, dass es sich mit der Zeit von allein ändern wird? Sich auf äußere Einflüsse oder andere Menschen zu verlassen, um eine Veränderung herbeizuführen, ist ein weiteres Anzeichen dafür, dass Sie die Wahrheit verleugnen, vor allem, wenn Sie schon seit längerer Zeit „warten". Das zeigt, dass Sie Ihre Macht, Veränderungen herbeizuführen, aufgegeben haben. Anstatt selbst Fortschritte zu machen, warten Sie darauf, dass diese vom Himmel fallen. Menschen, die dies tun, neigen dazu, die Schwere ihrer Situation nicht wahrhaben zu wollen.

3 Jeder sieht ein Problem, das Sie nicht sehen

Gibt es Menschen in Ihrem Leben, die darauf bestehen, dass Ihre Beziehung zutiefst mangelhaft ist? Je mehr Menschen dies zu Ihnen gesagt haben, desto höher ist die Wahrscheinlichkeit, dass sie recht haben. Wenn Sie dieses Problem nicht sehen können, leugnen Sie wahrscheinlich seine Existenz. Wenn wir uns in einem dysfunktionalen Muster verstrickt haben, kann es manchmal schwierig sein, dieses zu erkennen. Menschen, die außerhalb Ihrer Beziehung stehen, können jedoch das große Ganze sehen. Und die Menschen, die Ihnen nahestehen, kennen Sie am besten und wissen, was das Beste für Sie ist. Wenn Sie sich ständig dabei ertappen, wie Sie Ihre Beziehung gegenüber engen Freunden und Verwandten verteidigen, besteht die Möglichkeit, dass Sie deren Worte nicht wahrhaben wollen.

Verleugnung schützt uns vor einer harten Wahrheit. Indem wir so tun, als würden wir etwas nicht bemerken, glauben wir, dass wir es wegleugnen können. Nichts könnte der Wahrheit ferner liegen und in der Tat kann Verleugnung mehr Schaden als Gutes verursachen. Wenn Sie Ihre Beziehung weiterhin kitten wollen, ersticken Sie Ihre Verleugnung jetzt im Keim. Veränderung kommt nur, wenn Sie sich der Realität stellen.

Kapitel zwei: Co-abhängige Persönlichkeiten verstehen

Was viele Menschen nicht erkennen, ist, dass es zwei abhängige Persönlichkeiten braucht, um eine co-abhängige Beziehung zu schaffen. Diese Persönlichkeiten sind unterschiedlich, aber beide gleichermaßen problematisch. Außenstehende neigen dazu, derjenigen Person die Schuld zu geben, die am bedürftigsten ist, aber Tatsache ist, dass nicht nur eine Person die Schuld trifft. Beide Persönlichkeiten tragen ihre eigenen dysfunktionalen Züge in sich, sie manifestieren sich nur auf sehr unterschiedliche Weise. Wenn sie aufeinandertreffen, werden die schlimmsten Instinkte dieser Persönlichkeiten freigesetzt. Das ungesunde Verhalten des einen Partners ist genau das, was die andere Person braucht, um ihrem eigenen ungesunden Verhalten zu frönen. So beginnt der Kreislauf der Co-Abhängigkeit und deshalb ist es auch oft schwierig, ihn zu beenden.

Um eine gesundere Interaktion zu schaffen, ist es wichtig, dass Paare über ihr eigenes Selbst nachdenken. Inzwischen sollte klar sein, welche der beiden unterschiedlichen Rollen jede Person in der Beziehung spielt. Diese Identifikation ist der erste Schritt. Wenn sich beide Parteien darüber im Klaren sind, welche Rolle sie in der Interaktion spielen, kann endlich ein größeres Verständnis dafür entstehen, was jeder Einzelne tun kann, um das Problem zu kitten. Es ist wichtig, dass beide Persönlichkeiten mit gleicher Wichtigkeit betrachtet werden. Um Fortschritte zu machen, sollten sie gleichermaßen studiert und verstanden werden. Es liegt an Ihnen, den Anfang zu machen.

Den Zuhelfer verstehen

Irgendwann in der Kindheit des Zuhelfers wurde ihm weisgemacht, dass seine Bedürfnisse immer zweitrangig sind. In frühen Studien zur Co-Abhängigkeit glaubte man, dass die Neigung zum Zuhelfer vom Aufwachsen mit einem alkoholkranken Elternteil herrührt, aber heute sind sich die Experten einig, dass es dafür viele Ursachen geben kann. Ob er Alkoholiker ist oder nicht, diese Probleme sind normalerweise das Ergebnis eines bedürftigen oder anderweitig nicht verfügbaren Elternteils. Es ist zwar möglich, dass der Zuhelfer emotionalem oder körperlichem Missbrauch ausgesetzt war, aber das ist nicht immer der Fall. Oft sind sie einfach inmitten einer hochgradig dysfunktionalen Familiendynamik aufgewachsen, und das kann ein mögliches körperlich oder geistig krankes Familienmitglied mit einschließen. Diese Co-Abhängigen haben keine angemessene emotionale Zuwendung erhalten, sodass sie sich daran gewöhnt haben, dass ihre Bedürfnisse nicht erfüllt werden. Die meisten Kinder wachsen mit viel positiver Bestätigung auf; ein Zuhelfer hingegen hat wahrscheinlich gar nicht viel Bestätigung erhalten. Das Ergebnis ist eine Person, die sich grundsätzlich nicht sehr wichtig fühlt. Stattdessen hat sie gelernt, Bestätigung stellvertretend durch jemand anderen zu finden.

Im Falle eines hilfsbedürftigen oder kranken Familienmitglieds hatte der Zuhelfer vielleicht einige Betreuungsaufgaben und fühlt sich dadurch später im Leben wohler bei dem Gedanken, eine Betreuungsrolle zu übernehmen. Was auch immer seine Kindheitsgeschichte ist, eines ist absolut sicher: Dem Co-Abhängigen wurde beigebracht, dass sein Wert und sein Ansehen direkt damit zusammenhängen, wie sehr er anderen gefällt und wie gut er sich um andere Menschen kümmern kann. Dieser fälschliche Glaube ist genau das, was bei diesem Persönlichkeitstypus zur Dysfunktion führt. In dem Bemühen, sich würdig und gut zu fühlen, wird er nach Situationen suchen, in denen er irgendeine Form von Hilfe anbieten kann. Die am tiefsten verletzten Zuhelfer haben vielleicht sogar das Gefühl, dass die Belohnung umso größer ist, je hoffnungsloser der Fall ist. Das kann sie in katastrophale Beziehungen führen, die ein schweres Trauma verursachen und die Dysfunktion nur verschlimmern. Dennoch versuchen viele dieser zutiefst verletzten Zuhelfer, weiterhin zu helfen und zu dienen, weil sie glauben, dass das Problem bei ihnen und nicht bei ihrem Partner liegt. Es ist ein Teufelskreis, der erst endet, wenn die Selbsterkenntnis erfolgt.

Es ist wichtig, zu beachten, dass manche Zuhelfer aus tiefen Verlustängsten heraus handeln. Das bedeutet konkret, dass sie das Gefühl haben, alles tun zu müssen, um ihren Partner glücklich zu machen, da sie ihn sonst verlieren werden. „Verlust" bedeutet hier nicht unbedingt eine Trennung. Wenn der Zuhelfer den Tod eines kranken Elternteils miterlebt hat, kann es sein, dass er seinem kranken Partner übermäßig hilft, angetrieben von der unbewussten Angst, dass er die gleiche Erfahrung noch einmal machen wird.

Wenn Sie ein Zuhelfer sind, der Genesung sucht, ist es wichtig, dass Sie herausfinden, woher dieses Bedürfnis, zu viel zu helfen, stammt. An welchem Punkt in Ihrem Leben wurde Ihnen beigebracht, dass Ihre Bedürfnisse weniger wichtig sind? Wer war die Person, deren Bedürfnisse Vorrang vor Ihren eigenen hatten? Sobald Sie dieses wesentliche Detail identifiziert haben, können Sie beginnen, diesen Vorfall als getrennt von Ihrer aktuellen Beziehung zu begreifen.

Den zugeholfenen Partner verstehen

Bei der Untersuchung von co-abhängigen Beziehungen kann die Person, der zugeholfen wird, viel schwieriger zu entschlüsseln sein. Warum? Nun, während alle Zuhelfer ähnliche Ziele und Absichten verfolgen, können ihre zugeholfenen Partner völlig unterschiedliche Motive und Ursachen haben. Viele wurden als Kinder verhätschelt oder verwöhnt, sodass sie anfingen, die gleiche Behandlung von anderen Menschen in ihrer Umgebung zu erwarten. Aber auch die Kehrseite ist möglich – sie könnten als Kinder vernachlässigt worden sein, was sie dazu veranlasst hat, sich aufmerksamkeitssuchenden Verhaltensweisen zuzuwenden. Wenn sie als Kinder verhätschelt wurden, ist es möglich, dass sie die tatsächliche Situation nicht erkennen. Sie denken vielleicht, dass es völlig normal ist, von vorne bis hinten bedient zu werden, weil sie ihr ganzes Leben lang so behandelt worden sind.

Viele zugeholfene Personen leiden an einer Sucht, einem körperlichen Leiden oder einer psychischen Störung. Anstatt Schritte für eine Genesung zu unternehmen, werden sie viel zu bequem oder beginnen sogar, es zu genießen, dass man sich um sie kümmern muss. Aufgrund der Neigung des Zuhelfers, übermäßig zu unterstützen, wird von ihnen nie verlangt, sich selbst zu helfen. So kann zum Beispiel eine Person, die an einem körperlichen Gebrechen leidet, sich weigern, aufzustehen und Dinge selbst zu holen, selbst wenn sie dazu durchaus in der Lage wäre. Oder derjenige fängt an, von anderen zu erwarten, dass sie für ihn kochen, obwohl er die Kraft und die Ressourcen hätte, dies selbst zu tun. Oder er lässt sich für längere Zeit von der Arbeit beurlauben und behauptet, er fühle sich zu krank oder unwohl, auch wenn alle Anzeichen darauf hindeuten, dass es ihm gut geht.

Da die Familienverhältnisse dieser Personen sehr unterschiedlich sein können, ist es wichtig, ihre Kindheit zu untersuchen. Schauen Sie sich die Beziehung zu ihren primären Bezugspersonen an. Wurden sie in irgendeiner Weise verwöhnt oder wurden sie regelrecht vernachlässigt? Hier sind einige Fallbeispiele, die Ihnen helfen, den familiären Hintergrund des zugeholfenen Partners besser zu verstehen.

Fallstudien

Um die Privatsphäre der beteiligten Personen zu schützen, wurden keine echten Namen verwendet.

- Marie erinnert sich, dass sie sich in ihrer Kindheit vernachlässigt fühlte. Ihr kleiner Bruder litt an einer Unzahl von gesundheitlichen Problemen, sobald er aus dem Krankenhaus nach Hause kam. Natürlich bekam er mehr Aufmerksamkeit von ihren Eltern. Sie erinnert sich, dass sie tagelang mit ihrem

Kindermädchen allein war, während ihre Eltern im Krankenhaus bei ihrem kranken Bruder blieben. Schließlich ging es ihrem Bruder besser, aber das Verhältnis war immer das gleiche, er bekam viel mehr Aufmerksamkeit als sie. Sie gibt zu, dass sie als Teenager die Symptome einer Krankheit übertrieben hat, um mehr Aufmerksamkeit von ihren Eltern zu bekommen. Dieser Plan ging auf. Plötzlich begannen ihre Eltern, ihr die gleiche Aufmerksamkeit zu schenken, die früher nur ihrem Bruder zukam. Aus Angst, wieder „ignoriert" zu werden, verhielt sie sich weiterhin hilflos und krank, weil sie lernte, dass sie so andere am besten dazu bringen konnte, sich um sie zu kümmern. Schließlich ging Marie eine co-abhängige Beziehung ein. Ihr Partner unternahm jede Anstrengung, um ihr zu helfen, weil er glaubte, sie sei sehr krank und nicht in der Lage, für sich selbst zu sorgen. Um diese Co-Abhängigkeit zu durchbrechen, musste Marie lernen, dass es andere, erfüllendere Wege gibt, Zuneigung von Menschen zu erhalten.

- Solange Jan sich erinnern kann, wurde ihm immer gegeben, was er wollte. Er kam aus einer extrem privilegierten Familie und musste nie einen Finger rühren, um etwas zu erreichen. Er erkannte nicht einmal, in was für einer privilegierten Position er sich befand; er hielt es einfach für völlig normal. Wenn er etwas brauchte, war immer ein Helfer zur Stelle, seine Eltern bezahlten für die Lösung eines jeden Problems. Zu diesem Privileg kam noch hinzu, dass er ein Einzelkind war, das sich mit niemandem um die Aufmerksamkeit streiten musste. Vor allem seine Mutter verhätschelte ihn und er genoss dies. Schließlich geriet er in eine co-abhängige Beziehung zu einer Person, die damit aufgewachsen war, ihren alkoholkranken Vater zu pflegen. Natürlich wurde sie Jans Zuhelfer. Sie erlaubte ihm, die Beine hochzulegen, und sorgte für die Erfüllung jedes seiner Bedürfnisse, während er sich mit dem Geld der Familie um finanzielle Verpflichtungen kümmerte, aber sonst nichts. Als sie schließlich Kinder bekamen, war Jans Partnerin erschöpft und überfordert. Er half ihr nie bei irgendetwas, erwartete jedoch immer noch, dass sie ihm half. Da Jan sehr daran gewöhnt war, einen weiblichen Zuhelfer in seinem Leben zu haben, war es schwierig für ihn, zu erkennen, dass er sich in einer tiefsitzenden Co-Abhängigkeit befand.

Wie wir gesehen haben, können zugeholfene Partner auf ganz unterschiedliche Weise erzogen werden. Doch eins haben sie immer gemeinsam: Ihnen wird beigebracht, Zuneigung und Liebe damit gleichzusetzen, als hilflos behandelt zu werden. Marie lernte, dass der einzige Weg, Aufmerksamkeit von ihren Eltern zu bekommen, darin bestand, krank zu sein. Jan glaubte, dass übermäßiges Helfen und Verhätscheln *Liebe* sei, weil seine Eltern, besonders seine Mutter, ihn so behandelten. Irgendwann verwischten dann die Grenzen zwischen ihnen und ihrer Hauptbezugsperson.

Um dem zugeholfenen Partner in Ihrer Beziehung zu helfen, versuchen Sie, herauszufinden, woher diese Gefühle in seiner Kindheit stammen. Ist Ihr Partner eher eine Marie oder eher ein Jan?

Die narzisstische und die Borderline-Persönlichkeitsstörung

Bei der narzisstischen und der Borderline-Persönlichkeitsstörung sind in der Regel emotionaler und psychischer Missbrauch am Werk. Personen mit diesen Persönlichkeitsstörungen befinden sich immer in der Position desjenigen, dem zugeholfen wird, nie in der des Zuhelfers. Die Co-Abhängigkeit wird unendlich viel schädlicher, wenn diese Persönlichkeiten beteiligt sind. Narzissten fühlen sich berechtigt dazu, einen gehorsamen Partner zu haben. Sie genießen es vielleicht sogar, den Zuhelfer dabei zu beobachten, wie er sich ein Bein ausreißt und versucht, alles zu tun, um jede ihrer Launen zu erfüllen. In der Tat ist ein Zuhelfer der perfekte Partner für einen Narzissten. Der Narzisst möchte sich besonders fühlen; so, als ob sich die ganze Welt um ihn dreht, und genau das signalisiert ihm der Zuhelfer. Der Zuhelfer eines Narzissten wird oft als „Co-Narzisst" bezeichnet.

Borderline-Persönlichkeiten können für den Zuhelfer gleichermaßen schädlich sein; sie neigen dazu, sich verraten und verlassen zu fühlen. In der Borderline-Persönlichkeit sieht der Zuhelfer ein Opfer, das er endlich retten kann. Die Borderline-Persönlichkeit wünscht sich einen Helden oder Retter und es ist für den Zuhelfer ganz natürlich, diese Rolle einzunehmen. Leider erkennt der Zuhelfer nicht, dass dies ein Teil des destruktiven Musters der Borderline-Persönlichkeit ist. Er wird nie wirklich der Held in der Geschichte sein, denn die Borderline-

Persönlichkeit wird sich immer wegen irgendetwas verraten und verlassen fühlen. Die emotionale Instabilität, die dieser Persönlichkeitsstörung innewohnt, bewirkt, dass der Zuhelfer in seinem Rettungsversuch niemals Erfolg haben wird. Die Borderline-Persönlichkeit kämpft mit Angelegenheiten, die zu lösen ausschließlich ihr eigenes Problem ist – der Zuhelfer muss dies so bald wie möglich erkennen.

Für jemanden mit einer Persönlichkeitsstörung ist es viel schwieriger, sich zu ändern. Wenn diese Partner sich nicht ihrer selbst bewusst sind und sich nicht zur Selbstveränderung verpflichten, besteht eine hohe Wahrscheinlichkeit, dass sie weiterhin in ihrem üblichen Muster verbleiben. Und bei einer narzisstischen oder einer Borderline-Persönlichkeit kann dieses Muster äußerst destruktiv sein. Wenn Sie einem dieser Persönlichkeitstypen zuhelfen, sollten Sie Ihre Beteiligung an der Beziehung überdenken oder in eine Paartherapie investieren.

Die abhängige Persönlichkeitsstörung

Die häufigste Persönlichkeitsstörung, die in co-abhängigen Beziehungen zu finden ist, ist – Sie haben es erraten – die abhängige Persönlichkeitsstörung. Menschen mit dieser Persönlichkeitsstörung können entweder in die Position des Zuhelfers oder des Zugeholfenen geraten. Abhängige Persönlichkeiten neigen dazu, Angst und Furcht zu empfinden, wenn sie allein sind. Natürlich wenden sie sich an andere Menschen, um alle ihre emotionalen und psychischen Bedürfnisse zu erfüllen. Ohne Anerkennung,

Bestätigung oder Hilfe von anderen Menschen fühlen sich Abhängige wie ein Fisch auf dem Trockenen.

In ihrer schwersten Ausprägung kann es für abhängige Persönlichkeiten schwierig sein, im täglichen Leben ohne die Anwesenheit einer anderen Person zu funktionieren. Dies kann dazu führen, dass sie sich vor Verantwortung drücken und völlig passiv werden. Wenn sie auf sich allein gestellt sind, können sie sich extrem hilflos fühlen. Wie zu erwarten, verkraften abhängige Persönlichkeiten Trennungen schwerer als der Durchschnitt. Sie können sich völlig am Boden zerstört fühlen, bis sie jemanden finden, der den Platz ihres Ex-Partners einnimmt. Wenn ein Zuhelfer an dieser Störung leidet, kann er in einer Beziehung extrem kompetent sein, aber wenn er ganz allein ist, hat er das Gefühl, dass es „alles keinen Sinn" hat.

Diese Störung betrifft nicht nur den romantischen Bereich im Leben des Abhängigen. Vielmehr wird jeder, der die Person kennt, ihre Abhängigkeit erleben. Freunde, Familie und vielleicht sogar Arbeitskollegen und Chefs bekommen diese Seite des Abhängigen zu sehen.

Fünf Typen von abhängigen Persönlichkeiten

Dem bekannten Psychologen Theodore Millon ist es zu verdanken, dass die fünf verschiedenen Typen von abhängigen Persönlichkeiten bei Erwachsenen identifiziert wurden. Während alle Abhängigen Züge haben, die sich ähneln, zeigt jeder Typus auch seine eigenen einzigartigen Verhaltensweisen und Strategien, um zu bekommen, was er will. Wenn Sie glauben, dass entweder Sie oder Ihr Partner eine abhängige Persönlichkeitsstörung haben, versuchen Sie herauszufinden, welcher Typus sie sind. Es ist möglich, Symptome zu haben, die zu mehreren verschiedenen Typen gehören, aber es gibt normalerweise nur einen, der dominiert.

1 Der unruhige Abhängige

Der unruhige Subtypus ist von Angst und Unruhe geplagt. Er fürchtet, von den Menschen um sich herum verlassen zu werden und fühlt sich sehr einsam, wenn er nicht mit einer unterstützenden Person zusammen ist. Gefühle der Unzulänglichkeit machen sich breit und er ist oft sehr empfindlich gegenüber Zurückweisung.

2 Der unreife Abhängige

Abhängige, die unter diesen Subtypus fallen, neigen dazu, sich kindisch zu verhalten, vor allem angesichts ihrer alltäglichen Verpflichtungen. Obwohl sie erwachsen sind, fällt es ihnen schwer, mit den typischen Erwartungen an Erwachsene umzugehen. Der unreife Typus braucht ein erhebliches Maß an „Babysitting", da er naiv sein kann und es ihm an allgemeinen Lebenskompetenzen mangelt.

3 Der entgegenkommende Abhängige

Dieser Typus zeichnet sich durch extreme Güte aus und neigt, wie der Name schon sagt, dazu, übermäßig entgegenkommend zu sein. Personen mit dieser Art von abhängiger Persönlichkeit streben danach, anderen zu gefallen, und wirken unglaublich umgänglich. Natürlich nehmen sie eine unterwürfige Rolle ein und weisen alle unangenehmen Gefühle zurück. Diese Persönlichkeiten können sehr liebenswürdig und freundlich zu allen Menschen in ihrer Umgebung sein.

4 Der selbstlose Abhängige

Der selbstlose Subtypus weist viele Ähnlichkeiten mit dem entgegenkommenden Subtypus auf, aber es besteht eine stärkere Neigung, die eigene Identität aufzugeben und mit der einer anderen Person zu verschmelzen. Wenn darauf nicht geachtet wird, wird der Abhängige von einer anderen Person absorbiert und lebt als eine bloße Erweiterung dieser. Von allen Typen erscheinen diese Abhängigen am ehesten so, als hätten sie keine eigene Persönlichkeit.

5 Der halbherzige Abhängige

Wie der unreife Abhängige kommen auch die halbherzigen Abhängigen nicht gut mit Schwierigkeiten und Verantwortlichkeiten zurecht. Sie gehen jedoch noch einen Schritt weiter und weigern sich, sich überhaupt mit irgendetwas zu befassen, das unangenehm sein könnte. Ein Betreuer ist für sie unerlässlich, um im Leben zu funktionieren. Sie sind anfällig für Müdigkeit und Lethargie. Sie sind unproduktiv und die meiste Zeit über höchst inkompetent. Gelegentlich können halbherzige Abhängige sogar damit Schwierigkeiten haben, Gefühle der Empathie zu empfinden, und werden stattdessen von einer allgemeinen Apathie gegenüber ihrem Leben, einschließlich all seiner Unzulänglichkeiten, überwältigt.

Unabhängig vom Subtypus können alle Menschen, die an einer abhängigen Persönlichkeitsstörung leiden, mit Therapie und engagierter Arbeit an sich selbst wieder gesund werden. In der Tat finden viele abhängige Persönlichkeiten nach ausreichender Behandlung ein gesundes Maß an Unabhängigkeit. Wenn Sie das Gefühl haben, dass Ihre Co-Abhängigkeit mit dieser Störung zusammenhängt, sei Ihnen versichert, dass dieser Zustand nicht Ihr Leben bestimmen muss.

Die gemeinsamen Wunden der beiden Persönlichkeiten

Alle abhängigen Persönlichkeiten können unterschiedliche Verhaltensweisen zeigen, aber zum größten Teil wurzeln sie in ähnlichen psychischen Verwundungen. Mit Ausnahme einiger narzisstischer und Borderline-Persönlichkeitstypen haben abhängige Personen ein geringes Selbstwertgefühl und weisen starke Unsicherheiten auf. Letztendlich haben beide Partner das Gefühl, dass sie den anderen dringend brauchen, um sich vollständig zu fühlen. Der einzige Unterschied ist, dass es jeweils unterschiedliche Verhaltensweisen braucht, um dieses Gefühl der Vollständigkeit zu erreichen – ein Gefühl, das nie lange anhält, weil es immer an jemand anderem liegt, dieses Bedürfnis zu erfüllen.

Von Natur aus haben abhängige Persönlichkeiten Schwierigkeiten, ihre eigene Identität zu bilden und sich von anderen zu unterscheiden. Sie wissen nicht, wer sie wirklich sind und haben ein geringes Selbstwertgefühl. Wenn sie nach ihren Kernstärken gefragt werden, wissen viele nicht, was sie sagen sollen, es sei denn, sie erhalten dazu Feedback von jemand anderem. Ihr fehlerhaftes und unvollständiges Verständnis ihrer eigenen Identität ist genau der Grund, warum sie sich schnell an andere Menschen klammern. Sie sehen diese andere Person als eine Art Spiegelbild. Jede Unsicherheit, die sie in ihrem Inneren verspüren, wird dadurch gelöst, dass sie zu dieser anderen Person aufschauen und mit ihr verschmelzen.

Um die Neigung des Abhängigen, sich an eine andere Person zu binden, zu beseitigen, muss er ein gewisses Maß an Unabhängigkeit lernen. Er muss die Welt ohne Stütze erleben, um auf eigenen Füßen zu stehen. Seine Familie, Freunde und Partner müssen lernen, ihm gesunde Grenzen zu setzen und ihm ein gesundes Maß an Unterstützung zu geben. Ohne Herausforderungen kann er sich nicht weiterentwickeln und zu seiner eigenen Stärke kommen. Co-Abhängigkeit ist eine schnelle und einfache Methode, um eine tiefe Wunde zu lindern, aber es ist niemals eine langfristige oder dauerhafte Lösung.

Den ängstlichen Bindungsstil verstehen

Wenn es darum geht, die eigene Herangehensweise an Beziehungen zu verstehen, können Bindungsstile eine Menge Licht darauf werfen, warum sich bestimmte Menschen so verhalten, wie sie es tun. Ganz einfach: Unser Bindungsstil zeigt uns, wie wir vorgehen und welche Strategien wir anwenden, um unsere Bedürfnisse und Wünsche zu erfüllen. Unsere unterschiedlichen Herangehensweisen werden durch unsere Kindheit bestimmt, insbesondere durch die Beziehung zu unserer Hauptbezugsperson. Wenn Sie einen emotional nicht verfügbaren Elternteil hatten oder einen, der Sie auf irgendeine Weise im Stich gelassen hat, wird dies Ihr Verhalten in allen zukünftigen Beziehungen beeinflussen.

Der ängstliche Bindungsstil ist einer von drei dominanten Stilen und derjenige, der am häufigsten bei co-abhängigen Personen zu finden ist. Der ängstliche Typus entsteht, wenn ein Individuum in der Entwicklungsphase seines Lebens ein Trauma erlebt. Aus dem einen oder anderen Grund wurde sein „sicherer Ort" aufgedeckt oder zerstört. Das Gefühl der körperlichen oder emotionalen Sicherheit wurde in erheblichem Maße beeinträchtigt und dies kann zu einem lebensverändernden Vertrauensbruch geführt haben. Bei diesem traumatischen Ereignis handelte es sich wahrscheinlich um Verlassenwerden, Gewalt, emotionalen Missbrauch oder andere Formen von Trauma.

Wie der Name schon andeutet, hat der ängstliche Typus in Bezug auf Beziehungen und Intimität ein tiefes Gefühl der Angst entwickelt. Egal, ob er es zeigt – es besteht eine extreme Wachsamkeit gegenüber den Anzeichen des Verlassenwerdens, die durch eine intensive Angst, auf irgendeine Weise zurückgelassen zu werden, genährt wird. Diese Typen sehnen sich nach Intimität und träumen vielleicht sogar vom „perfekten Partner", während sie Single sind. In Beziehungen können sie in Zeiten tiefer Unsicherheit zu Mitteln wie Manipulation oder Spielchen greifen. Sie neigen eher zu Pessimismus und gehen immer vom Schlimmsten aus, besonders in Bezug auf ihre engen Beziehungen.

Der ängstliche Typus wird am ehesten in einer co-abhängigen Beziehung landen, weil er dazu neigt, die Bedürfnisse des Partners über seine eigenen zu stellen. Da verlassen zu werden als das schlimmstmögliche Ergebnis angesehen wird, strebt er natürlich nach dem entgegengesetzten Extrem. In den Augen des ängstlichen Typus ist die Co-Abhängigkeit ein Zeichen von tiefer Liebe und unvergleichlicher Intimität. Die Vorstellung, weniger als das zu haben, macht ihnen Angst. Die Co-Abhängigkeit gibt ihnen das Gefühl, dass sie alles, was in der Beziehung passiert, „im Blick" haben. Dies ist ein Bewältigungsmechanismus für ihre Verlustängste. Die Nähe der Co-Abhängigkeit gibt ihnen die Illusion, über die totale Kontrolle zu verfügen.

Die engsten Co-Abhängigkeiten werden von zwei Personen mit demselben Bindungsstil gebildet. Es sollte jedoch beachtet werden, dass nicht alle Menschen, die diesen Bindungsstil aufweisen, Anzeichen des gleichen Ausmaßes zeigen. Wie bei allen Dingen, die die menschliche Psyche betreffen, gibt es eine ganze Bandbreite. Diejenigen mit schweren Neigungen zum ängstlichen Bindungsstil werden härter daran arbeiten müssen, ihre destruktiven Muster zu durchbrechen.

Letzten Endes sind die Lektionen, die gelernt werden müssen, dieselben – unabhängig davon, welchen Typus oder Bindungsstil Sie aufweisen. Wenn Sie Ihr Verhalten oder das Ihres Partners auf diesen Seiten wiederfinden, fühlen Sie sich nicht dadurch entmutigt, angesprochen zu werden. Konzentrieren Sie sich einfach auf die Lektionen, die es zu lernen gilt, und Sie werden bald feststellen, dass Sie sich von Ihrem co-abhängigen Verhalten lösen.

Kapitel drei: Aus Liebe zu Grenzen

Wann immer das Wort „Grenzen" oder „Begrenzungen" ins Gespräch kommt, ist es mit negativen Konnotationen verbunden. Die Menschen neigen dazu, zu denken, dass Grenzen zu einer Form von Entbehrung führen und dass alle Freude für immer aus ihrem Leben gestrichen wird. Das ist natürlich Unsinn. Grenzen sorgen dafür, dass wir vernünftig und unversehrt bleiben. Sie sind so etwas wie die Wände eines Hauses, die eine gesunde Barriere bilden zwischen dem, was uns gehört, und dem, was *da draußen* ist. Grenzen und Mauern bedeuten nicht, dass wir in Isolation oder Einsamkeit leben; sie bedeuten einfach, dass wir anfangen, eine bessere Kontrolle über unsere Gedanken, Gefühle und Freiräume zu erlangen. Ohne Grenzen wären die Welt und unser Leben ein Chaos. Fangen Sie an, die Schönheit in Grenzen zu sehen. Würden Sie in einem Haus ohne Wände leben wollen? Ich glaube nicht.

Ein zentraler Punkt, mit dem alle Co-Abhängigen zu kämpfen haben, sind – Sie haben es erraten! – Grenzen. Ihre Neigung, ihre Identität mit der eines anderen Individuums zu verschmelzen, bedeutet, dass sie ihre Unabhängigkeit nicht mehr wertschätzen. Sie beginnen, Trennung und Individualität als negative Ideen wahrzunehmen. Grenzen sind unangenehm und schwer zu setzen, weil jede Trennung eine Bedrohung für ihren Seelenfrieden darstellt. Sie sehen diese Trennung nicht als einen gesunden und vorübergehenden Abstand, sondern als ein Alleinsein auf unbestimmte Zeit. Ob Sie es merken oder nicht, Ihre Beziehung braucht dringend Grenzen. Vorübergehendes Unbehagen jetzt zu vermeiden, könnte in Zukunft zu dauerhafter Frustration führen. Vielleicht sogar zu einer zerstörten Beziehung. Viele Paare, die so etwas zulassen, blicken mit Bedauern zurück und wünschen sich, sie wären stark gewesen, als das am meisten zählte. Lassen Sie nicht zu, dass dies mit Ihnen und Ihrer Beziehung geschieht.

Um sich von Ihrer Co-Abhängigkeit zu erholen, ist ein notwendiger Schritt, an gesünderen Grenzen zu arbeiten und an der Einstellung, die es braucht, um diese erfolgreich einzusetzen.

Fünf wichtige Wege zum Aufbau eines starken Selbstbewusstseins

Bevor Grenzen gesetzt werden können, ist es wichtig, dass Sie erkennen, was Ihre Bedürfnisse sind und vor allem, welche Bedürfnisse derzeit nicht erfüllt werden. Dies erfordert Selbsterkenntnis. Als Co-Abhängiger wird es Ihnen schwerfallen, einige Ihrer Bedürfnisse zuzugeben. Vielleicht stellen Sie sogar fest, dass Sie ganz und gar nicht einverstanden sind. Wann immer der Drang aufkommt, zu widersprechen oder sich zu wehren, überlegen Sie, ob diese Reaktion wirklich in Ihren Bedürfnissen begründet ist oder ob Sie nur aus Angst so reagieren. Viele Co-Abhängige fürchten die Herausforderung, unabhängig zu werden. Um Wachstum und wahres Glück zu erreichen, ist es jedoch unerlässlich, dass Sie sich dieser Herausforderung stellen. Selbsterkenntnis wird Sie auf dem Boden der Tatsachen halten und Ihnen bewusst machen, was Sie brauchen, um sich vollkommen zufrieden zu fühlen.

1 Schreiben Sie Ihre Gedanken auf

Versuchen Sie, es sich zur Gewohnheit zu machen, Ihre Gefühle und Gedanken aufzuschreiben. Achten Sie darauf, wann eine Emotion auftaucht, und notieren Sie, was diese hervorruft. Durch diese Zeit, in der Sie sich auf Ihre Seele konzentrieren, üben Sie sich darin, mehr im Einklang mit dem zu sein, was Sie fühlen und denken. Manchmal bemerken wir es nicht, weil wir uns nie die Zeit nehmen, unsere innere Welt wirklich zu erleben. Achten Sie darauf, dass sich das, was Sie schreiben, nicht nur um Ihren Partner dreht. Konzentrieren Sie sich auf das, was *Sie* fühlen. Schreiben Sie über andere Bereiche Ihres Lebens oder Themen aus der weiten Welt, die Sie interessieren. Sie können sowohl in ein Tagebuch als auch einfach in ein Word-Dokument auf Ihrem Computer zu schreiben. Zu welcher Variante Sie sich auch entscheiden, der Nutzen ist derselbe.

2 Stellen Sie sich Ihr ideales Selbst vor

Das Beste an dieser Übung ist, dass Sie sie überall und jederzeit durchführen können und dass sie nur wenige Minuten dauert. Um die besten Ergebnisse zu erzielen, empfehlen wir jedoch, sie am frühen Morgen oder direkt vor dem Schlafengehen durchzuführen, da Ihr Geist dann wahrscheinlich weniger aufgeregt ist. Schließen Sie die Augen und beginnen Sie, sich ein Bild von Ihrem zukünftigen Ich zu machen. Wie sieht Ihr ideales Selbst aus? Was hat er oder sie erreicht, auf das Sie stolz sind? Was sind die größten Stärken Ihres idealen Selbst? Wie verhält er oder sie sich im Angesicht der Herausforderungen des Lebens?

Nun stellen Sie sich vor, dass dieses ideale Selbst tatsächlich derjenige ist, den Sie im Spiegel betrachten. Sie sind bereits Ihr ideales Selbst. Umarmen Sie die Stärken, die Sie sich wünschen. Sie liegen bereits in Ihnen und warten darauf, freigesetzt zu werden.

Diese Übung ermächtigt Sie nicht nur, sondern ermöglicht Ihnen auch, zu erkennen, was Ihre wahren Werte sind. Und am wichtigsten ist, dass Sie auf diese Weise Ihre Träume und Ihre Bestimmung wiederfinden können. Natürlich ist es bei dieser Übung wichtig, dass Sie alle Visualisierungen strikt auf sich selbst und nicht auf Ihren Partner beziehen.

3   Bitten Sie jemanden um Feedback

Der Gedanke, jemanden um Feedback zu bitten, kann erschreckend wirken, aber es ist eine der besten Möglichkeiten, um einen ehrlichen Einblick zu erhalten. Achten Sie darauf, jemanden zu wählen, der Sie einigermaßen gut kennt und auf dessen Meinung Sie vertrauen. Stellen Sie außerdem sicher, dass Ihr Gesprächspartner in der Lage ist, konstruktiv zu bleiben. Halten Sie sich von allen Personen in Ihrem Leben fern, die übermäßig kritisch oder unfreundlich sind. Sie können das Feedback persönlich, am Telefon oder sogar per E-Mail einholen. Fragen Sie diese Person, was ihrer Meinung nach Ihre Stärken sind und in welchen Bereichen Sie noch wachsen können. Wenn Sie dieses Feedback erhalten haben, denken Sie darüber nach. Bekennen Sie sich zu Ihren Stärken und betrachten Sie die Bereiche, in denen Sie sich noch entwickeln können, auf eine besonnene, praktische Art. Wenn Sie Ihr persönliches Wachstum vorantreiben, versuchen Sie, an diesen Bereichen so gut es geht zu arbeiten.

Co-Abhängigkeit in Beziehungen

4 Machen Sie verschiedene Persönlichkeitstests

Ob Myers-Briggs-Test, SWOT-Analyse oder Ennea-gramm-Test: Versuchen Sie es und haben Sie Spaß mit verschiedenen Persönlichkeitstests. Das Ziel ist es, sich selbst ein wenig besser kennenzulernen und Ihr Selbstverständnis zu festigen. Diese Tests geben Ihnen nicht nur neue Einblicke in die Merkmale Ihrer Persönlichkeit, sondern zeigen Ihnen auch Stärken auf, die Sie vielleicht noch nie betrachtet haben. Die Identifizierung Ihres Myers-Briggs- und Enneagramm-Typs hilft Ihnen, Ihre Bedürfnisse in Worte zu fassen, und gibt Ihnen eine viel bessere Vorstellung davon, wo Sie Grenzen setzen müssen. Wenn Sie herausfinden, dass Sie sehr introvertiert sind, werden Sie vielleicht feststellen, dass Zeit für Sie allein und Einsamkeit sehr wichtig für Sie sind. Oder vielleicht ist das Gegenteil der Fall und Sie stellen fest, dass Sie in Ihrem Leben dringend mehr Geselligkeit mit Freunden brauchen. Berücksichtigen Sie diese neu erkannten Bedürfnisse und planen Sie, ihnen in Ihrem brandneuen Lebensabschnitt der Unabhängigkeit die Priorität zu geben.

5 Überwachen Sie Ihren inneren Dialog

Jeder Mensch führt Selbstgespräche, und auch wenn es uns nicht bewusst ist, werden wir stark von der Art und Weise beeinflusst, wie wir mit uns selbst sprechen. Achten Sie auf Ihren inneren Dialog, wenn Sie mit verschiedenen Ereignissen und Entscheidungen konfrontiert werden. Wenn Sie etwas falsch machen, was sagt dann die Stimme in Ihrem Kopf? Wenn Sie etwas richtig machen, schenken Sie sich selbst die positive Ermutigung, die Ihnen gebührt, oder schreiben Sie den Verdienst jemand anderem zu? Achten Sie auf die Muster in Ihrem inneren Dialog. Beobachten Sie, ob Sie hart zu sich selbst sind.

Anstatt sich für Misserfolge schlechtzumachen, versuchen Sie, konstruktiv zu sein und sich selbst gegenüber Mitgefühl zu zeigen. Wenn möglich, denken Sie sich eine Lösung aus, statt an einer Herabsetzung festzuhalten. Wenn Sie wieder einmal vergessen haben, Ihre Telefonrechnung zu bezahlen, halten Sie sich nicht mit Ihrer Vergesslichkeit auf. Seien Sie freundlich zu sich selbst; vielleicht waren Sie gestresst oder haben an etwas anderem hart gearbeitet. Was können Sie tun, damit Ihnen das in Zukunft nicht mehr passiert? Vielleicht erstellen Sie Erinnerungen auf Ihrem Telefon oder hinterlassen bunte Klebezettel am Kühlschrank. Versuchen Sie, sich auf die Lösung statt auf das Problem zu konzentrieren.

„Also, wo genau soll ich die Grenze ziehen?"

Anhand der Vorschläge im vorherigen Abschnitt haben Sie vielleicht ein paar Ideen für Grenzen, die Sie setzen können. Ich kann Sie nur ermutigen, an diesen Ideen festzuhalten und sie zu verwirklichen! Wenn Sie immer noch keine klare Vorstellung haben, machen Sie sich keine Sorgen. Sie sind co-abhängig und es vielleicht noch nicht gewohnt, selbstbezogen zu denken. Hier sind einige Ideen zu Punkten, bei denen Sie Grenzen ziehen können:

1 Gemeinsame Zeit

In co-abhängigen Beziehungen ist es sehr üblich, dass beide Partner exorbitant viel Zeit miteinander verbringen.

Dies ist ein guter Ansatzpunkt, wenn Sie sich fragen, wo Sie Grenzen ziehen sollten. Wenn Sie ihren Partner täglich sehen, schlagen Sie vor, ein oder zwei Tage getrennt zu verbringen, um sich auf Ihre individuellen Hobbys zu konzentrieren. Wenn Sie zusammenwohnen, können Sie den Tag in verschiedenen Wohnbereichen verbringen und sich nur abends sehen. Wenn es nicht realistisch ist, ganze Tage getrennt zu verbringen, ziehen Sie in Erwägung, Ihren Tagesablauf so zu ändern, dass Sie ein paar Stunden in einem abgelegenen Bereich des Hauses verbringen können.

2 Hausarbeit

Es ist sehr üblich, dass der Zuhelfer den größten Teil der Hausarbeit übernimmt. Schließlich ist er der aktivere Partner in der Beziehung. Eine gute Möglichkeit, mehr Gleichgewicht in Ihr Verhältnis zu bringen, besteht darin, mehr Fairness bei den Aufgaben im Haushalt walten zu lassen. Dieser Aspekt des Zusammenlebens mit einem Partner wird leicht übersehen, aber er ist ein wichtiger Indikator für Gleichgewicht oder Ungleichgewicht in der Beziehung. Wenn Sie dazu neigen, die meisten oder alle Aufgaben im Haushalt zu erledigen, sagen Sie Ihrem Partner, dass Sie nicht länger die Hauptlast tragen werden. Bestehen Sie darauf, dass Sie beide jeweils die Hälfte der Aufgaben übernehmen. Wenn Sie sanfter mit ihm umgehen wollen, können Sie ihn wählen lassen, welche Aufgaben er lieber erledigen möchte. Stellen Sie sicher, dass Sie sich an diese neue Vereinbarung halten, indem Sie ihn häufig daran erinnern oder einen Hausarbeitsplan aufstellen.

3 Schlechte Angewohnheiten

Dies ist ein großes Problem in co-abhängigen Beziehungen. Die zugeholfenen Partner haben immer irgendeine schlechte Angewohnheit, die eine Belastung für die Beziehung darstellt. Das kann etwas so Gravierendes wie eine Drogensucht sein oder etwas Geringfügigeres, wie allgemeine Faulheit. In einer co-abhängigen Beziehung ist es wichtig, den schlechten Angewohnheiten Grenzen zu setzen, vor allem, wenn diese Sie in irgendeiner Weise beeinträchtigen. Seien Sie unnachgiebig in dieser Grenze, aber überlegen Sie auch, wie Sie ihn bei der Einhaltung dieser Grenze unterstützen können. Wenn Sie möchten, dass Ihr Partner zu den Anonymen Alkoholikern geht, überlegen Sie, ob Sie ihn zu jedem Treffen fahren. Wenn Sie wollen, dass Ihr Partner einen Job findet, helfen Sie ihm bei der Jobsuche und beim Erstellen eines umwerfenden Lebenslaufs. Wenn es kleine Angewohnheiten gibt, die Sie stören, erwägen Sie, auch dort Grenzen zu ziehen. Sie mögen es nicht, wenn Ihr Partner seine schmutzigen Socken auf dem Sofa liegen lässt? Fangen Sie an, diese Grenze zu setzen!

4 Verbale Kommunikation: Sprache und Tonfall

Verbale Kommunikation ist schwer zu meistern und es ist möglich, dass Ihr Partner Neigungen hat, die Sie wirklich verärgern. Vielleicht sogar mehr als das – vielleicht finden Sie sie verletzend und erschütternd. Wenn Ihr Partner auf eine Art und Weise mit Ihnen spricht, die Sie als störend empfinden, zögern Sie nicht, es anzusprechen, vor allem, wenn er Sie beschimpft, seine Stimme erhebt, sich über Sie lustig macht oder Sie in Momenten der Wut herabsetzt. Das Ziehen von Grenzen in Bezug auf kontraproduktive Kommunikationsstile kann schwieriger umzusetzen sein, da diese Entscheidungen spontan getroffen werden. Doch ich möchte wetten, dass Sie sich bis jetzt gar nicht gewehrt haben. Es reicht schon aus, das störende Verhalten zu benennen und Ihrem Partner zu sagen, dass Sie es nicht länger tolerieren werden, um dem ein Ende zu setzen.

5 Entscheidungen treffen und Pläne machen

Wenn eine Person in Ihrer Beziehung ständig eine dominante Rolle einnimmt, ist es wahrscheinlich, dass diese Person die meisten Entscheidungen trifft. Dazu gehören z. B. die Aktivitäten, an denen Sie teilnehmen, was Sie essen, wohin Sie gehen und mit wem Sie sich treffen wollen. Wenn Ihr Partner dazu neigt, seinen Willen durchzusetzen, wenn es darum geht, Pläne zu machen, versuchen Sie, ihn auf diese Tatsache hinzuweisen. Grenzen Sie ein, wie oft er Ihre gemeinsamen Pläne dominieren kann. Schlagen Sie vor, diese Entscheidung gemeinsam zu treffen oder bestimmte Tage festzulegen, an denen einmal Sie und einmal Ihr Partner entscheidet. Und wenn Sie derjenige sind, der dazu neigt, zu dominieren, dann bringen Sie die Stärke auf, dieses Gleichgewicht in Ihrer Beziehung herzustellen. Wenn Ihr Partner die Entscheidung mit einem Achselzucken abtut und Sie jedes Mal bittet, zu wählen, bestehen Sie darauf, dass er es übernimmt. Er wird vielleicht zögern, aber später wird das Wissen, dass er diese Entscheidung getroffen hat, ihn in seinem eigenen Leben bestärken.

6 Wie man Geld ausgibt

Diese Entscheidung ist ein weiterer wichtiger Punkt. Ein Mangel an Grenzen rund um die Finanzen kann bei Paaren, die nicht lernen, zusammenzuarbeiten, zu einer Menge Groll führen. In einer co-abhängigen Beziehung ist die Wahrscheinlichkeit groß, dass ein Partner mehr Geld ausgibt als der andere oder das Geld für etwas verwendet, das für seine eigene Lebenshaltung destruktiv ist. Vielleicht haben Sie einen Partner, der Ihr ganzes Geld für Einkäufe ausgibt und Sie können einfach nicht nein sagen. Oder er benutzt es, um seine schlechten Angewohnheiten zu finanzieren. Wenn das Geld in eine kontraproduktive Aktivität oder Gewohnheit fließt, sollten Sie hier Grenzen ziehen. Es gibt immer bessere Dinge, in die man investieren kann. Sprechen Sie über Ihre gemeinsame Zukunft. Denken Sie an all das Geld, das Sie für ein neues Haus, einen neuen Fernseher oder sogar einen gemeinsamen Urlaub hätten sparen können. Legen Sie fest, wie und wie viel Geld ausgegeben werden kann; Sie werden es nicht bereuen!

Vier Fragen zur Beseitigung von Schuldgefühlen vor dem Setzen von Grenzen

Wann immer co-abhängige Partner mit dem Gedanken konfrontiert werden, Grenzen zu setzen, bringen sie unweigerlich die Schuldgefühle zur Sprache, die sie empfinden. Das alles geht zurück auf die ungesunde Vorstellung, dass Grenzen grausam sind. Co-abhängige Menschen haben das Gefühl, dass sie gleichbedeutend damit sind, ihren Partner zurückzuweisen oder ihm zu sagen, er solle einen in Ruhe lassen. Lassen Sie uns das gleich klarstellen: Grenzen zu setzen ist keine Ablehnung! Wenn es richtig gemacht wird, werden dabei keine Gefühle verletzt und es ist für beide Seiten ein Gewinn. Ein Mangel an Grenzen kann dazu führen, dass Menschen mit der Zeit Groll oder Frustration empfinden – und das kann einer romantischen Partnerschaft echten Schaden zufügen.

Auch wenn es für Co-Abhängige völlig normal ist, dass sie zögern, Grenzen zu setzen, müssen sie erkennen, dass dieses Gefühl überwunden werden muss. Wenn Sie sich bei dem Gedanken, Ihrem Partner gegenüber Grenzen aufzuzeigen, unwohl fühlen, ist das in Ordnung! Das ist nur ein weiterer Beweis dafür, dass Sie wirklich co-abhängig sind. Die gute Nachricht ist, dass dieses Schuldgefühl mit etwas Selbstreflexion beseitigt werden kann. Also, an die Arbeit!

1 „Wie hält mich mein Mangel an Grenzen von meinen Träumen und Zielen ab?"

Nachdem Sie die Vorschläge im Abschnitt „Selbsterkenntnis" genutzt haben, denken Sie über den Weg zwischen Ihrem jetzigen Zustand und den Zielen nach, die Sie erreichen wollen. Ob Sie es merken oder nicht, Ihr Mangel an Grenzen schafft diesbezüglich ein Hindernis. Wie genau manifestiert sich dieses Hindernis? Es muss sich nicht auf Ihren großen Lebenstraum beziehen, es kann auch Ihre kurzfristigen Ziele meinen. Nehmen wir zum Beispiel an, Sie wollen anfangen, zu trainieren, damit Sie besser in Form kommen. Wenn Sie sich keine Grenzen in Bezug auf Geld und Zeit setzen, wird es schwieriger, diese Ziele zu erreichen. Wenn Sie Ihrem co-abhängigen Partner alles kaufen, was er oder sie möchte, und jede Minute des Tages mit ihm verbringen, wie werden Sie sich dann eine Mitgliedschaft in einem tollen Fitnessstudio leisten können? Wie werden Sie die Zeit oder Energie finden, um mit dem Training zu beginnen? Denken Sie darüber nach, wie befriedigend es wäre, diese Ziele endlich zu erreichen. Wäre es nicht schade, wenn Ihnen Ihre Beziehung in die Quere kommt? Wie werden Sie sich später im Leben fühlen, wenn Sie feststellen, dass Sie Ihre Chance verpasst haben?

2 „Inwiefern werde ich mich positiver fühlen, nachdem ich diese Grenzen gesetzt habe?"

Stellen Sie sich vor, wie es sich anfühlen wird, nachdem Sie diese Grenzen erfolgreich gesetzt haben. Sie müssen diese Gefühle nicht benennen, wenn Sie das nicht wollen. Erleben Sie sie einfach gedanklich und emotional. Versuchen Sie, sich in die Lage Ihres zukünftigen Ichs zu versetzen. Es könnte ein paar Wochen oder Monate später sein – immer dann, wenn Ihre Grenzen ihre volle Wirkung entfalten konnten. Wenn Sie Grenzen setzen, um mehr Zeit für sich selbst zu haben, denken Sie an all die Dinge, die Sie mit dieser Zeit bewerkstelligen werden. Stellen Sie sich vor, wie Sie sich fühlen werden, wenn Sie sehen, wie viel Sie erreicht haben, weil Sie die Kraft hatten, diese Grenzen zu setzen. Wenn Sie darüber nachdenken, mehr Regeln für den Umgang mit Geld aufzustellen, stellen Sie sich vor, dass Sie in der Zukunft über all dieses zusätzliche Geld verfügen werden. Was werden Sie damit tun? Denken Sie an die vielen wunderbaren Dinge, für die Sie Ihr Erspartes verwenden können! Stellen Sie sich vor, Sie machen einen fantastischen Urlaub mit Ihrem Partner, weil Sie endlich seine schrecklichen Kaufgewohnheiten einschränken konnten!

3 „In welcher Hinsicht wird mein Partner wachsen, wenn ich diese Grenzen setze?"

Sie denken, Sie helfen, indem Sie keine Grenzen ziehen, aber nichts könnte der Wahrheit ferner liegen. Lassen Sie uns diesen Irrglauben einen Moment lang untersuchen. Was genau lässt Sie glauben, es wäre hilfreich, ihren Partner tun zu lassen, was er will? Liegt es daran, dass Sie ihm in diesem Moment keine Unannehmlichkeiten oder Unmut bereiten? Warum ist kurzfristige Unzufriedenheit der Feind und nicht langfristige Frustration oder Unzufriedenheit? Menschen wachsen durch Herausforderungen. Als Partner ist es nicht Ihre Aufgabe, alle Herausforderungen zu beseitigen; es ist Ihre Aufgabe, dafür zu sorgen, dass Ihr Partner die nötige Unterstützung bei den Herausforderungen seines Lebens hat. Unterstützung bedeutet, an seiner Seite zu bleiben und nicht das eigene Wohlbefinden zu opfern.

Was wird Ihr Partner durch diese neuen Grenzen verbessern? Auf welche Weise wird er sich weiterentwickeln? Wenn Sie versuchen, Ihrem Partner dabei zu helfen, eine schlechte Angewohnheit aufzugeben, denken Sie an das Wachstum, das er erfahren wird, wenn er diese endlich loslässt. Möglicherweise hat er dann eine bessere Gesundheit, mehr Geld und mehr Zeit, sich auf seine Ziele zu konzentrieren. Er wird vielleicht lernen, geduldiger und selbstbewusster zu sein, und er wird vielleicht sogar anfangen, Ihnen gegenüber ein besserer Partner zu sein.

4 „Wie wird meine Beziehung durch bessere Grenzen stärker?“

Denken Sie mit den Antworten auf alle anderen Fragen im Hinterkopf darüber nach, welche Auswirkungen diese Grenzen insgesamt auf Ihre Beziehung haben werden. Sie haben nun festgestellt, inwiefern Sie sich positiver fühlen werden und auf welche Weise Ihr Partner daran wachsen wird; was bedeutet das für Ihre Beziehung als Ganzes? Ihre Beziehung mag jetzt bequem sein, aber was wäre, wenn sie stattdessen ermächtigend wäre? Stellen Sie sich vor, was Sie gemeinsam erreichen könnten.

Wichtige Tipps für das erfolgreiche Setzen gesunder Grenzen

1 Führen Sie Grenzen so nahtlos wie möglich ein

Hier ist ein Profi-Tipp für das Setzen von Grenzen mit positivem Ergebnis: Führen Sie sie nahtlos ein und machen Sie keine große Sache daraus. Viele Menschen, denen das Setzen von Grenzen neu ist, machen den Anfängerfehler, das Thema mit einer schweren, traurigen Miene anzugehen und dem Gespräch zu viel Intensität zu verleihen. Es gibt keinen Grund, das Thema so zu behandeln! Wenn Sie einen Tag in der Woche für das Training reservieren wollen, sagen Sie einfach: „Hey Schatz, ich werde mich darauf konzentrieren, fit zu werden. Ich will unbedingt in Form kommen! Ich denke darüber nach, den Samstag zu meinem Solo-Work-out-Tag zu machen. Du wirst meinen neuen heißen Körper lieben – warte nur!“ Beachten Sie, wie zwanglos und unbeschwert dies ist. Indem Sie neue Veränderungen auf diese Weise zur Sprache bringen, fühlen sie sich nicht beängstigend und ernst an. Es ist nur eine kleine neue Veränderung – keine große Sache! Ihr Partner wird sich weniger Sorgen machen, und Sie werden selbst sehen, wie unglaublich normal es klingt, Grenzen zu ziehen.

2 Verwenden Sie positive Sprache

Wenn Sie vorschlagen wollen, mehr Zeit getrennt zu verbringen, sagen Sie *nicht:* „Liebling, ich glaube, wir müssen mehr Zeit getrennt voneinander verbringen. Es macht mich verrückt und ich kann nicht mehr damit umgehen." Diese negative und emotionale Sprache wird Ihren Partner beunruhigen. Erinnern Sie sich selbst daran, dass dies kein negatives Ereignis ist, sondern das ganze Gegenteil davon. Ihre Beziehung entwickelt sich weiter. Seien Sie positiv und freuen Sie sich auf Ihren neuen Lebensabschnitt. Wenn Sie mit Ihrem Partner über die neuen Grenzen sprechen, sollten Sie das Gespräch mit einer positiven Sprache führen. Konzentrieren Sie sich auf die Vorteile, die Sie sehen werden, anstatt darauf, wie schwierig es sein wird.

3 Machen Sie Ihrem Partner Mut

Natürlich löst das erste Gespräch, das Sie über Grenzen führen, bei Ihrem Partner vielleicht ein wenig Angst aus. Rechnen Sie damit und lassen Sie sich nicht entmutigen. Wenn es passiert, versichern Sie Ihrem Partner und erinnern Sie ihn daran, dass Sie diese Grenzen setzen wollen, damit sich Ihre Beziehung verbessert. Und warum? Weil Sie Ihren Partner lieben und Ihr beider Glück für die Zukunft sicherstellen wollen. Wenn Ihr Partner besorgt erscheint, bringen Sie diese Tatsache immer wieder zur Sprache. Untätigkeit ist ein großes Anzeichen von Apathie in unserer Beziehung; wenn Sie sich aktiv um Verbesserungen bemühen, ist das ein Beweis dafür, dass Ihnen die Zukunft Ihrer Beziehung wirklich am Herzen liegt.

4 Bleiben Sie standhaft und lassen Sie sich nicht abbringen

Da Grenzen in Ihrer Beziehung neu sind, ist es möglich, dass Ihr Partner sich dagegen wehren wird. Bereiten Sie sich im Voraus darauf vor, wie Sie reagieren werden. Was auch immer Sie tun, bleiben Sie in Ihren Aussagen standhaft und machen Sie keinen Rückzieher. Wenn Sie zwiegespalten oder unsicher wirken, wird dies das Zögern Ihres Partners nur noch verstärken. Wenn Sie selbstbewusst bleiben, werden Sie Ihren Partner schließlich davon überzeugen, dass dies die beste Vorgehensweise ist. Wenn Ihr Partner zu Manipulationen oder Schuldzuweisungen neigt, bereiten Sie sich zudem auf diese Taktiken vor. Versuchen Sie, einzuschätzen, wie er sich wehren wird, und lassen Sie sich eine wirksame Antwort einfallen. Behalten Sie die Vorteile Ihrer Grenzen im Auge und lassen Sie nicht zu, dass ihr Partner Sie zurück in Ihre alten destruktiven Muster zieht.

5 Sprechen Sie keine Drohungen aus

Wenn Ihr Partner die Grenzen missachtet, die Sie vereinbart haben, ist es wichtig, dass es dafür Konsequenzen gibt – aber befassen Sie sich mit diesem Ergebnis nur dann, wenn es eintritt. Sprechen Sie keine Drohungen im Voraus auf dieses Ereignis aus. Versuchen Sie im Moment, zu glauben, dass Ihr Partner diese Grenzen ernst nehmen wird. Sobald Drohungen ins Gespräch kommen, beginnen Sie, in emotional missbräuchliches Terrain abzuschweifen. Es ist absolut notwendig, dass Ihr Partner aus Liebe zu Ihnen und Ihrer Beziehung Veränderungen vornimmt und nicht aus Angst vor den Konsequenzen, mit denen Sie ihm gedroht haben. Drohungen bringen eine Menge Negativität in die Situation und verschlimmern die Co-Abhängigkeit nur.

6 Betonen Sie die Veränderung auf beiden Seiten

Wenn Sie wollen, dass Ihr Partner kooperiert, dann lassen Sie es nicht so klingen, als sei er der Einzige, der sich ändern muss. Denken Sie daran, dass Sie beide diese Situation miterschaffen haben. Wie wir im vorherigen Kapitel festgestellt haben, braucht es zwei Persönlichkeiten, um eine Co-Abhängigkeit zu bilden. Auch wenn Sie das Gefühl haben, dass Ihr Partner an mehr Dingen arbeiten muss, ist es wichtig, dass auch Sie für Ihr Handeln Verantwortung übernehmen. Sagen Sie ihm, was Ihr Beitrag zu dieser neuen Veränderung sein wird. Ihr Partner wird viel eher positiv reagieren, wenn Sie es so klingen lassen, als ob dies eine Reise sei, die Sie gemeinsam antreten. Schieben Sie nicht ihm allein die Verantwortung zu.

7 Halten Sie sich an Ihre eigenen Regeln

Wenn Sie in Ihrer Beziehung Grenzen ziehen wollen, dann müssen auch Sie diese respektieren. Wie können Sie von Ihrem Partner erwarten, dass er sie ernst nimmt, wenn Sie es selbst nicht tun? Es wäre völlig unfair, wenn Sie von Ihrem Partner verlangen würden, sich zu ändern, aber im Gegenzug nicht an sich selbst arbeiten würden. Wenn Sie versuchen, die Drogensucht Ihres Partners einzuschränken, dann ist es nur fair, dass Sie Ihre Alkoholabhängigkeit kontrollieren. Eine gute Faustregel ist, jede Grenze, die

Sie für Ihren Partner schaffen, auch als eine Grenze für sich selbst zu betrachten. Seien Sie kein Heuchler. Sorgen Sie stets für gleiche Verhältnisse und hören Sie auf Ihre eigenen Regeln. Sie tragen dazu bei, zu bestimmen, wie ernst Ihre Grenzen genommen werden können.

Kapitel vier: Ein starkes Selbstwertgefühl entwickeln

Die Gesamtgesundheit einer Beziehung hängt von den beiden Personen ab, aus denen sie besteht. Sie ist keine eigenständige Einheit. Wenn Sie ein zutiefst unsicherer Mensch sind, werden Sie diese Unsicherheiten in Ihre Beziehung tragen. Wenn Sie als Single eifersüchtig sind, werden Sie auch ein eifersüchtiger Partner sein. Diese Probleme verschwinden nicht einfach, sobald jemand anderes im Spiel ist. Die Erwartung, dass eine Beziehung alles für Sie regelt, ist eine weitere Möglichkeit dafür, wie sich Co-Abhängigkeit bildet. Die Partner klammern sich aneinander, in der Hoffnung, dass dies ihre innere Zerrissenheit lindern wird; es lässt sie glauben, dass es sich um das ultimative Heilmittel handelt. Wenn dies nicht zu funktionieren scheint, klammern sie sich noch fester aneinander, bis der Versuch völlig nach hinten losgeht. Um in einer gesunden Beziehung zu leben, müssen Sie daran arbeiten, ein gesundes Individuum zu sein. Eine Möglichkeit hierfür ist das Arbeiten an Ihrem Selbstwertgefühl. Ob Sie es glauben oder nicht, ein gestörtes Selbstwertgefühl ist oft die Wurzel vieler fehlerhafter Beziehungsdynamiken. Das gilt nicht weniger für Co-Abhängigkeiten.

Die Tipps und Übungen in diesem Kapitel tragen alle zu einer stärkeren Selbstwahrnehmung und einem stärkeren

Selbstwertgefühl bei. Nehmen Sie sich die Zeit, um an sich und nur an sich zu denken.

Wie ein hohes Selbstwertgefühl Ihre Co-Abhängigkeit verbessern kann

Co-Abhängige Partner neigen dazu, den Zusammenhang zwischen dem Selbstwertgefühl und der Co-Abhängigkeit zu leugnen. Viele bestehen darauf, dass ihre Co-Abhängigkeit aus tiefer Liebe und Bindung aneinander entsteht, aber das ist ein Irrtum. Tiefe Liebe und Bindung mag es tatsächlich geben, aber viele Paare sind in der Lage, solche Gefühle zu empfinden, ohne auf ungesunde Muster zurückzugreifen. Einer der Hauptunterschiede ist, dass gesunde Paare ein höheres Selbstwertgefühl besitzen. Die folgenden Verbesserungen kann das Selbstwertgefühl im täglichen Umgang bewirken:

Beispiel eins

Geringes Selbstwertgefühl: Sie zweifeln häufig an sich selbst und fühlen sich unentschlossen. Das führt dazu, dass Sie nicht wissen, wie Sie Ihre Ziele erreichen können. Sie sind sich nicht einmal sicher, ob die Ziele, die Sie verfolgen, erstrebenswert sind. Insgesamt fühlen Sie sich von der Skepsis gegenüber Ihren Entscheidungen im Leben übermannt. Deshalb verlassen Sie sich auf Ihren Partner, der Ihnen sagt, was Sie tun sollen.

Hohes Selbstwertgefühl: Wenn es um Ihre Ziele geht, vertrauen Sie darauf, dass Sie die richtige Vorgehensweise finden werden. Das bedeutet nicht, dass Sie auf dem Weg dorthin keine Fehler machen werden. Doch wenn dies geschieht, vertrauen Sie darauf, dass Sie herausfinden werden, wie Sie das Problem beheben können, und tun Sie dies entsprechend. Sie hören auf das Feedback Ihres Partners, aber Sie machen dieses nicht zum ausschlaggebenden Argument, es sei denn, Sie stimmen ihm zu.

Beispiel zwei

Geringes Selbstwertgefühl: Es fühlt sich an, als ob Sie alles falsch machen. Jedes Mal, wenn Sie versuchen, etwas Neues zu tun, geht es nach hinten los und scheitert. Sie glauben nicht daran, dass Sie irgendwelche starken Fähigkeiten besitzen. Sie ziehen es vor, dass Ihr Partner alles erledigt, weil Sie nichts so gut können wie er. Sie halten sich selbst für zutiefst inkompetent.

Hohes Selbstwertgefühl: Sie machen vielleicht nicht immer alles richtig, aber Sie wissen, dass Sie trotzdem eine sehr kompetente Person sind. Jeder Mensch geht durch einen Lernprozess, und irgendwann machen auch Sie es richtig. Sie sind in der Lage, sich um sich selbst zu kümmern und teilen sich gerne Hausarbeiten oder andere Aufgaben mit Ihrem Partner, da Sie wissen, dass Sie diese genauso gut erledigen können wie er. Niemand ist perfekt, aber Sie wissen, dass Sie alles schaffen können, was Sie sich vornehmen.

Beispiel drei

Geringes Selbstwertgefühl: Sie haben Angst davor, allein zu sein. Das ist der Grund, warum Sie in Ihrer Beziehung keine Grenzen setzen können; Sie haben Angst, dass Ihr Partner Sie verlässt. Selbst wenn er etwas tut, das Sie stört, beißen Sie sich auf die Zunge und behalten Ihre

Gefühle für sich. Sie wollen ihm einfach gefallen, damit er bei Ihnen bleibt. Sie wissen nicht, wer Sie ohne ihn sind, und Sie sind sich nicht sicher, wie Sie ohne ihn weitermachen würden. Sie brauchen ihn dringend in Ihrem Leben, um sich sicher zu fühlen.

Hohes Selbstwertgefühl: Natürlich lieben Sie Ihren Partner – schließlich sind Sie ja deswegen mit ihm zusammen! – aber Sie werden es verkraften, sollte Ihre Beziehung nicht funktionieren. Sie sind in der Beziehung, weil Sie Ihren Partner wollen, nicht weil Sie Ihren Partner *brauchen*. Sie haben kein Problem damit, ehrlich zu sein und Ihrem Partner gegenüber Grenzen zu setzen, weil Sie wissen, was Sie brauchen, um in einer Beziehung glücklich zu sein. Wenn Ihr Partner nicht bereit ist, zu kooperieren, dann ist das ein klares Zeichen dafür, dass er nicht die richtige Person für Sie ist. Sie kennen Ihren Wert und Ihre Bedeutung außerhalb der Paarbeziehung. Ihre Beziehung besteht aus zwei ganzen Menschen – nicht aus zwei Hälften.

Beenden Sie die Co-Abhängigkeit mit diesen 22 Selbstwertgefühl-Affirmationen

Positive Affirmationen sind ein bewährtes Mittel, um das eigene Selbstgespräch zu verbessern. Wenn Sie ermutigende Mantras rezitieren, verändert sich Ihr innerer Dialog und alle selbstzerstörerischen Neigungen können mit der Zeit aufgegeben werden. Um Ihr Selbstwertgefühl zu stärken und Ihr inneres Selbstvertrauen zu festigen, sollten Sie versuchen, diese positiven Affirmationen zu einem

Teil Ihrer Selbstgespräche zu machen. Durch kontinuierliche Übung wird Ihr Gehirn so umprogrammiert, dass Sie sofort mehr persönliche Zufriedenheit empfinden.

1. Alles, was ich brauche, ist bereits in mir angelegt.
2. Ich bin der Herr über meine eigenen Gefühle.
3. Heute werde ich Hindernisse mit neuer Kraft überwinden.
4. Ich bin meine eigene Festung. Ich allein habe die Kontrolle darüber, was hereinkommt und was herausgeht.
5. Ich kann problemlos für alles sorgen, was ich brauche.
6. Ich bin in der Lage, großartige Dinge zu tun.
7. Ich lasse meine vergangenen Probleme los und begrüße bessere Tage.
8. Ich kann stolz und mutig auf meinen eigenen Füßen stehen.
9. Ich bin offen und bereit, meine wahre Kraft zu erleben.
10. Jeder Schritt, den ich mache, führt mich zum Erfolg.
11. Ich werde von meiner inneren Magie beflügelt.
12. Ich atme kraftvolles Vertrauen ein und Selbstzweifel aus.
13. Ich bin stärker als je zuvor.
14. Ich bin vollständig und ich bin genug.
15. Ich meistere alles mit Bravour.
16. Alles, was ich berühre, wird von Licht durchdrungen.
17. Ich bin eine unaufhaltsame Kraft.

18. Ich bin ein überfließender Kelch der Liebe und Freude.
19. Ich bin Feuer und ich leuchte voraus.
20. Das Universum unterstützt mich und alle meine Träume.
21. Schönheit ist überall um mich herum und ich erschaffe sie, wo immer ich gehe.
22. Heute ist der Beginn meines bisher besten Lebensabschnitts.

Acht Übungen zur Entwicklung eines starken Selbstbewusstseins

Das Beste am Selbstwertgefühl ist, dass man es aufbauen kann. So, wie Sie sich jetzt gegenüber sich selbst fühlen, wird es nicht immer bleiben. Der einzige Grund dafür, dass Sie ein geringes Selbstwertgefühl haben, ist, dass Ihr Gehirn daran gewöhnt ist, negative Gedanken über sich selbst zu erzeugen – aber das ist in keiner Weise ein Hinweis darauf, wer Sie wirklich sind. Es ist an der Zeit, dieses Muster für immer zu durchbrechen und anzufangen, sich selbst mit Freundlichkeit zu betrachten. Sie besitzen viele positive Eigenschaften und es ist an der Zeit, dass Sie das erkennen.

1 Das Tagebuch der Siege

Ihre Tage sind mit Siegen gefüllt. Sie merken es vielleicht nicht, aber es ist wahr. Der Grund, warum Sie diese nicht bemerken, ist, dass Sie darauf warten, dass ein großer Sieg vom Himmel fällt. Doch Sie erreichen jeden Tag kleine und mittlere Siege! Auch diese verdienen es, gefeiert zu werden. Es ist nicht realistisch, jeden Tag einen großen Sieg zu erringen. Niemand schafft das! Um sich für einen großen Sieg zu motivieren, beginnen Sie ein Tagebuch und füllen Sie es mit Ihren kleinen Siegen. Listen Sie jeden Tag drei Dinge auf, die Sie richtig gemacht haben – sowohl die gewollten als auch die ungewollten Siege. Haben Sie sich ein absolut köstliches Sandwich gemacht? Haben Sie heute weniger Zeit in den sozialen Medien verbracht als gestern? Vielleicht haben Sie einem Fremden ein Kompliment gemacht und ihn damit spürbar glücklich gemacht? Das alles sind Siege, die gefeiert werden sollten!

2 Geben Sie den Umständen die Schuld, nicht dem Individuum

Wann immer wir einen Fehler machen, neigen wir dazu, unserer Persönlichkeit die Schuld zu geben. Das ist nicht immer fair. Wenn Sie das nächste Mal versagen oder einen Fehler machen, versuchen Sie stattdessen, die Umstände dafür verantwortlich zu machen. Nehmen wir zum Beispiel an, Sie haben auf dem Heimweg von der Arbeit vergessen, Lebensmittel zu besorgen. Anstatt sich selbst als vergesslich oder dumm zu bezeichnen, versuchen Sie, die Umstände zu benennen, die Sie in diese Situation gebracht haben. Führen Sie diesen Fehler darauf zurück, wie beschäftigt Sie in letzter Zeit waren und wie viel Stress Sie empfunden haben. Sie hätten sich daran erinnert, die Aufgabe zu erledigen, wenn Sie nicht so müde wären! Dieser Fehler macht Sie nicht aus. Jetzt ist es wichtig, dass Sie sich nicht mit ihm aufhalten. Fangen Sie an, über Lösungen für das nächste Mal nachzudenken, falls die gleichen Umstände wieder auftreten sollten.

3 Sprechen Sie mit jemandem, der Ihnen ein gutes Gefühl vermittelt

Wie wir uns gegenüber uns selbst fühlen, wird stark von den Menschen beeinflusst, mit denen wir zusammen sind. Wenn Sie viel Zeit mit Menschen verbringen, die negativ über Sie oder die Welt im Allgemeinen sprechen, werden Sie diese Negativität in Ihren inneren Dialog aufnehmen. Wenn Sie nicht jeden vermeiden können, der Ihnen ein schlechtes Gewissen einredet, sollten Sie sich bemühen, auch Zeit mit Menschen zu verbringen, die Ihnen ein gutes Gefühl vermitteln. Verbringen Sie Zeit mit ihnen, ohne Ihren Partner mitzubringen, wenn möglich. Fühlen Sie sich in ihrer Gegenwart lustig? Klug? Kompetent? Einfühlsam? Lassen Sie sich auf diese guten Gefühle ein und haben Sie Spaß mit Ihren neuen Freunden. Und erkennen Sie, dass Sie wirklich all diese wunderbaren Eigenschaften besitzen, die Sie wahrnehmen!

4 Werden Sie aktiv

Sich körperlich zu betätigen, mag nach einem seltsamen Weg klingen, um das Selbstwertgefühl aufzubauen. Aber ob Sie es glauben oder nicht, es wirkt Wunder. Wenn wir wandern gehen oder ein paar Kilometer joggen, erbringen wir einen echten Beweis unserer Fähigkeit, etwas zu erreichen. Wir tun einfach etwas und haben dadurch Erfolg. Wenn wir nur herumsitzen und in unserem eigenen Saft schmoren, ist es leicht, von Negativität und Selbstzweifeln überschwemmt zu werden. Wir müssen uns angewöhnen, die Dinge einfach *zu tun* und dann zurückzuschauen, um zu sehen, wie weit wir gekommen sind. Wenn wir aktiv werden, können wir unseren Fortschritt mit einem gewissen Abstand betrachten oder von unserem Ziel aus die

Aussicht bewundern. Es ist eine großartige Möglichkeit, uns an unsere Kraft zu erinnern, denn wir *nutzen* diese Kraft, um uns selbst etwas zu beweisen! Die Endorphine, die das Aktivwerden hervorruft, und die Möglichkeit, sich aus seiner Routine zu befreien, geben Ihnen außerdem einen sofortigen Stimmungsaufschwung.

5 Reagieren Sie auf den Teufel auf Ihrer Schulter

Einige von uns führen eine andauernde Beziehung mit dem Teufel auf unserer Schulter. Egal, was wir tun, da ist immer eine kleine Stimme, die uns sagt, dass wir noch nicht gut genug sind. Diese Stimme kann uns sogar davon überzeugen, dass wir uns von jedem möglichen Risiko fernhalten sollten, weil wir versagen werden oder nicht die Fähigkeiten haben, um erfolgreich zu sein. Sie haben diese Stimme wahrscheinlich schon einmal gehört. Ich wette jedoch, dass Sie ihr bislang zugehört und geschwiegen haben. Von nun an werden Sie dieser Stimme nicht mehr erlauben, Ihnen ein schlechtes Gewissen einzureden. Selbst wenn Sie sich dadurch für verrückt halten, antworten Sie dem Teufel auf Ihrer Schulter. Kämpfen Sie, wenn nötig. Fragen Sie ihn, mit welchen Beweisen er seine Aussagen untermauert, und weisen Sie widersprüchliche Beweise zurück. Überlegen Sie, wie jemand, der Ihnen nahesteht, in dieser Situation für Sie einstehen würde.

6 Begeben Sie sich in eine Siegerpose

In einer kürzlich durchgeführten Studie wurde herausgefunden, dass Teilnehmer, die in einer Siegerpose standen, einen Rückgang ihres Stressniveaus und einen Anstieg ihres Testosteronspiegels (der das Selbstvertrauen bestimmt) feststellten. Dies ist natürlich nicht überraschend, da die

Körpersprache bekanntermaßen unseren eigenen Gemütszustand beeinflussen kann. Wenn Sie sich das nächste Mal kraftlos, traurig oder energielos fühlen, stellen Sie sich für mindestens zwei Minuten in eine dieser Siegerposen:

- Stellen Sie sich stolz mit gespreizten Beinen auf und legen Sie die Hände fest auf Ihre Hüften. Achten Sie darauf, die Brust herauszudrücken und den Rücken gerade zu halten.
- Lehnen Sie sich in Ihrem Stuhl zurück und legen Sie die Füße auf den Tisch. Halten Sie die Hände hinter dem Kopf verschränkt und öffnen Sie den Brustkorb.
- Lehnen Sie sich mit gespreizten Beinen in Ihrem Stuhl zurück. Legen Sie einen Arm über etwas, das neben Ihnen steht (z. B. einen Stuhl), und machen Sie mit dem anderen Arm, was Sie wollen.

Versuchen Sie, kraftlose Haltungen zu vermeiden, indem Sie Ihre Arme nicht verschränken, Ihre Hände nicht falten und in Ihrem Sitz nicht in sich zusammenfallen. Dies hat den gegenteiligen Effekt. Wählen Sie eine Siegerpose und führen Sie diese sofort aus!

7   Erschaffen Sie ein Alter Ego

Die Verwendung eines Alter Egos ist eine bewährte Methode, um Ihr Selbstvertrauen zu steigern. In einer Studie über Mixed-Martial-Arts-Kämpfer wurde festgestellt, dass die Erschaffung eines Alter Egos dazu beitrug, sich im Ring besser zu fühlen und mehr zu leisten. Denken Sie an all die Eigenschaften, die Sie bewundern, und beginnen Sie, eine Figur zu konstruieren, die diese Eigenschaften verkörpert. Sie können sich sogar einen Namen für diese Figur ausdenken, wenn Sie möchten. Das nächste Mal, wenn Sie sich in einer Situation befinden, in der Sie sich schüchtern oder unsicher fühlen, spielen Sie diese Figur. Fragen Sie sich, was diese Figur sagen würde, wenn sie sich in dieser Situation befinden würde, was sie tun würde, wie sie sich verhalten würde usw. Wenn Sie mit dieser Figur in die Öffentlichkeit gehen, versuchen Sie, nicht ihren fiktiven Namen zu verwenden oder ihr gar ein ganz neues Leben zu geben. Es könnte unangenehm werden, wenn die Leute herausfinden, dass Sie sich verstellt haben. Stellen Sie sicher, dass es immer noch Sie sind, aber eben die 2.0-Version von Ihnen. Für ein wenig zusätzlichen Spaß können Sie sogar so tun, als ob diese Figur eine Superkraft hätte. Aber in diesem Fall ist es sehr wichtig, dass Sie nicht versuchen, sie in der Öffentlichkeit zu zeigen!

8 Behandeln Sie sich selbst wie einen geliebten Menschen

Wenn Sie sich das nächste Mal dabei ertappen, dass Sie negativ darüber sprechen, wer Sie sind oder was Sie getan haben, möchte ich, dass Sie diese Gedanken anhalten. Anstatt sie zu sich selbst zu sagen, möchte ich, dass Sie sich vorstellen, wie Sie sie zu jemandem sagen, den Sie lieben. Wie würden Sie sich fühlen, wenn Sie hören würden, dass jemand so zu Ihren Lieben spricht? Wenn Sie sich dadurch wütend oder verärgert fühlen, ist das die richtige Reaktion. Dies sollte Ihnen zeigen, dass negative Selbstgespräche auch nicht die richtige Art sind, mit sich selbst zu sprechen. Wenn Sie sich selbst kritisieren wollen, überlegen Sie, wie Sie jemanden, der Ihnen wirklich wichtig ist, kritisieren würden. Sie würden die Kritik konstruktiv und sanft formulieren, oder? Vielleicht würden Sie sich sogar die Zeit nehmen, denjenigen an seine Stärken zu erinnern. Stellen Sie sich vor, wie Sie diese konstruktive Kritik für jemand anderen formulieren und geloben Sie, sich selbst nur noch auf diese sanfte Art zu kritisieren.

Eine andere Alternative zu dieser Übung ist die Vorstellung, dass Ihr negatives Selbstgespräch an Ihr kindliches Ich gerichtet ist. Erinnern Sie sich daran, wie Sie aussahen, als Sie ein Kind waren? Ein Kleinkind sogar? Können Sie sich vorstellen, auf diese negative Weise zu diesem kleinen Kind zu sprechen? Ich wette, Sie würden sofort anfangen, sich schlecht zu fühlen. Noch mal: Formulieren Sie Ihre Kritik so, als würden Sie zu diesem kindlichen Ich sprechen. Dies ist die einzig richtige Art, sich selbst zu kritisieren.

Kapitel fünf:
Zerstörerische Muster durchbrechen

C o-abhängige Partner lassen sich viel vom anderen gefallen und manchmal gehören dazu auch viele destruktive Neigungen. Aufgrund des klammernden und hingebungsvollen Charakters von Co-Abhängigkeiten wird mit diesen Gewohnheiten und Mustern nur selten auf angemessene Weise umgegangen. Wenn das primäre Ziel darin besteht, den Partner zum Bleiben zu bewegen, egal was passiert, wird eine Menge problematisches Verhalten unter den Teppich gekehrt. Dann setzt die Verleugnung ein. Die Partner machen es sich in dem bestehenden Verhältnis zu bequem – so bequem, dass unglaublich ungesundes Verhalten zur Normalität werden kann. Die Chancen stehen gut, dass auch Ihre Beziehung voller schlechter Gewohnheiten ist, die es zu durchbrechen gilt. Vielleicht sind Sie sich ihrer Auswirkungen und der Rolle, die sie dabei spielen, dass Ihre Beziehung Schaden nimmt, nicht einmal bewusst. Egal, wie viel Arbeit Sie an Ihrer Geisteshaltung leisten; wenn Ihre Handlungen diese verbesserte Haltung nicht widerspiegeln, verfehlt dies den gesamten Zweck der Arbeit an sich selbst. Jetzt ist der beste Zeitpunkt, um Ihre destruktiven Muster abzulegen.

Sechs Wege, intensive Eifersucht zu besiegen

Die anhängliche Natur einer co-abhängigen Beziehung bedeutet, dass beide Partner natürlich Angst davor haben, dass die andere Person sie verlässt. Dies kann oft zu intensiver Eifersucht führen. Einer oder beide Partner werden Menschen, die sie als potenzielle Liebhaber des anderen ansehen, mit erhöhter Aufmerksamkeit begegnen. Man kann nicht sagen, wer als „potenziellen Liebhaber" ausgemacht wird, aber in jedem Falle wird die eifersüchtige Person so viel Abstand wie möglich zwischen diesen und ihren Partner bringen. Wenn die Eifersucht auf Hochtouren läuft, kann dies dazu führen, dass sich beide Partner isolieren, denn nur so können sie sich vor Personen schützen, die sie eifersüchtig machen.

Wenn das Besitzdenken und die Eifersucht am schlimmsten sind, kann sich letztere auch auf absolut jeden erstrecken, der dem betreffenden Lebenspartner nahesteht. Das können Freunde und manchmal sogar die Familie sein. Der eifersüchtige Partner verspürt das intensive Bedürfnis, der Einzige zu sein, und möchte nicht, dass seine „besondere" Nähe in irgendeiner Weise Konkurrenz bekommt. Natürlich kann Eifersucht in jeder Form zu destruktivem Verhalten führen, wenn sie unkontrolliert bleibt. Während flüchtige Momente der Eifersucht normal sind, wird die Lage ernsthaft, wenn die Partner aufgrund ihrer Eifersucht anfangen, Maßnahmen zu ergreifen. Dabei kann es sich um alles Mögliche handeln, wie das Stalken dieser Person in den sozialen Medien oder der Versuch, die Zeit, die sie mit dem Partner verbringt, zu begrenzen.

Ersticken Sie Eifersucht im Keim, bevor sie Ihre Beziehung auseinanderreißt.

1 Was wäre, wenn Ihre Rollen vertauscht wären?

In Zeiten der Eifersucht versuchen wir im Wesentlichen zu erraten, wie sich unser Partner in diesem Moment fühlt. Wir verfügen nicht über Fakten, sondern nur über wilde Vermutungen, die durch unsere Unsicherheiten befeuert werden. Wir sind damit beschäftigt, uns unseren Partner als einen fernen „Anderen" vorzustellen, und vergessen darüber, dass das schreckliche Ergebnis, das wir uns ausmalen, gar nicht so viel Sinn ergibt.

Angenommen, Sie sind auf einer Party und es befindet sich eine attraktive Person im Raum. Sie vermuten, dass Ihr Partner sich zu ihr hingezogen fühlt und Ihr Geist wird von schrecklichen Gedanken heimgesucht, in denen er Sie für diese andere Person verlässt. Anstatt sich weiterhin dieses schreckliche Szenario vorzustellen, möchte ich, dass Sie sich ein umgekehrtes Szenario vorstellen. Was wäre, wenn sich eine attraktive Person im Raum befände, zu der Sie sich hingezogen fühlen? Was würde Ihnen dann durch den Kopf gehen? Wie wahrscheinlich wäre es, dass Sie in Erwägung ziehen würden, mit dieser Person durchzubrennen und Ihren Partner zu verlassen? Würden Sie Ihren Partner in diesem Moment sofort vergessen? Die Antwort ist wahrscheinlich nein. Realistisch ist eher, dass Sie diese attraktive Person für einen Moment wahrnehmen und dann mit Ihrem Leben weitermachen würden. So ist es wahrscheinlich auch für Ihren Partner. Wenn Sie sich das nächste Mal dabei ertappen, eifersüchtig zu sein, fragen Sie sich, wie Sie sich verhalten würden, wenn Ihre Rollen vertauscht wären.

2 Nutzen Sie Ihre große Vorstellungskraft zu Ihrem Vorteil

Eifersüchtige Menschen haben normalerweise eine fantastische Vorstellungskraft. Mit sehr wenigen Informationen können sie in ihre eigene kleine Welt abtauchen und sich das absolut schlimmste Ergebnis ausmalen. Wenn Sie sich das nächste Mal dabei ertappen, wie Sie sich das Schlimmste vorstellen, möchte ich, dass Sie das Gegenteil versuchen. Ich möchte, dass Sie Ihre Vorstellungskraft nutzen, um stattdessen an den bestmöglichen Fall zu denken. Es gibt keinen Grund, warum dieser unwahrscheinlicher sein sollte als das schlimmste Szenario! Wenn Ihr Partner eine attraktive Arbeitskollegin hat und Sie sich vorstellen, dass sie sich ineinander verlieben, während sie gemeinsam an einem Projekt arbeiten, dann halten Sie an dieser Stelle inne und drehen Sie die Situation um. Stellen Sie sich vor, dass Ihr Partner stattdessen diese Person ansieht und daran denkt, wie viel besser Sie aussehen. Das könnte der Moment sein, in dem er erkennt: „Wow, ich muss wirklich in meinen Partner verliebt sein, denn obwohl diese andere Person objektiv attraktiv ist, fühle ich mich nicht zu ihr hingezogen." Was, wenn Ihr Partner stattdessen die ganze Zeit über Sie spricht? Diese Szenarios sind genauso wahrscheinlich. Warum muss immer das Schlimmste eintreten?

3 Sprechen Sie mit Ihrem Partner

Manchmal gibt es keine bessere Lösung, als einfach darüber zu reden. Seien Sie ehrlich zu Ihrem Partner und sagen Sie ihm, wie Sie sich in Bezug auf diese andere Person fühlen. Eifersüchtige Menschen ziehen die schlimmsten Schlüsse, und erst wenn sie die Rückmeldung ihres Partners haben, erkennen sie, was für eine lächerliche Unterstellung das war. Ihr Partner kann Ihnen vielleicht klarmachen, dass er diese Person nicht angestarrt hat, weil er ein Auge auf sie hat, sondern weil er dachte, dass sie einem Verwandten sehr ähnlichsieht. Man weiß es nie, bis man es zur Sprache bringt. Ihr Partner wird Ihnen versichern, dass alles in Ordnung ist, und Sie werden Ihre Eifersuchtsgefühle schnell loswerden. Äußern Sie sich aber nur darüber, wenn Ihre Eifersucht Sie wirklich stört, und vermeiden Sie es, sie jedes Mal anzusprechen. Wann immer Sie können, sollten Sie versuchen, Ihre Gedanken allein zu verarbeiten. Verlassen Sie sich nicht darauf, dass Ihr Partner alles für Sie regelt.

4 Akzeptieren Sie, dass Anziehung normal ist

Sie könnten den treuesten Partner der Welt haben, der den Boden unter Ihren Füßen anbetet – selbst diese Person wird einige andere Menschen attraktiv finden. Wir sind einfach biologisch so veranlagt. Anziehung ist völlig normal. Sie können sie nicht aufhalten. So schwierig es auch ist, Sie müssen sich mit dieser Realität abfinden. Anstatt sich durch diesen menschlichen Impuls verletzt zu fühlen, sollten Sie versuchen, Ihre Psyche dahingehend zu verändern, dass Sie ihn als normale Erscheinung betrachten können. Jeder Mensch fühlt Anziehung. Anziehung ist nichts, wofür man sich entscheidet, es ist ein Gefühl wie jedes andere, so wie heiß, kalt, hungrig oder durstig. Gefühle der Anziehung sind nicht dasselbe wie Liebe und erst recht nicht dasselbe wie Fremdgehen. Solange sich Ihr Partner nicht respektlos verhält, gibt es keinen Grund, ihn zu bestrafen.

5 Erinnern Sie sich daran, dass Gefühle keine Handlungen sind

Eifersüchtige Menschen bekommen aufgrund von Anziehung Komplexe, so als wäre sie das Gleiche wie Fremdgehen oder Flirten – aber nichts könnte der Wahrheit ferner liegen. Wie wir im vorherigen Punkt festgestellt haben, ist Anziehung ein normaler Impuls. Wenn Sie an sich selbst Ärger gegenüber Ihrem Partner bemerken, weil er sich möglicherweise zu jemandem hingezogen fühlt, erinnern Sie sich daran, dass es sich dabei nicht um eine Handlung handelt, die er ausführt. Hunger zu verspüren ist nicht dasselbe wie ein Festmahl zu verschlingen. Durst zu verspüren ist nicht dasselbe wie einen Krug Bier hinunterzuschütten. Erinnern Sie sich daran, dass Ihr Partner nichts unternommen hat, also gibt es keinen Grund, sich aufzuregen oder eifersüchtig zu sein.

6 Erkennen Sie, dass Ihre Gefühle ein Spiegelbild von Ihnen sind, nicht von ihrem Partner

Was die Menschen nicht erkennen, ist, dass ihre Gefühle gegenüber anderen nicht die Realität der anderen widerspiegeln. Ihre Eifersucht ist in Wirklichkeit ein Spiegelbild Ihrer eigenen inneren Realität und Ihrer eigenen Unsicherheiten. Wenn Sie sich wünschen, größer zu sein, werden Sie auf große Menschen neidisch sein, obwohl Ihrem Partner dieser Umstand in Wirklichkeit völlig egal ist. Ein wichtiger Schritt, um Eifersucht zu besiegen, ist, sich mit dieser Tatsache abzufinden. Ihre Gefühle sagen mehr über Sie aus als über die anderen. Wenn Sie sich an einer Idee aufhängen, spiegelt das wahrscheinlich eher Ihre Unsicherheit wider als das tatsächliche Gefühl der Anziehung Ihres Partners gegenüber einer anderen Person.

Wie man das Muster des narzisstischen Missbrauchs durchbricht

Wie wir in einem früheren Kapitel festgestellt haben, landen viele Narzissten in co-abhängigen Beziehungen. Narzissten freuen sich, wenn sie einen Zuhelfer finden, und leider finden viele von ihnen Gefallen daran, diesen dazu zu bringen, sich ihren Launen zu beugen. Wenn Sie sich derzeit in einer co-abhängigen Beziehung mit einem Narzissten befinden oder sich von einer solchen erholen, dann besteht die Möglichkeit, dass Sie unter narzisstischem Missbrauch gelitten haben. Bevor wir beginnen, das Muster zu durchbrechen, ist es wichtig, dass Sie verstehen, wie der narzisstische Kreislauf funktioniert:

1 STUFE EINS – Das Podest

Wenn ein Narzisst bekommt, was er will, oder mit der Art und Weise zufrieden ist, wie Sie ihn behandeln, wird er darauf reagieren, indem er Sie auf ein Podest stellt. In diesem Stadium kann es fast schwierig sein, zu glauben, dass der Narzisst wirklich ein Narzisst ist. Er kommt nett und liebevoll rüber, vielleicht sogar aufmerksam, während er sein Bestes tut, um seine dunkle Seite zu verbergen. Für eine kurze Zeit werden Sie sich obenauf fühlen, als würde Ihr narzisstischer Partner Sie wirklich wertschätzen. Es ist wichtig, sich daran zu erinnern, dass er nur so nett zu Ihnen ist, weil er bekommt, was er will. Sein Ziel ist es, Sie zu ermutigen, ihm weiterhin zu geben, was er will.

2 STUFE ZWEI – Der „Verrat"

Sobald der Narzisst nicht mehr *genau* seinen Willen bekommt, wird er Ihnen eine ganz andere Seite von sich offenbaren. Er fühlt sich dann vielleicht als Opfer, bedroht oder einfach nur beleidigt. Oftmals kann der Auslöser völlig harmlos erscheinen, obwohl Sie anfangen werden, jedes Mal dieselben Auslöser zu erkennen. Es kommt darauf an, was seine Überzeugung, dass er der Mittelpunkt der Welt ist, bedroht. Dies kann bei jedem Narzissten leicht variieren. Dieser empfundene Verrat wird ihn in den Angriffsmodus versetzen und kann zu viel verbalem Missbrauch, Lügen, Manipulation, Anschuldigungen und anderen Formen des emotionalen Missbrauchs führen. Hier zeigt sich der Narzisst von seiner schlechtesten Seite und versucht aktiv, die andere Person zu dominieren und in die Unterwerfung zu zwingen.

3 STUFE DREI – Der Verstoß

Wie der Narzisst in diesem Stadium handelt, hängt von der Reaktion ab, die er in Stufe zwei erhält. Wenn er es akzeptabel findet, wird er aufhören, sich aggressiv zu verhalten. Stattdessen kann es zu Psychospielchen kommen, wie etwa Sie mit Schweigen zu strafen. Ohne offenkundig aggressiv zu wirken, wird der Narzisst damit beginnen, den Boden für Stufe eins erneut zu bereiten. Wenn der Narzisst nicht damit zufrieden ist, wie Sie auf ihn reagiert haben (und manchmal kann man nicht sagen, was seine Unzufriedenheit auslöst), wird er Sie verstoßen, nur weil Sie sein schreckliches Verhalten nicht ertragen haben. Er wird das tun und Sie zugleich als den Bösewicht hinstellen, während er natürlich das Opfer ist. Es spielt keine Rolle, wie vernünftig Sie unter diesen Umständen sind, der Narzisst hat sich zu einem dramatischen Abgang entschlossen. Partner, die sich noch nicht an diesen Kreislauf gewöhnt haben, werden diese Phase als sehr herzzerreißend empfinden, da sie vielleicht denken, dass sie den Narzissten für immer verlieren.

4 STUFE VIER – Die Rückkehr

Wenn Sie dem Narzissten eine Chance geben, wird er zurückgekrochen kommen. Sobald er damit fertig ist, ein Drama zu verursachen, wird der Narzisst versuchen, so zu tun, als hätte er nie etwas Schreckliches getan oder gesagt. Er wird hoffen, dass auch Sie versuchen werden, die Sache auf sich beruhen zu lassen. Wenn Sie ihm verzeihen und ihm erlauben, mit seinen Taten davonzukommen, fangen Sie wieder bei Stufe eins an, und der Narzisst wird Sie wieder mit Zuneigung überhäufen. Diese letzte Stufe ist entscheidend, da sie darüber bestimmt, ob der Kreislauf weitergeht oder ob es von nun an endlich besser wird. An diesem Punkt sollte der Zuhelfer des Narzissten darüber nachdenken, einige echte Regeln aufzustellen.

Nachdem wir nun die vier Stufen des Narzissmus-Kreislaufs bestimmt haben, können wir endlich an den wesentlichen Lektionen arbeiten, die alle Zuhelfer lernen müssen.

1 Verstehen Sie, dass Sie dafür verantwortlich sind, den Kreislauf zu durchbrechen

In einem können Sie sich sicher sein: Wenn Sie die Art und Weise ändern wollen, wie sich dieser Kreislauf abspielt, liegt es an Ihnen, Maßnahmen zu ergreifen und Verbesserungen zu fordern. Der Narzisst wird von sich aus nichts verändern. Er wird den gleichen Weg weitergehen, weil es für ihn so immer funktioniert hat. Er verfügt nicht über genug Einfühlungsvermögen, um sich um Ihretwillen zu ändern. Seine Priorität ist es, zu bekommen, was er will, und er wird glauben, dass dies der richtige Weg ist – bis Sie ihm zeigen, dass es so nicht mehr funktioniert. Der Narzisst wird sich nicht ändern – also müssen Sie es tun.

2   Geben Sie sich niemals selbst die Schuld

Auch wenn Ihre Forderungen dafür zuständig sind, den Kreislauf zu durchbrechen, bedeutet das nicht, dass Sie sich die Schuld geben sollten, wenn es schiefgeht. Wenn Ihr Narzisst ein missbräuchliches Verhalten an den Tag legt, ist es niemals Ihre Schuld. Ziehen Sie ihn für seine Entscheidungen zur Verantwortung. Sobald Sie die Schuld für etwas auf sich nehmen, das nicht in Ihrer Verantwortung liegt, wird der Narzisst das Gefühl haben, dass er gewonnen hat. Er wird sich in diesem Moment siegreich fühlen, und schlimmer noch: Dies wird ihn ermutigen, sich auch in Zukunft danebenzubenehmen. Wenn er weiß, dass Sie sich die Schuld geben und ihn ungeschoren davonkommen lassen, wird er diesen verhängnisvollen Weg weitergehen. Wenn er die Entscheidung getroffen hat, sollte er allein die Schuld dafür tragen.

3   Geloben Sie, dass jeder Verstoß geahndet wird

Denken Sie immer daran, dass Narzissten nur ihren Willen durchsetzen wollen. Bringen Sie ihnen bei, dass Missbrauch nur das Gegenteil bewirken wird. Wann immer der Narzisst etwas Verletzendes tut oder sagt, bestrafen Sie ihn, indem Sie sich aus der Situation zurückziehen. Bevor Sie das tun, lassen Sie ihn wissen, dass Sie wütend sind und dass Sie in keiner Weise mit ihm kooperieren werden, wenn er zu Missbrauch greift. Zeigen Sie ihm, dass Sie nicht mehr mitmachen, sobald es zu Beschimpfungen kommt. Der Rückzug aus der Situation ist normalerweise die beste Vorgehensweise, da manche Narzissten Freude an großen Gefühlsausbrüchen finden. Diese zeigen ihm, dass Sie die Sache nicht kalt lässt, und er könnte diese Emotionen gegen Sie verwenden. Auch wenn der Narzisst nur etwas leicht Beleidigendes sagt, wird er bald lernen, dass selbst das inakzeptabel ist, wenn Sie ihm nicht mehr erlauben, damit durchzukommen.

4 Stellen Sie ihren Partner bei allem zur Rede

Achten Sie anhand des oben beschriebenen Narzissmus-Kreislaufes darauf, in welchem Stadium sich Ihr Narzisst gerade befindet. Wann immer Sie bemerken, dass er eine Machtdemonstration beginnt oder versucht, die Situation in irgendeiner Weise zu manipulieren, sprechen Sie ihn darauf an. Das ist für den Narzissten frustrierend, weil er immer glaubt, dass er die Menschen um ihn herum überlistet. Wenn Sie ihn wissen lassen, dass Sie sich seiner Taktik bewusst sind, wird ihm das zeigen, dass seine üblichen Methoden nicht funktionieren. Indem Sie ihn auf seine manipulative Art hinweisen, können Sie ihn dazu bringen, ehrlicher zu Ihnen zu sein.

5 Verstehen Sie, dass sich Stufe zwei nicht vermeiden lässt

Leider gibt es keine Möglichkeit, den empfundenen Verrat zu vermeiden, wenn Sie es mit einem Narzissten zu tun haben. Es sei denn, Sie haben vor, ihn jederzeit tun zu lassen, was er will. Sie können sich zwar nicht von seinen starken Emotionen fernhalten, aber Sie können ihm helfen, bessere Methoden zu finden, um diese Emotionen auszudrücken. Idealerweise sollten diese verbesserten Methoden keine Form des Missbrauchs beinhalten. Wenn der Narzisst einen schlechten Tag hat, dann tun Sie immer, was Sie können, um sich vor den Auswirkungen der zweiten Stufe zu schützen. Wenn Sie sich in einer fragilen Lage befinden, sollten Sie eventuell für eine Weile weggehen und Ihr Telefon ausschalten. Oder vielleicht meditieren Sie, bevor Sie sich entscheiden, mit ihm zu sprechen.

6 Führen Sie in Stufe vier stärkere Grenzen ein

Der Narzisst hat in Stufe drei etwas Zeit, sich zu beruhigen. Wenn Stufe vier eintritt, sollten Sie versuchen, stärkere Grenzen zu setzen. Dies ist die Phase, in der der Kreislauf endet und wieder von vorne beginnt. Wenn Sie ein gesünderes Verhältnis schaffen wollen, machen Sie dies dem Narzissten klar, wenn sich die Aufregung nach dem Drama endlich gelegt hat. An diesem Punkt ist es am wahrscheinlichsten, dass der Narzisst aufnahmefähig für Ihre Worte ist. Wenn Sie sich nicht sicher sind, welche Grenzen Sie setzen sollten, überlegen Sie sich folgende Fragen: Was war dieses Mal der Auslöser? Welche missbräuchlichen oder ungesunden Reaktionen hat er gezeigt, als er sich aufgeregt hat? Wodurch haben Sie sich am meisten verletzt gefühlt? Ziehen Sie Grenzen bezüglich seines missbräuchlichen Verhaltens und besprechen Sie gesündere Möglichkeiten, seine Beschwerden vorzubringen. Stellen Sie klar, welche Verhaltensweisen Sie in Stufe zwei inakzeptabel finden, und sagen Sie deutlich, dass es beim nächsten Mal Konsequenzen geben wird.

7 Machen Sie sich bewusst, dass Anhänglichkeit oder Abhängigkeit nicht dasselbe ist wie Liebe

Wenn Sie eine Beziehung mit einem missbräuchlichen Narzissten führen, sollten Sie in Erwägung ziehen, professionelle Hilfe zu suchen oder sich aus der Situation zu befreien, vor allem wenn Sie glauben, dass Ihr emotionales Wohlbefinden auf dem Spiel steht. Wenn der Narzisst sich nicht dazu verpflichtet, sein Verhalten zu verbessern, ist es sehr unwahrscheinlich, dass er sich dauerhaft zum Besseren ändert. Zuhelfer bleiben oft bei ihren narzisstischen Partnern, da sie überzeugt sind, dass der Narzisst sich ändern wird, wenn sie nur ein bisschen länger dranbleiben. Leider führt dies nur zu einer Menge verschwendeter Zeit und noch mehr verletzten Gefühlen. Die Zuhelfer werden immer behaupten, dass sie eine tiefe Liebe für den Narzissten empfinden – und in manchen Fällen mag das auch stimmen –, aber meistens sind sie einfach vom Narzissten abhängig. Es ist wissenschaftlich erwiesen, dass zwischenzeitliche Bestärkung (der Kreislauf, Liebe zu zeigen, sie zu entziehen und sie dann zurückzugeben) Gefühle erzeugt, die eine Sucht nachahmen. Oft sind Zuhelfer so süchtig nach dem Achterbahn-Kreislauf des Narzissten, dass sie diese Bindung mit Liebe verwechseln. Es ist äußerst wichtig, dass Sie zwischen diesen beiden verschiedenen Gefühlen unterscheiden.

Die zehn schrecklichen Gewohnheiten, die Sie sofort aufgeben müssen

1 Ihren Partner zu fragen, wo er sich gerade aufhält

Es ist normal, sich bei seinem Partner zu melden, aber viele Co-Abhängige treiben dies auf die Spitze. Stündlich oder alle paar Stunden hat das co-abhängige Paar das Bedürfnis, den Partner zu fragen, wo er ist. Gegenüber dem, wie nicht-abhängige Paare sich nach dem Befinden des anderen erkunden, unterscheidet sich dieses Verhalten in der Häufigkeit, mit der es geschieht, und in der Haltung dahinter. Wenn co-abhängige Partner sich beieinander melden, steckt meist eine gewisse Besorgnis dahinter. Sie sind nicht nur neugierig, sondern sie *müssen* es wissen. Wenn Sie das nächste Mal von Ihrem Partner getrennt sind, sollten Sie zumindest versuchen, sich nur alle vier oder fünf Stunden bei ihm zu melden.

2   In das Handy Ihres Partners zu schauen

Erstaunlich viele Menschen machen sich des Schnüffelns im Telefon ihres Partners schuldig. Es ein- oder zweimal getan zu haben, ist keine große Sache, aber es sollte *nie* zur Gewohnheit werden. Wenn Sie die Geräte Ihres Partners durchsuchen müssen, um sich beruhigt zu fühlen, muss an Ihrer Beziehung viel gearbeitet werden. Wenn eine der beiden Personen besorgt oder ängstlich ist, sollte die Lösung immer darin bestehen, es gegenüber dem Partner anzusprechen, damit Sie auf einer Vertrauensbasis zusammenarbeiten können. Wenn Sie das nicht können, sollten Sie lernen, sich von diesen Gefühlen zu lösen, indem Sie die entsprechenden Mittel entwickeln, durch die Sie den nötigen Abstand gewinnen. Das Schnüffeln im Telefon eines anderen ist eine Verletzung der Privatsphäre, egal wie diskret Sie vorgehen. Ein wichtiger Schritt, um die Co-Abhängigkeit zu durchbrechen, ist, zu lernen, die Privatsphäre des anderen zu respektieren. Hören Sie auf herumzuschnüffeln!

3   Ihren Partner zu jedem Treffen mit Freunden einzuladen

Es ist absolut nichts falsch daran, Ihren Partner in Ihren Freundeskreis einzubeziehen. Dabei werden wahrscheinlich sogar einige der schönsten Momente entstehen, die man zusammen verbringen kann. Doch egal, wie viel Spaß es Ihnen bereitet, Sie sollten immer darauf achten, dass Sie auch etwas Zeit nur mit Ihren Freunden verbringen. Damit glückliche und erfüllende Freundschaften weiterbestehen, sollte die ursprüngliche Bindung gepflegt werden – und dazu gehört nicht Ihr Partner. Ihre Freunde sagen es Ihnen vielleicht nicht, aber auch sie wünschen sich, Sie manchmal für sich allein zu haben. Das Verhältnis ändert sich, sobald der Lebensgefährte im Raum ist, und obwohl diese Interaktion immer noch Spaß machen kann, gibt es nichts Besseres, als gemeinsame Zeit so zu verbringen, wie es früher einmal war. Eine gute Möglichkeit, ein gesundes Maß an Unabhängigkeit zu bewahren, ist die Pflege Ihrer Beziehungen und Freundschaften, sowohl mit als auch ohne Ihren Partner.

4 Sofort alles für Ihren Partner stehen und liegen zu lassen

Es gibt Zeiten, in denen es vollkommen akzeptabel ist, alles für Ihren Partner stehen und liegen zu lassen. Wenn er einen Notfall hat, dann gehen Sie ihm unbedingt helfen – aber geben Sie Ihr Leben nicht für weniger auf, außer in seltenen Fällen. Wenn Sie einen Tag mit wichtigen Meetings vor sich haben und Ihr Partner traurig ist, warten Sie, bis Sie mit Ihren Verpflichtungen fertig sind. Traurig sein ist kein Notfall. Ihr Partner sollte in der Lage sein, seine Emotionen für ein paar Stunden in den Griff zu bekommen. Wenn Sie vorhaben, zur Geburtstagsfeier eines Freundes zu gehen, Ihr Partner aber erkältet ist, sagen Sie Ihre ursprünglichen Pläne nicht ab! Wenn wir uns angewöhnen, unsere Verpflichtungen für unseren Partner aufzugeben, dann signalisieren wir, dass nichts und niemand anderes wichtig ist. Das ist eine höchst destruktive Haltung, die in anderen Bereichen Ihres Lebens zu viel Bedauern führen wird. Lassen Sie Ihrer beruflichen und persönlichen Entwicklung genauso viel Bedeutung zukommen wie Ihrem Partner.

5 Zu erwarten, dass Ihr Partner Sie immer aufmuntert

Wir können Gefühle von Traurigkeit, Frustration oder sogar Depression nicht vermeiden. Während dieser Tiefpunkte kann unsere Beziehung eine große Quelle der Erleichterung und des Glücks sein. Wenn Ihr Partner in einem Moment der Traurigkeit etwas Besonderes für Sie tut, sollte dies als Bonus betrachtet werden, nicht als Notwendigkeit. Außer wenn Ihr Partner einen Fehler gemacht hat, für den er sich entschuldigt, sollte es niemals die Aufgabe Ihres geliebten Menschen sein, dafür zu sorgen, dass Sie sich besser fühlen. Es ist angebracht, zu erwarten, dass er Rücksicht auf uns nimmt, aber mit unserer inneren Unruhe müssen wir selbst fertig werden, niemand anders ist dafür verantwortlich. Ein wesentliches Zeichen von Co-Abhängigkeit ist die Erwartung, dass unsere Partner alles für uns in Ordnung bringen werden. Es ist wichtig, dass Sie das nötige Handwerkszeug lernen, um mit Ihren Problemen selbst umzugehen. Ihr Partner hat seine eigenen Probleme, mit denen er oder sie umgehen muss.

6 Zu sagen, dass es Ihnen „gut" geht, wenn das nicht der Wahrheit entspricht

Wenn Sie versuchen, aus der Co-Abhängigkeit auszusteigen, müssen Sie lernen, ehrlich mit Ihrem Partner zu reden. Hören Sie auf, alles unter den Teppich zu kehren. Das bedeutet nicht, dass es zu einem großen Eklat kommen muss oder eine große Sache aus allem gemacht werden muss; es bedeutet nur, dass Sie ehrlich sein müssen, wenn Sie etwas stört. Wenn wir unsere Gefühle abtun, riskieren wir, dass sich problematisches Verhalten fortsetzt. Außerdem besteht die Möglichkeit, dass wir auf lange Sicht einen Groll oder Unzufriedenheit entwickeln. Beides wirkt sich negativ auf Ihre Beziehung aus. Für eine gesunde und glückliche Beziehung sollten Sie lernen, auf konstruktive und offene Weise über Ihre Gefühle zu sprechen. Eine gute Faustregel ist es, „Ich fühle"-Aussagen statt Anschuldigungen zu verwenden. Das heißt, Sie sagen „Ich fühle mich verletzt über das, was du gesagt hast" statt „Was du gesagt hast, war verletzend."

7 Häufige Verhöre

Jedes Mal, wenn wir unsere Partner einem Verhör unterziehen, zeigen wir, dass wir ihnen nicht völlig vertrauen. Wenn Sie aufgrund eines vergangenen Traumas Probleme haben, zu vertrauen, gibt es einen Weg, sich von Ihrem Partner beruhigen zu lassen, ohne auf Verhöre zurückzugreifen. Anstatt Ihrem Partner hundert emotional aufgeladene Fragen zu stellen, versuchen Sie zu sagen, dass Sie sich unsicher fühlen und er Sie beruhigen soll. Dies ist eine ehrlichere Herangehensweise an die Situation und eine viel freundlichere Art, sich zu verhalten. Wenn wir unsere Partner verhören, erzeugt das in ihnen Angst, egal ob sie etwas falsch gemacht haben oder nicht. Vergessen wir nicht, dass Verhöre dazu gedacht sind, einzuschüchtern – um eine Antwort zu erzwingen, indem man jemanden dazu drängt, sich zu unterwerfen. Wenn Sie ein gesundes Verhältnis zu Ihrem Partner haben wollen, lassen Sie alle Einschüchterungs- oder Abschreckungstaktiken weg. Sie würden Ihrem Partner nur Angst vor Ihnen machen und könnte sich negativ auf Ihre Beziehung auswirken. Lernen Sie, stärkeres Vertrauen aufzubauen oder sanftere Wege zu finden, um die Antwort zu bekommen, die Sie brauchen.

8 Ihren Partner im Internet zu stalken

Es ist kein Geheimnis, dass Vertrauen für den Aufbau einer starken Beziehung unerlässlich ist. Aus demselben Grund, aus dem Sie nicht im Handy Ihres Partners schnüffeln oder ihn ausfragen sollten, sollten Sie auch dem Drang widerstehen, ihn online zu stalken. Menschen, die dies tun, überprüfen häufig die Social-Media-Seiten ihres Partners und halten sich über seine neuesten „Likes", Kommentare und geteilte Inhalte auf dem Laufenden. Diese moderne Angewohnheit, den Partner im Auge zu behalten, kann leicht zur Besessenheit werden und zu Verdächtigungen oder Verärgerung über nichts führen. Viele Co-Abhängige lassen sich auf dieses Verhalten ein, ohne an die tieferen Auswirkungen zu denken. Geben Sie die Gewohnheit auf, das Verhalten Ihres Partners zu überwachen. Sprechen Sie Ihre Probleme ihm gegenüber an oder lernen Sie, loszulassen.

9 Ihren Partner zum Thema eines jeden Social-Media-Posts zu machen

Es gibt viele Anzeichen für Co-Abhängigkeit, die in der heutigen Zeit einzigartig sind, und dieses ist eines davon. Wenn fast jeder Beitrag in Ihren sozialen Medien Ihren Partner betrifft, dann ist das ein großes Zeichen dafür, dass Ihre Identität in hohem Maße von ihm abhängig ist.

Wie wir bereits festgestellt haben, ist eine Identität, die sich nur um eine andere Person dreht, ein Schlüsselsymptom für Co-Abhängigkeit. In einer gesunden Beziehung sollte das eigene Selbstverständnis außerhalb der Beziehung klar definiert sein. Interessen, Hobbys, Meinungen, Vorlieben und Abneigungen sollten nicht von der anderen Person in der Beziehung abhängig sein. Wenn Sie auf der Suche nach einer Gewohnheit sind, die sich auf einfache Art ablegen lässt, dann versuchen Sie es mit dieser. Nutzen Sie Ihren Social-Media-Auftritt aus, ohne dass er so eng mit Ihrer Beziehung verbunden ist.

10 Ihrem Partner bei den alltäglichen Aufgaben eines Erwachsenen zu helfen

Wenige andere schlechte Angewohnheiten schreien so sehr nach „Co-Abhängigkeit" wie diese. Es ist völlig normal, Ihrem Partner hin und wieder zu helfen, vor allem, wenn Sie ein wenig freie Zeit haben, aber machen Sie es nicht zur Gewohnheit, wenn er nicht im Gegenzug etwas Ähnliches für Sie tut. Wenn Sie Zeit übrighaben, um Ihrem Partner ein Lunchpaket zu machen, warum nicht? Haben Sie es sich zur Routine gemacht, das Mittagessen einzupacken, und Ihr Partner kocht jeden Abend das Abendessen? Das klingt nach einer tollen Aufgabenteilung. Aber wenn Sie jeden Tag das Pausenbrot bereiten und nichts zurückbekommen, dann handelt es sich schlicht und einfach um co-abhängiges Verhalten. Achten Sie bei allem, was Sie tun, darauf, dass Sie Ihren Partner niemals wie ein kleines Kind behandeln. Erledigen Sie keine Aufgaben für ihn, die alle anderen Erwachsenen für sich selbst tun. Wenn Sie es tun können, kann es Ihr Partner auch. Es ist an der Zeit, Ihren Partner als den Erwachsenen zu behandeln, der er ist.

Ob Sie es glauben oder nicht, bei destruktivem und dysfunktionalem Verhalten geht es nicht nur um Missbrauch. Es kann auch aus kleinen, alltäglichen Gewohnheiten bestehen, die auf den ersten Blick harmlos erscheinen. Im Laufe der Zeit zermürben sie jedoch das Vertrauen und die Bindung in einer Beziehung. Beginnen Sie, diese schädlichen Zwänge zu beseitigen, um Raum für Wachstum zu schaffen.

Kapitel sechs: Strategien zur Loslösung

Hinter jeder Co-Abhängigkeit verbirgt sich ein ungesundes Maß an Anhänglichkeit. Die Partner haben ihre Identitäten zu einer verschmolzen, bis zu dem Punkt, an dem sie nicht mehr das Gefühl haben, eine eigene Identität außerhalb ihrer Beziehung zu besitzen. Das Ironische daran ist, dass Anhänglichkeit normalerweise durch den Versuch entsteht, eine einzigartige Identität zu schaffen. Wir entfernen uns jedoch nur weiter von diesem Ziel, da diese neue Identität so sehr mit der eines anderen verwoben ist.

Nicht alle co-abhängigen Partnerschaften weisen gänzlich destruktive Tendenzen auf, aber eine heftige Anhänglichkeit ist für die beteiligten Personen nicht weniger schädlich. Um die Co-Abhängigkeit zu durchbrechen, müssen beide Partner lernen, sich auf gesunde Art voneinander loszulösen. Ein gesunder Abstand lässt immer noch Erwartungen und die Bindung aneinander zu, beseitigt aber das Gefühl der Verzweiflung und Hilflosigkeit. Co-abhängige Menschen finden diese Idee oft einschüchternd, weil sie glauben, dass Co-Abhängigkeit gleichbedeutend mit Liebe ist – aber sobald sie dieses Verhaltensmuster durchbrechen, fühlen sie sich sofort befreit. Liebe, die aus einem Wunsch statt aus einer Notwendigkeit heraus entsteht, ist für alle Beteiligten viel erfüllender. Um herauszufinden, wie sich das anfühlt, nutzen Sie diese Strategien zur Loslösung, um eine stärkere Beziehungsdynamik zu erreichen.

Neun großartige Gewohnheiten, die die Heilung von Co-Abhängigkeit einleiten

Sie wissen alles über die schlechten Gewohnheiten, die durchbrochen werden müssen – jetzt ist es an der Zeit, Ihnen von den großartigen Gewohnheiten zu erzählen, die diese ersetzen sollten. Wenden Sie diese neuen Praktiken in Ihrem täglichen Leben an, um einen gesunden Abstand zu Ihrem Partner zu bekommen. Indem Sie diese neuen Methoden in Ihre Beziehungsdynamik einbeziehen, werden Sie sofort anfangen, sich weniger co-abhängig zu fühlen.

1   Antworten Sie, statt nur zu reagieren

Aufgrund vergangener Traumata haben einige von uns bestimmte Reaktionen fest in unserem Kopf verankert. Ohne überhaupt darüber nachzudenken, können wir uns dabei ertappen, wie wir diesen Impulsen aus reiner Gewohnheit nachgeben. Wenn Sie zum Beispiel in der Vergangenheit betrogen wurden, kann es für Sie einen Trigger darstellen, wenn Ihr jetziger Partner einen engen Freund des anderen Geschlechts hat. Wann immer Ihr Partner erwähnt, dass er sich mit diesem trifft, fühlen Sie sich vielleicht sofort betrogen und sind wütend, auch wenn Sie keinen Grund dazu haben. Eine gute Faustregel, um unnötige Aufregung zu vermeiden, ist, den Impuls zu unterbrechen, bevor er die Kontrolle übernimmt. Anstatt einfach aus Gewohnheit zu reagieren, nehmen Sie sich die Zeit, Ihrem Partner wirklich zuzuhören. Überlegen Sie, ob das, was er sagt, tatsächlich unvernünftig ist oder ob Sie nur von schlechten Erinnerungen überwältigt werden.

Reagieren Sie auf das, was Ihr Partner Ihnen im Hier und Jetzt sagt, statt auf etwas, das in der Vergangenheit passiert ist.

2 Erfüllen Sie sich Ihre Wünsche und Bedürfnisse

Verlieren Sie sich nicht in Ihrer Beziehung. Wenn es Interessen oder Hobbys gibt, die nach Ihnen rufen, warum dann nicht Ihrer Neugierde nachgeben? Stillen Sie neuen Wissensdurst und erforschen Sie auch weiterhin Ihre etablierten Interessen. Hören Sie auf, Ihre Wünsche, Bedürfnisse, Neugierde, Vorlieben und Abneigungen zu unterdrücken. Pflegen und fördern Sie alles, was Sie ausmacht. Das stärkt Ihr Selbstwertgefühl und stellt sicher, dass Ihre Identität immer noch ganz Ihnen gehört, auch wenn Sie sich in einer intimen Beziehung befinden. Unterschiedliche Bedürfnisse und Wünsche zu haben, ist nicht nur um der Sache willen gut; es erlaubt beiden Partnern, in getrennte Welten zu flüchten, sodass sie sich immer daran erinnern können, was sie einzigartig macht. Auf diese Weise verlieren sie nie ihren Lebenssinn und bleiben fest mit dem verbunden, was sie im Inneren ausmacht.

3 Persönlicher Freiraum sollte nicht verhandelbar sein

Versuchen Sie nicht nur, manchmal persönlichen Freiraum zu bekommen; Sie müssen den persönlichen Freiraum zu einer nicht verhandelbaren Bedingung machen. Legen Sie einen Tag oder eine Zeit fest, an dem Sie den Freiraum haben, zu tun, was Sie wollen – natürlich ohne Ihren Partner. Hören Sie auf, persönlichen Freiraum als abschreckende Idee zu sehen, und fangen Sie an, ihn als absolut essenziell für die langfristige Aufrechterhaltung Ihres Glücks

zu erkennen. Sehen Sie ihn als ein Muss an. Selbst wenn
Sie glauben, dass Sie Ihren Partner vermissen werden, ist
das kein Grund, zu klammern und nie loszulassen. Warum sollten Sie erst warten, bis Sie die Person satthaben,
bevor Sie sich Ihren persönlichen Freiraum nehmen? Jemanden zu vermissen, den man später wiedersehen wird,
bereitet unglaublich viel Freude. Es zeigt, dass die Liebe
und die Spannung noch lebendig sind. Indem Sie persönlichen Freiraum zu einem zentralen Bestandteil Ihres Lebensstils machen, stellen Sie sicher, dass diese Liebe und
Spannung lebendig bleibt und nicht verpufft. Tun Sie, was
Ihnen Spaß macht, und geben Sie sich gegenseitig Raum
zum Atmen. Das wirkt Wunder für jede Beziehung.

4 Seien Sie bereit, für Ihre Handlungen Verantwortung zu übernehmen

Sobald Sie dies tun, schaffen Sie innerhalb der Beziehung
eine Atmosphäre der Ehrlichkeit, Bescheidenheit und des
Mutes. Für unsere Handlungen verantwortlich zu sein
und zuzugeben, wenn wir einen Fehler gemacht haben,
kann schwierig sein – aber das sollte es nicht. Wenn wir
es vermeiden, Verantwortung zu zeigen, versuchen wir im
Wesentlichen zu sagen, dass wir machtlos sind und uns
alles einfach passiert – dass es nicht unsere Schuld ist, weil
wir keinen Einfluss auf die Situation haben. Warum soll
das eine gute Sache sein? Wenn wir machtlos sind, können
wir keine Maßnahmen ergreifen, um die Dinge zu verbessern. Wir werden zu Sklaven der Umstände und der
Launen anderer Menschen. Deshalb ist es so befreiend,
Verantwortung zu zeigen. Sie erkennen Ihren Einfluss
und Ihre Kontrolle, und damit erkennen Sie auch Ihre Fähigkeit, die Dinge zu verbessern. Wenn ein Partner sich
angewöhnt, Verantwortung zu übernehmen und zu seinen

Fehlern zu stehen, gewöhnt sich der andere Partner (vorausgesetzt, er ist kein Narzisst) daran, dasselbe zu tun. Ein Paar, bei dem jeder Partner die Verantwortung für seine eigenen Handlungen übernimmt, ist ein starkes Paar. Es gibt deutlich weniger Ärger und Frustration in der Beziehung. Anstelle von unnötigen Schuldzuweisungen und Unzufriedenheit kann man sich endlich auf Lösungen konzentrieren. Wenn Sie das nächste Mal einen Fehler machen, sagen Sie Ihrem Partner, dass Sie ihn eingesehen haben, dass es Ihnen leidtut und dass Sie es beim nächsten Mal besser machen wollen. Schieben Sie sich nicht gegenseitig die Schuld zu.

5 Weisen Sie Ihren Partner auf sein ungesundes Verhalten hin

Genauso wie Sie für Ihre Handlungen verantwortlich sein sollten, sollte dies auch Ihr Partner sein. Manchmal ist es nicht leicht, zu erkennen, dass wir einen Fehler gemacht haben, besonders wenn bestimmte Verhaltensweisen zur Routine geworden sind. In diesem Fall ist es sehr wichtig, den Partner sanft darauf aufmerksam zu machen. Wenn er es nicht weiß, wie kann er sich dann in Zukunft besser verhalten? Wenn Sie bemerken, dass Ihr Partner ein ungesundes oder sogar selbstzerstörerisches Verhalten an den Tag legt, gewöhnen Sie sich an, ihn sofort darauf aufmerksam zu machen. Es ist zudem wichtig, dass Sie dies konstruktiv und auf freundliche Weise tun. Wenn Sie wütend und ausfallend sind, ist es wahrscheinlich, dass er negativ darauf reagiert, was die Entwicklung der Beziehung weiter behindern wird. Wenn Ihr Partner anfängt, Ihnen Schuldgefühle einzureden, weil Sie Zeit mit Ihren Freunden verbringen wollen, sprechen Sie dieses co-abhängige Verhalten an. Sagen Sie: „Schatz, ich hatte das Gefühl, dass du mir Schuldgefühle machen wolltest, weil ich mich mit meinen Freunden treffe, und es beunruhigt mich, dass wir wieder zu unserem co-abhängigen Verhalten zurückkehren. Wie können wir das das nächste Mal besser machen? Ich fände es toll, wenn wir eine Lösung finden könnten, damit ich etwas Zeit mit meinen Freunden verbringen kann. Es ist wichtig für mich, dass ich sie ab und zu sehe." Sehen Sie, das ist doch nicht so schwer, oder?

6   Bestimmen Sie Ihre persönlichen und beruflichen Ziele

Bewahren Sie sich ein starkes Selbstwertgefühl, indem Sie weiterhin wachsen und sich entwickeln. Wenn Sie das Gefühl haben, dass Sie stagnieren oder dass Ihre Beziehung Sie aufgezehrt hat, nehmen Sie sich Zeit, sich hinzusetzen und darüber nachzudenken. Oftmals verlieren wir die Orientierung, weil wir unsere Wünsche und Ziele nicht erkannt haben. Denken Sie darüber nach, was Sie in der nahen und fernen Zukunft erreichen möchten, und unterteilen Sie diese Ziele dann in erreichbare Schritte. Es können berufliche Ziele, persönliche Ziele oder auch beides sein. Gibt es eine Fähigkeit, die Sie gerne weiter ausbauen würden? Ein neuer Meilenstein, den Sie gerne erreichen würden? Möchten Sie ab- oder zunehmen? Gibt es ein künstlerisches Meisterwerk, das Sie vollenden oder zumindest in Angriff nehmen möchten? Es gibt zahlreiche Ziele, die Sie sich für Ihr Leben setzen können. Wählen Sie etwas, das Spannung und Freude in Ihnen entfacht. Wenn wir uns selbst Ziele setzen, wird es viel einfacher, Co-Abhängigkeit zu vermeiden, da wir instinktiv versuchen, unsere eigenen Ziele zu erreichen. Sie geben uns etwas, nach dem wir streben können, das sich ganz auf unser eigenes Leben bezieht und nicht direkt mit unserem

Partner verbunden ist. Stellen Sie sicher, dass Sie sich immer Ziele setzen, auch wenn es kleine Ziele sind.

7 Holen Sie sich die Meinung eines Außenstehenden ein

Bei den extremsten Formen der Co-Abhängigkeit scheuen beide Partner davor zurück, mit anderen Menschen über ihre Probleme zu sprechen, vor allem über solche, die ihre Beziehung betreffen. Sie haben eine so intensive Nähe zu ihrem Partner entwickelt, dass sie das Gefühl haben, niemanden sonst zu brauchen. Leider bedeutet das auch, dass sie niemanden haben, dem sie sich anvertrauen können, wenn in der Beziehung berechtigte Fragen oder Probleme auftauchen. Die Perspektive eines Außenstehenden kann sehr hilfreich sein, besonders wenn es sich um einen engen Freund oder ein Familienmitglied handelt. Achten Sie darauf, dass weder Sie noch Ihr Partner sich vor den Personen um sie herum, die Ihnen Unterstützung bieten können, verschließt. Diese werden in der Lage sein, zu erkennen, wenn Ihre Co-Abhängigkeit zu schädlich wird. Lernen Sie, dies als hilfreiches Feedback anzusehen und nicht nur als etwas Unangenehmes, das Sie lieber nicht hören möchten. Wenn wir zu nah an einer Situation dran sind, kann es schwierig sein, den Tatsachen ins Auge zu blicken. Verlassen Sie sich darauf, dass Ihre Freunde und Familie Ihnen sagen, was Sie hören müssen. Machen Sie es sich zur Gewohnheit, sich bei anderen zu melden und Ihre Verbindungen nach außen zu pflegen.

8 Sagen Sie öfter „Nein"

Es herrscht der große Irrglaube, dass, wenn wir jemanden lieben, wir ihn tun lassen sollten, was er will. Hoffentlich haben Sie inzwischen erkannt, dass dies der falsche Weg ist. Niemals „Nein" zu Ihrem Partner zu sagen, ist einer der Schlüsselfaktoren, die zu Co-Abhängigkeit führen können. Es bedeutet im Wesentlichen, dass Sie Ihrem Partner keine Grenzen setzen. Wenn Sie sich angewöhnen, „Nein" zu Ihrem Partner zu sagen, setzen Sie sich für Ihre Bedürfnisse und Wünsche ein und zeigen damit, dass diese genauso wichtig sind wie die Ihres Partners. Es ist nicht grausam, „Nein" zu sagen, denn oft kann die Tendenz, sich wie ein Fußabtreter zu verhalten, bei co-abhängigen Partnern zu einer stillen Verachtung führen. Indem Sie Grenzen setzen, stellen Sie sicher, dass Sie sich nie selbst erschöpfen, weil Sie mehr von sich geben, als Sie haben. Auf lange Sicht bedeutet das, dass Sie sich glücklicher und erfüllter fühlen und viel eher bereit sind, ein guter Partner zu sein. Die Freundlichkeit, die Sie Ihrem geliebten Menschen entgegenbringen, wird aus echter Liebe geboren und nicht aus Notwendigkeit und Verpflichtung.

9 Lösen Sie Probleme gemeinsam

Wenn jemand in einer Beziehung einen Fehler macht, neigen Menschen dazu, den Prozess zur Lösungsfindung zu stark zu vereinfachen. Sie neigen dazu, zu denken: „Du hast den Fehler gemacht, also solltest du ihn beheben. Finde eine Lösung und melde dich, wenn die Dinge besser sind." Wir überlassen es der Person, die den Fehler gemacht hat, eine Lösung vorzulegen. Viele Paare glauben, das sei fair, doch das ist es bei Weitem nicht. Gesunde Paare lösen Probleme gemeinsam. Das bedeutet nicht, dass beide Partner schuld sind. Stattdessen erkennen Sie, dass vier Augen mehr sehen als zwei. Wenn Sie die Situation wirklich in Ordnung bringen wollen und sich nicht nur „rächen" wollen, sollten Sie mit Ihrem Partner zusammenarbeiten, um eine Lösung zu finden. Untersuchen Sie das vorliegende Problem darauf, was falsch gelaufen ist und was beim nächsten Mal besser sein könnte. Gewöhnen Sie sich an, zu kooperieren, anstatt nur einen Partner für die Veränderung verantwortlich zu machen.

Vier einzigartige Herausforderungen, um sich an eine gesunde Loslösung zu gewöhnen

Wenn Sie extrem co-abhängig sind, mag der Gedanke an Loslösung für Sie beängstigend sein. Um Ihre nächsten Schritte zu vereinfachen, sollten Sie die folgenden Herausforderungen ausprobieren. Diese werden Ihnen helfen, sich auf Ihre eigene Unabhängigkeit einzustellen. Am Ende jeder Herausforderung treffen Sie sich wieder mit Ihrem Partner und tauschen Ihre unterschiedlichen Erfahrungen aus. Schauen Sie, ob Sie mit diesen Herausforderungen Spaß haben können!

1 Zeichnen Sie Ihren Tag

Sie müssen für diese Herausforderung keine künstlerische Ader haben – tatsächlich macht es vielleicht sogar mehr Spaß, wenn Sie keine haben! Für diese Herausforderung sollten sich beide Partner für mehrere Stunden trennen und zeichnen, was sie sehen, wo auch immer sie hingehen. Das Motiv kann alles sein, was Sie an diesem Tag sehen – es kann lustig, ernst oder sogar surrealistisch sein, wenn Sie es wünschen! Idealerweise sollten sich beide Partner keine Nachrichten schreiben, außer für logistische Absprachen darüber, wo und zu welcher Zeit sie sich später treffen wollen. Am Ende des Tages können beide Partner wieder zusammenkommen und sich gegenseitig zeigen, was sie gezeichnet haben. Wenn Sie ein schrecklicher Künstler sind, könnte das Lachen über Ihre schlechten Zeichnungen für einen lustigen Abend sorgen. Diese Herausforderung ist ideal, da sie es den Leuten erlaubt, mit ihrer kreativen Seite in Kontakt zu kommen, und gleichzeitig persönlichen Raum schafft. Und das sind noch nicht alle Vorteile! Es macht den Partnern zudem Spaß, sich die Zeichnungen des anderen anzusehen und einander die Geschichten zu erzählen, die mit dem Gesehenen verbunden sind.

2 Treffen Sie sich in der Mitte

Wenn Sie eine abenteuerliche Seite an sich haben, versuchen Sie die „Sich in der Mitte treffen"-Herausforderung mit Ihrem Partner. Einfach ausgedrückt: Beide Partner müssen zwei gegenüberliegende oder weit voneinander entfernte Orte erkunden und sich dann auf halber Strecke wieder treffen. Diese Herausforderung kann an Ihren Zeitrahmen und Ihr Budget angepasst werden. Wenn es Ihnen nicht möglich ist, international zu reisen, ist das kein Grund zur Sorge! Jeder Partner kann sich eine Stadt oder einen Ort im Land aussuchen, den er schon immer einmal erkunden wollte. Das funktioniert besonders gut, wenn der andere Partner bereits dort war oder keine Lust hat, dorthin zu reisen. Sobald beide Personen ihre Stadt ausgewählt haben, können sie einen Ort bestimmen, der ungefähr in der Mitte liegt. Nachdem sie durch die verschiedenen Orte gereist sind und diese erkundet haben, können sie sich auf den Weg zueinander machen und sich an diesem Ort auf halbem Weg treffen. Wenn Sie über ein größeres Budget verfügen, können Sie das Gleiche auch mit Ländern machen. Solo-Reisen sind eine ermächtigende Erfahrung und Paare finden das „Treffen auf halbem Weg" unglaublich romantisch.

3   Die Geschenkbörse

Genau wie bei „Zeichnen Sie Ihren Tag" geht es bei dieser Herausforderung darum, dass sich ein Paar für ein paar bis mehrere Stunden trennt. Es sollte keinerlei Kommunikation stattfinden, bis es an der Zeit ist, sich später am Tag wieder zu treffen. Das Ziel der getrennten Zeit sollte es sein, ein Geschenk für den Partner zu kaufen, zu basteln oder auf andere Weise zu beschaffen. Es kann ein Geschenk sein oder mehrere, abhängig von ihrem jeweiligen Budget. Es ist auch ratsam, dass beide Partner ein Ausgabenlimit festlegen, damit nicht eine Person die andere übertrifft. Dies ist eine großartige Herausforderung für den Anfang, da sich beide Partner bei der Suche nach einem Geschenk für den geliebten Menschen immer noch eng verbunden fühlen können.

4   Außen-Innen

Hier sind keine Ausreden erlaubt! Eine Person ist für „Außen" und die andere für „Innen" zuständig. So lange, bis sie fertig sind, müssen sich beide Partner auf ihre separaten Aufgaben konzentrieren, ohne Hilfe vom anderen. Die Partner können nur über logistische Dinge kommunizieren oder um etwas zu klären. Alle andere Kommunikation muss für die Zeit nach der Herausforderung aufgespart werden, wenn alles erledigt ist. Hier ist ein Überblick darüber, wofür jede Person zuständig ist:

Außen – Alle Besorgungen, die das Verlassen des Hauses erfordern, z. B. Lebensmitteleinkäufe, Postversand, Abholung von Werkzeugen oder Materialien für Reparaturen, Tanken des Autos, das Abheben von Bargeld und vieles mehr. Dazu können auch Hausarbeiten gehören, wenn diese draußen stattfinden, z. B. Gartenarbeit, Arbeiten im Hof, Reparaturen am Schuppen usw.

Innen – Alle Aufgaben, die das Innere des Hauses und die allgemeine Haushaltsführung betreffen. Dazu gehören Wäschewaschen, Bettenmachen, Hausreinigung, Aufräumen und Neuorganisieren, Geschirrspülen und alle anderen haushaltsbezogenen Aufgaben.

Wer als Erster fertig ist, hat frei und kann machen, was er will! Die einzige Bedingung? Sie müssen sich von ihrem Partner fernhalten, bis alle Aufgaben erledigt sind.

Warum kreieren Sie nicht Ihre eigene Herausforderung? Um das beste Ergebnis zu erzielen, sollten beide Partner so lange wie möglich getrennt sein, während sie sich auf ein klar definiertes Ziel konzentrieren oder sich vom Alltag zu zweit ablenken.

Kapitel sieben:
Persönlicher Freiraum
und Selbstfürsorge

Wir haben viel über persönlichen Freiraum und Selbstfürsorge gesprochen, aber einige von Ihnen fragen sich vielleicht: „Was genau bedeutet das?" oder „Was mache ich, wenn ich persönlichen Freiraum habe?" In Extremfällen von Co-Abhängigkeit brauchen Sie vielleicht ein paar Ideen für das nächste Mal, wenn Sie sich der Selbstfürsorge widmen. Wie wir bereits festgestellt haben, ist dies entscheidend für die Aufrechterhaltung eines gesunden Maßes an Unabhängigkeit in Ihrer Beziehung. Wenn Partner in einer Beziehung weiterhin Selbstfürsorge praktizieren, werden sie zu stärkeren, mutigeren Individuen, die auf lange Sicht im Leben mehr Erfüllung erlangen. Wenn Sie der Gedanke an eine vorübergehende Trennung einschüchtert, machen Sie sich bewusst, dass dies nur aus einem Grund schwierig ist: Sie brechen mit einer festen Routine! Es sagt nichts über die Auswirkungen aus, die dieser Bruch letztendlich haben wird. Egal, ob sie zerstörerisch sind oder nicht, Muster sind schwer zu durchbrechen – aber wenn Sie es geschafft haben, blüht Ihr Leben auf eine Weise auf, die Sie sich nie erträumt hätten.

Sechs Gründe dafür, dass persönlicher Freiraum Paare heilt

Bevor Sie sich Ausreden einfallen lassen, um den Rest dieses Kapitels zu überspringen, lassen Sie uns die Vorteile des persönlichen Freiraums untersuchen. An den Tagen, an denen Sie von Ängsten überwältigt sind, an denen Sie sich einfach nur festklammern und niemals loslassen wollen, besinnen Sie sich auf diesen Abschnitt. Aus folgendem Grund ist der persönliche Freiraum für die Heilung von Co-Abhängigkeit so wichtig:

1 Es macht Sie zu einer stärkeren Person

Wenn uns die Möglichkeit gegeben wird, unser eigenes Ding zu machen, verwenden wir Bewältigungs- und Selbstmanagement-Strategien, die wir in Gegenwart unserer nahen Angehörigen nicht mehr einsetzen. Wenn wir ein Bedürfnis haben, lernen wir, uns selbst darum zu kümmern. Wir lernen, für unsere eigene Unterhaltung zu sorgen. Und wir können endlich zuhören und unsere eigenen Gedanken bewerten, ohne Einfluss von außen. Der Schmerz, den Sie verspüren, wenn Sie allein sind und sich wünschen, jemand wäre bei Ihnen – das ist Ihr Verstand, der sich weigert, Ihre eigenen Selbstmanagement-Strategien zu benutzen. Wenn wir jemanden um uns haben, brauchen wir sie nicht so oft. Der andere kann uns bei der Erledigung von Aufgaben helfen, uns unterhalten und uns so viel Ablenkung bieten, wie wir uns wünschen. Das fühlt sich gut an, so, wie es sich gut anfühlt, auf der Couch zu sitzen, anstatt zur Arbeit zu gehen. Es erlaubt uns zwar, keine Arbeit verrichten zu müssen, doch es schadet auch unserer Fähigkeit, für uns selbst zu sorgen und autark zu sein. Wenn Sie jetzt nicht lernen, stark zu sein, wird es in der Zukunft hundertmal schwieriger sein. Persönlicher Freiraum gibt uns die Möglichkeit, uns wieder um selbst zu kümmern, und das bringt eine Menge Vorteile mit sich.

2 Unsere Individualität wiederzufinden macht uns glücklicher

Wenn wir persönlichen Freiraum bekommen, werden wir daran erinnert, was uns ausmacht. Anstatt mit der Identität unseres Partners zu verschmelzen, besinnen wir uns auf unsere eigene und darauf, was genau uns einzigartig macht. Wenn wir diesen Teil von uns selbst wiederfinden, fühlen wir uns sofort glücklicher. Und warum? Das ist ganz einfach. Wir alle wollen uns besonders fühlen. Niemand möchte das Gefühl haben, genau wie jemand anderes geworden zu sein. Diejenigen, die sich so fühlen, unterliegen dem falschen Eindruck, dass uns die Verschmelzung von Identitäten davon heilt, nichts Besonderes zu sein. Doch nichts könnte der Wahrheit ferner liegen. Um uns wirklich einzigartig und unverwechselbar zu fühlen, müssen wir uns mit etwas verbinden, das tief in uns selbst liegt. Auf diesen Teil von uns können wir nur durch ausreichend Zeit für uns selbst zugreifen. So sehr Sie Ihren Partner auch lieben, zu viel gemeinsame Zeit zu verbringen, kann Sie vergessen lassen, was Sie von ihm unterscheidet.

3 Es gibt später mehr zu besprechen

Wenn Sie immer zusammen sind, machen Sie zur gleichen Zeit die gleiche allgemeine Erfahrung. Das kann natürlich auch etwas Besonderes sein; Sie können die Ereignisse, die sich um Sie herum abspielen, besprechen und es genießen, an der gleichen Erfahrung teilzuhaben. Aber vergessen Sie nicht, dass es auch Spaß macht, unterschiedliche Erfahrungen zu machen und einander später davon zu erzählen. Zwei Partner, die sich nach einem langen Tag der Trennung wiedersehen, können einander die Geschichten und Ereignisse des Tages erzählen und das damit verbundene Überraschungsmoment genießen. Wenn wir immer mit unserem Partner zusammen sind, verpassen wir den Spaß am Nachholbedarf.

4 Auch der tollsten Dinge kann man überdrüssig werden – lassen Sie das nicht zu!

Sie mögen Ihren Partner zutiefst lieben und wertschätzen. Sie denken vielleicht sogar, dass Ihre Beziehung das Beste auf der Welt ist und Sie füreinander bestimmt sind, so als ob nichts Ihre Beziehung zerstören könnte. Es tut mir leid, Ihnen das sagen zu müssen: Zu viel gemeinsame Zeit kann sie tatsächlich zerstören. Sagen wir, Sie haben die besten Pfannkuchen der Welt entdeckt. Sie fanden sie so lecker, dass Sie beschlossen haben, sie zu jeder Mahlzeit zu essen. Am Anfang schien es himmlisch, Ihr Lieblingsessen dreimal am Tag zu essen – aber was ist nach ein paar Monaten? Oder nach ein paar Jahren? Sie würden definitiv anfangen, die Pfannkuchen satt zu haben. Irgendwann würden Sie sich buchstäblich nach *etwas anderem* sehnen. Es spielt keine Rolle, wie objektiv gut diese Pfannkuchen sind oder wie sehr Sie sie am Anfang genossen haben. Wenn Sie es übertreiben, werden Sie sie nicht mehr sehen können. Das Gleiche gilt für Sie und Ihren Partner. Ohne persönlichen Freiraum fängt die Beziehung an, sich einengend anzufühlen. Dies wird unweigerlich zu einer angespannteren Partnerschaft führen.

5 Es erinnert Sie daran, warum Sie zusammen sind

Wenn wir ständig mit jemandem zusammen sind, den wir lieben, fangen wir an, ihn als selbstverständlich anzusehen. Wir gewöhnen uns so sehr an den schnellen und einfachen Zugang, dass wir vergessen, wie besonders es ist, diesen Zugang überhaupt zu haben. Paare, die den persönlichen Freiraum zu einem Teil ihres Lebensstils machen, erleben viel mehr Dankbarkeit gegenüber ihrem Partner. Wenn sie zusammen sind, werden sie an die Freude erinnert, die ihr Partner in ihr Leben bringt. Die Zeiten, in denen sie getrennt sind, bilden einen Kontrast zu den Zeiten, in denen sie zusammen sind. Dadurch erhält die Beziehung viel mehr Bedeutung, was wiederum jeden gemeinsamen Moment besonderer erscheinen lässt. Die Partner werden einander viel mehr zu schätzen wissen und auf lange Sicht glücklicher sein.

6 Glücklichere Menschen schaffen dauerhaftere Beziehungen

Co-Abhängigkeit entsteht, wenn Paare zu ängstlich oder unsicher sind, um sich gegenseitig loszulassen. Dies zu lernen kann ironischerweise die Chancen auf ein (glückliches) Zusammenbleiben tatsächlich verbessern. Bedenken Sie alles, was wir bisher behandelt haben. Es wird mehr Spannung geben, Sie werden einander nicht überdrüssig werden, *Sie werden* glücklicher sein und Ihr Partner auch. Zwei glückliche, starke Individuen ergeben ein glückliches, starkes Paar. Um dauerhafte Zufriedenheit zu gewährleisten, muss es Raum für Wachstum geben. Indem Sie sich gegenseitig Raum geben, geben Sie sich die Möglichkeit, sich zu einem besseren Selbst zu entwickeln. Paare, die dies tun, haben mehr Erfolg als andere.

Zehn Wege zur Beschleunigung des eigenen Wachstums durch persönlichen Freiraum

Co-abhängige Menschen haben Mühe, die Zeit herumzubringen, wenn sie endlich persönlichen Freiraum erlangt haben. Viele fangen an, Angst zu empfinden, weil sie nicht wissen, was sie mit sich selbst anfangen sollen, wenn ihr Partner nicht mehr da ist. Es ist hilfreich, sich zu vergegenwärtigen, dass dies nur geschieht, weil die Erlangung von Freiraum eine Unterbrechung der üblichen Routine darstellt. Diese Angst kann mit etwas Übung überwunden werden. Der persönliche Freiraum ist eine großartige Möglichkeit, um sich endlich auf das eigene Wachstum zu konzentrieren und Fortschritte bei der Erreichung Ihrer persönlichen Ziele zu machen. Wenn Sie sich bemühen, Ihre Ziele immer im Auge zu behalten, wird Ihnen das helfen, Ihre co-abhängigen Neigungen zu bekämpfen. Betrachten Sie die vielen Methoden, wie Sie dies erreichen können:

1   Lernen Sie eine neue Fähigkeit

Gibt es ein Talent, das Sie insgeheim gerne hätten? Wann haben Sie das letzte Mal gedacht: „Ich wünschte, ich könnte das"? Ein Workshop oder ein Kurs ist eine fantastische Sache, die man in seinen Terminkalender einbauen kann, und es ist eine großartige Art, die persönliche Zeit zu nutzen. Das kann alles sein, von Mal- und Fotokursen bis hin zu Kung-Fu-Unterricht. Wenn es ums Lernen geht, ist alles möglich. Sie könnten sich sogar dafür entscheiden, eine Fähigkeit zu verbessern, die später zu einem höheren Einkommen führt. Die Perfektionierung einer neuen Fähigkeit wird Sie an Ihren Wert und Ihr Können über Ihre Beziehung hinaus erinnern. Haben Sie Spaß dabei. Die Welt liegt Ihnen zu Füßen!

2 Gehen Sie ins Fitnessstudio

Machen Sie das Training im Fitnessstudio zu einem Teil Ihrer wöchentlichen Routine und Sie werden mehr Vorteile entdecken als nur bezüglich Ihres Aussehens. Sie werden nicht nur fitter und straffer aussehen, sondern sich vor allem auch stärker *fühlen*. Und Sie werden sofort eine Steigerung Ihres Selbstwertgefühls und Selbstvertrauens feststellen. Zu trainieren ist eine großartige Möglichkeit, sich selbst zu beweisen, dass Sie Widrigkeiten überwinden können – diese Entschlossenheit und Stärke wird sich nicht nur auf die Zeit im Fitnessstudio erstrecken, sondern auch Ihre Beziehung und wahrscheinlich sogar Ihr berufliches Selbstvertrauen verbessern. Kümmern Sie sich um Ihren Körper, dann wird Ihre gesamte Denkweise diese positive Veränderung widerspiegeln.

3 Suchen Sie einen Therapeuten auf

Es ist an der Zeit, das Stigma rund um die Therapie zu beseitigen! Sie müssen nicht an einer psychischen Erkrankung leiden, um einen Therapeuten aufzusuchen. Eine Sitzung wöchentlich oder alle paar Wochen ist eine großartige Möglichkeit, sich zu entspannen und den Geist zu entrümpeln. Wenn Sie aufwühlende Emotionen und Gedanken aus dem Weg räumen, haben Sie mehr Zeit, sich auf das zu konzentrieren, was wirklich wichtig ist. Eine Therapie kann besonders für Menschen in einer co-abhängigen Beziehung hilfreich sein. Eine neutrale Person ist in der Lage, Sie darauf hinweisen, wenn co-abhängige Gewohnheiten auftauchen, und Ihnen zu helfen, sich von diesen zu lösen. Sie kann Ihnen helfen, die Ursache Ihrer Probleme anzugehen, damit Sie sich nie wieder als „co-abhängig" bezeichnen müssen.

4 Experimentieren Sie mit dem Kochen von gesünderen Mahlzeiten

Wir alle wissen, wie man in der Küche *irgendetwas* kocht, aber wie viele leckere, wirklich gesunde Mahlzeiten können Sie kochen? Warum experimentieren Sie nicht in Ihrer Freizeit in der Küche mit einigen nahrhaften Lebensmitteln. Wenn wir unsere Aufmerksamkeit auf unsere Ernährung richten, findet unser Geist Ruhe. Und warum? Weil wir zu den Grundlagen zurückkehren und etwas tun, das uns buchstäblich am Leben erhält. Wir schenken den Grundlagen unseres Seins unsere Aufmerksamkeit, und das kann meditativ sein. Versuchen Sie, mit neuen Zutaten zu kochen, haben Sie Spaß an neuen Geschmacksrichtungen und sehen Sie, was für köstliche Kreationen Sie erfinden können.

5 Planen Sie Ihre Zukunft und setzen Sie sich Ziele

Jetzt, wo Sie etwas Zeit für sich haben, sollten Sie versuchen, Ihre Ziele für die nahe und ferne Zukunft zu definieren. Was würden Sie gerne erreichen? Wohin würden Sie gerne gehen? Welche Gewohnheiten würden Sie gerne ablegen und welche würden Sie gerne verbessern? Während Sie dies tun, versuchen Sie, einen ersten Entwurf Ihrer Ziele zu erstellen, ohne daran zu denken, was Ihr Partner (oder irgendjemand anderes) dazu sagen würde. Konzentrieren Sie sich einfach auf Ihre Ziele und Träume. Sobald Sie sich über diese im Klaren sind, wägen Sie ab, wie wichtig jedes einzelne Ziel für Sie ist. Wie glücklich werden Sie sein, wenn Sie jedes davon erreichen? Wird die Unfähigkeit, ein bestimmtes Ziel zu erreichen, dazu führen, dass Sie sich unglücklich fühlen? Beantworten Sie diese Fragen, bevor Sie daran denken, was Ihr Partner sagen würde. Ziehen Sie in Erwägung, über die Ziele, die Sie zutiefst glücklich machen würden, nicht zu verhandeln.

6 Lesen Sie ein gutes Buch

Man sagt, die erfolgreichsten Unternehmer der Welt lesen Dutzende von Büchern pro Jahr. Das ist nicht verwunderlich. Lesen ist nicht nur unterhaltsam, sondern kann Ihren Horizont auf eine Weise erweitern, die Ihre Perspektive zum Besseren verändert. Egal, ob es sich um Belletristik oder Sachbücher handelt, Lesen bringt viele Vorteile mit sich, einschließlich der Verbesserung des Gedächtnisses und des Stressabbaus. Mit der Zeit werden Sie feststellen, dass sich Ihr Wortschatz erweitert, und es kann sogar Ihre Schreibfähigkeiten verbessern. Integrieren Sie mehr Zeit zum Lesen in Ihren Zeitplan (jetzt, wo Sie mehr Ruhe haben!) und Sie werden Ihren Geist in kürzester Zeit schärfen.

7 Starten Sie ein kreatives Projckt

Sie müssen kein künstlerisches Genie sein, um ein kreatives Projekt zu starten. Wählen Sie einfach ein Medium, das

Ihnen gefällt, und haben Sie Spaß damit. Die Förderung der eigenen Kreativität hilft Ihnen, sich zu entspannen und verbessert auf lange Sicht Ihre Problemlösungsfähigkeiten. Studien haben sogar gezeigt, dass Kreativität die Fähigkeit verbessert, sich an neue Veränderungen anzupassen. Wenn Sie das nächste Mal Zeit für sich haben, warum versuchen Sie nicht, zu malen oder zu skizzieren? Oder Sie nehmen ein Instrument in die Hand und lernen zu singen.

8 Lernen Sie, eine wachstumsorientierte Einstellung zu entwickeln

Wenn Sie in Ihrer Freizeit neuen Hobbys und Fähigkeiten nachgehen, versuchen Sie, eine auf Wachstum ausgerichtete Einstellung zu entwickeln. Eine fixe Denkweise wird von dem Glauben angetrieben, dass jeder Mensch mit bestimmten Talenten und Begabungen geboren wird und alle, die nicht „begabt" sind, niemals das gleiche Maß an Brillanz erreichen werden. Die wachstumsorientierte Einstellung steht im krassen Gegensatz dazu und behauptet, dass wir tatsächlich das gleiche Maß an Brillanz erreichen können, wenn wir beharrlich bleiben und uns stetig verbessern. Versuchen Sie, solange Sie persönlichen Freiraum haben, diese Einstellung in Ihren mentalen Raum einzubeziehen. Das wird Ihnen nicht nur helfen, bestimmte Fähigkeiten zu verbessern, sondern auch, sich aus Ihrer Co-Abhängigkeit zu befreien. Sie müssen nicht für immer co-abhängig sein; eine wachstumsorientierte Einstellung wird gewährleisten, dass Sie Ihre alten Gewohnheiten für immer hinter sich lassen.

9   Gönnen Sie sich Pausen von der Technik

Während Sie sich eine Auszeit von Ihrem Partner nehmen, könnten Sie sich auch eine Pause von all dem Chaos der modernen Welt gönnen. Sie können dafür den Zeitrahmen wählen, mit dem Sie sich am wohlsten fühlen – aber es sollte eine kleine Herausforderung darstellen! Schalten Sie für mindestens ein paar Stunden alle Ihre Kommunikations- und Unterhaltungsgeräte aus. Räumen Sie alle digitalen Ablenkungen aus dem Weg und kommunizieren Sie in dieser Zeit in keiner Weise mit Ihrem Partner. Sie können während dieser Zeit tun, was immer Sie möchten, solange Sie für Ihre eigene Unterhaltung sorgen (gehen Sie nicht in eine Bar, um dort fernzusehen!) und Sie sich erlauben, mit Ihren Gedanken allein zu sein. Regelmäßig Zeit ohne Technik zu verbringen, kann allmählich Ängste abbauen, da Sie sich an die Stille und die vorübergehende Abstellung von elektronischen Geräten gewöhnen.

10   Unterhalten Sie sich mit einem Fremden

Dies mag wie ein seltsamer Vorschlag erscheinen, aber zu lernen, sich in der Nähe von Fremden wohlzufühlen, birgt eine Reihe von Vorteilen. Sie verbessern dadurch nicht nur Ihre sozialen Fähigkeiten, sondern Sie lernen auch, sich an verschiedene Situationen und unterschiedliche Persönlichkeiten anzupassen. Außerdem wissen Sie nicht, wen Sie treffen könnten! Überall um Sie herum warten Verbindungen darauf, geknüpft zu werden. Die Erweiterung Ihres Freundeskreises ist eine gute Methode, um sicherzustellen, dass Sie sich nicht zu sehr auf Ihren Partner verlassen.

Zwölf Ideen zur Selbstfürsorge, damit Sie sich pudelwohl fühlen

Natürlich sollte es beim persönlichen Freiraum auch um Selbstfürsorge gehen. Wenn Co-Abhängige völlig aufeinander eingestimmt sind, vergessen sie, sich um ihr eigenes Selbst zu kümmern. Oft merken wir gar nicht, wie sehr wir Selbstfürsorge brauchen, bis wir sie endlich erfahren. Das Ergebnis: Wir sind ruhig, emotional gefestigt und in jeder Hinsicht im Frieden mit uns selbst. Das versetzt uns in eine bessere Stimmung und macht uns zu angenehmeren Menschen, was uns wiederum zu besseren Partnern macht.

Es gibt keinen Grund, Selbstfürsorge auf die Zeit zu beschränken, in der wir ganz allein sind. Selbstfürsorge sollte Teil Ihrer Routine sein und Sie können sie genießen, wenn Sie alleine sind oder mit Ihrem Partner in der Nähe. Das bleibt Ihnen überlassen. Wie auch immer Sie sich entscheiden, für sich selbst zu sorgen – stellen Sie sicher, dass Sie sich immer Zeit dafür nehmen, damit es ein beständiger Teil Ihres Lebens sein kann.

1 Sprudelbäder

Sie haben es wahrscheinlich schon in Filmen gesehen. In Zeiten der Entspannung steckt eine Figur bis zum Hals in einem Schaumbad, umgeben von Kerzen. Warum probieren Sie das nicht wirklich mal aus? Mit oder ohne Sprudel, Kerzen oder Badezimmerlicht, Musik oder Stille: Sie haben die Wahl. Finden Sie heraus, welche Art von Umgebung Ihnen hilft, eine tiefe Ruhe zu erreichen, und versuchen Sie, diesen ruhigen Ort in Ihrem Geist zu erreichen. Vergessen Sie die Welt für einen Moment und entspannen Sie sich.

2 Eine Massage

Eine Massage zu bekommen, erfordert keine Anstrengung von Ihnen. Finden Sie einfach eine Therme oder einen Masseur, der Ihnen gefällt, und genießen Sie es, verwöhnt zu werden. Eine Massage ist eine hervorragende Art der Selbstfürsorge, denn durchgeknetet zu werden öffnet den Körper und fühlt sich – natürlich – einfach *toll* an. Der sanfte Druck am ganzen Körper baut Stress ab, indem er Dopamin freisetzt, Ängste reduziert und Sie sich in jedem Fall sofort ruhiger fühlen lässt. Es muss nicht kompliziert sein; legen Sie sich einfach hin und erlauben Sie sich, sich gut zu fühlen.

3 Kaffee und ein gutes Buch

Seit den Anfängen der Hipster-Cafés ist es eine brillante moderne Art der Selbstfürsorge geworden, bei einer Tasse Kaffee ein gutes Buch zu lesen. Verlassen Sie Ihre gewohnte Umgebung und verbringen Sie ein paar Stunden in einem Café. Bestellen Sie eine dampfende Tasse Kaffee oder eine cremige heiße Schokolade, suchen Sie sich einen Platz und vertiefen Sie sich endlich in das tolle Buch, von dem Sie schon so viel gehört haben. Ob Sie es glauben oder nicht, allein das Verlassen Ihrer gewohnten Umgebung kann Ängste abbauen. Ein Buch zu lesen und dabei Kaffee zu trinken, erlaubt es Ihnen, Ihr Leben für einen Moment zu erleichtern. Sie müssen nur Ihren bequemen Platz genießen und sich auf Ihr Buch konzentrieren, während Sie sich mit warmen, reichhaltigen Leckereien verwöhnen.

4   Gehen Sie einkaufen

Um es gleich vorwegzunehmen: Übertreiben Sie es nicht! Denken Sie an Ihr Budget und halten Sie es ein. Und sonst? Haben Sie Spaß und gönnen Sie sich das, was Ihnen guttut. Den Begriff „Frustshoppen" gibt es nicht ohne Grund. Wenn wir einkaufen, können wir unsere Wünsche und Bedürfnisse befriedigen. Das ist eine gute Übung für den Co-Abhängigen, der dazu neigt, sich auf die Wünsche und Bedürfnisse anderer Menschen zu konzentrieren. Nehmen Sie sich einen Moment Zeit, um Ihr co-abhängiges Gehirn auszublenden und zu überlegen, welcher Kauf Sie auf der Stelle begeistern würde.

5   Eine Rundumerneuerung

Manchmal gibt es keinen besseren Weg, sich gut zu fühlen, als sich selbst *gut aussehen zu lassen*. Es gibt keine Regeln für ein Umstyling – haben Sie einfach Spaß daran, mit Ihrem Aussehen zu experimentieren, um sich attraktiv zu fühlen. Wenn Sie weiblich sind, sollten Sie in Erwägung ziehen, die Dienste eines Visagisten in Anspruch zu nehmen. Hingegen können beide Geschlechter davon profitieren, ein paar neue Outfits für ihre Garderobe zu erstehen oder ihr Aussehen durch einen neuen Haarschnitt aufzufrischen. Die Möglichkeiten sind endlos!

6   Sprechen Sie mit Freunden

Mit Freunden zu reden und zu lachen ist eine ganz eigene Form der Therapie. Warum nutzen Sie die Zeit, in der Sie Selbstfürsorge ausüben, nicht für ein Treffen mit ein paar Ihrer vertrautesten Freunde? Das sorgt nicht nur für Stressabbau, sondern es ist erwiesen, dass Zeit mit Freunden zu einem längeren Leben und einer verbesserten geistigen Gesundheit führt. Egal, ob Sie sich in einem tollen Restaurant verwöhnen lassen oder einen lustigen Abend mit Netflix oder Gesellschaftsspielen verbringen, sorgen Sie dafür, dass die Zeit mit Freunden einen festen Platz in Ihrem Terminkalender hat.

7 Schreiben Sie Tagebuch

Das Führen von Tagebüchern ist für co-abhängige Paare ideal, weil es Ihnen erlaubt, mit Ihren Gefühlen in Kontakt zu kommen. Co-Abhängige sind dafür bekannt, ihre Gedanken und Gefühle zu verdrängen, um den Frieden zu bewahren – etwas, das nicht gut für die Gesundheit der Beziehung ist. Das Führen eines Tagebuchs kann Ihnen helfen, Ihren Geist zu entrümpeln und sich zu entspannen, weil es Ihnen erlaubt, Ihre Gedanken zu ordnen und Ihre innere Welt zu beobachten. Viele Menschen entscheiden sich dafür, am frühen Morgen in ihr Tagebuch zu schreiben – oder direkt vor dem Schlafengehen, um den Geist nach dem ereignisreichen Tag zu beruhigen und einen erholsamen Schlaf zu finden.

8 Meditieren Sie

Auf der Suche nach den besten Selbstfürsorge-Methoden wird Meditation so oft vorgeschlagen, dass man dazu neigt, die Augen zu verdrehen. Doch es gibt einen guten Grund, warum von Meditation geschwärmt wird; sie hat echte, dauerhafte Vorteile, die für Ihr geistiges Wohlbefinden und in Ihrem Leben wirklich eine Veränderung bewirken. Um erfolgreich zu meditieren, muss man versuchen, seinen Geist von allen Gedanken zu befreien und einfach im Moment zu sein. Versuchen Sie für den Einstieg, sich nur auf Ihren Atem zu konzentrieren. Idealerweise sollte man dies an einem ruhigen Ort tun, an dem man sich ungestört hinsetzen kann. Machen Sie Meditation zu einem regelmäßigen Bestandteil Ihrer Selbstfürsorge und Sie werden bald sehen, dass Sie Stress und Ängste reduzieren und Ihre Selbstwahrnehmung und Aufmerksamkeitsspanne erhöhen.

9 Machen Sie eine Ausfahrt oder einen Spaziergang

Diese Selbstfürsorge-Methode erfordert nichts als Energie und Zeit. Wählen Sie einen beliebigen Startpunkt und gehen oder fahren Sie einfach von dort aus los, ohne ein Ziel vor Augen zu haben. Erkunden Sie einfach die Gegend. Der Zweck dieser Fahrt oder dieses Spazierganges ist es, den Kopf frei zu bekommen und Zeit für sich allein zu haben, dabei jedoch die Bewegung des Vorwärtsgehens zu erleben. Es ist bekannt, dass ein Spaziergang oder eine Autofahrt emotional heilsam ist; es erlaubt Ihnen, die volle Kontrolle über Ihren Weg und Ihr Ziel zu haben, einfach dorthin zu gehen, wohin Sie wollen, und Ihre Gedanken zur Ruhe kommen zu lassen.

10 Dekorieren Sie um

Eine lustige Art, Selbstfürsorge zu betreiben, ist das Umdekorieren Ihrer Räumlichkeiten. Es ist ganz egal, was Sie umdekorieren. Es könnte Ihr Schreibtisch bei der Arbeit, Ihr Schlafzimmer oder sogar Ihr ganzes Haus sein. Umzudekorieren kann unglaublich viel Spaß machen, da es uns erlaubt, die kreative Seite unseres Gehirns zu nutzen — aber darüber hinaus ist es auch ein Akt der Rückgewinnung unseres persönlichen Bereiches und eine Übung, um mehr Kontrolle über unsere Umgebung zu erlangen.

Treffen Sie ästhetisch ansprechende Entscheidungen und versuchen Sie, Ihr Hab und Gut so anzuordnen, dass es so bequem wie möglich wird. Organisieren und dekorieren Sie Ihre Räumlichkeiten so, dass sie zu Ihrem eigenen persönlichen Heiligtum werden. Am Ende sollten Sie sich in Ihrem neu eingerichteten Raum wohl, entspannt und inspiriert fühlen.

11 Machen Sie Sport

Bewegung ist nicht nur ein Zugang zu mehr persönlichem Wachstum, sondern auch eine ideale Möglichkeit für die Selbstfürsorge. Es ist nur wichtig, dass Sie es nicht übertreiben und sich dabei erschöpfen. Ob ein gemütlicher Spaziergang durch den Park oder eine intensive Pilates-Session, Bewegung sorgt dafür, dass Ihr Körper stark und leistungsfähig bleibt. Viele Menschen denken, dass Sport so anstrengend ist, dass es sich dabei unmöglich um Selbstfürsorge handeln kann, aber das zeigt nur, dass Sie ihn mehr denn je brauchen. Bewegung ermöglicht es uns, uns wieder mit unserem Körper zu verbinden und mehr im Einklang mit seinen Bedürfnissen und Fähigkeiten zu stehen. Der Rausch von Endorphinen bedeutet auch, dass Sie sich sofort positiver gegenüber sich selbst und dem Leben im Allgemeinen fühlen werden.

12 Üben Sie sich in Dankbarkeit

Ob Sie es glauben oder nicht, es ist erwiesen, dass das Praktizieren von Dankbarkeit Menschen glücklicher macht. Indem wir unser Gehirn darauf trainieren, die positiven Dinge im Leben zu bemerken und dafür dankbar zu sein, beginnen wir sofort, aus einer Haltung des Überflusses heraus zu handeln. Dies verbessert unser

Selbstwertgefühl, unsere Fähigkeit zur Empathie und sogar unsere Schlafqualität. Um mit dem Üben von Dankbarkeit zu beginnen, suchen Sie sich einen Ort, an dem Sie sich Notizen darüber machen können, wofür Sie dankbar sind. Das kann ein spezielles Dankbarkeitstagebuch oder die Notizen-App auf Ihrem Telefon sein. Schreiben Sie jeden Tag drei Dinge auf, für die Sie in Ihrem Leben dankbar sind. Versuchen Sie, so konkret wie möglich zu sein. Denken Sie daran, dass dies keine großen Dinge in Ihrem Leben sein müssen, es kann etwas so Simples sein wie das fantastische Mittagessen, das Sie hatten, oder eine tolle Trainingseinheit. Gehen Sie einfach sicher, dass Sie wirklich dankbar dafür sind, egal worum es sich handelt.

Fühlen Sie sich von der Vorstellung des persönlichen Freiraums nicht eingeschüchtert. Es ist eine Chance für Sie, sich neu auszurichten, neue Energie zu tanken und das zu tun, was notwendig ist, um Ihre eigene innere Stärke zu erhalten. Es ist eine Zeit, in der Sie sich wieder mit den Aktivitäten, die Ihnen Spaß machen, und dem Sinn Ihres Lebens verbinden können. Lernen Sie, dies nicht als Trennung von Ihrem Partner zu sehen, sondern als kraftvollen Antrieb für eine gesunde Beziehung.

Kapitel acht:
Co-Abhängigkeit
endgültig heilen

Wir haben die Persönlichkeiten co-abhängiger Partner aufgeschlüsselt und sowohl die Gewohnheiten hervorgehoben, die es auszumerzen gilt, als auch die Gewohnheiten, die Sie in Ihr Leben bringen müssen – aber das ist noch nicht alles, was Sie brauchen, um voranzukommen. Die Triebe, die zu Co-Abhängigkeit führen, sitzen tief. Unter den kleinen Gewohnheiten und Praktiken befinden sich einige wichtige und höchst wesentliche Lektionen. Die kleineren Praktiken werden sicherlich dabei helfen, einen gesünderen Umgang im Alltag aufzubauen, aber ohne diese Kernlektionen zu verinnerlichen, werden Sie vielleicht wieder von vorn anfangen müssen. In besonders schwierigen Zeiten können Sie gerne zu diesem Kapitel zurückkehren, um sich daran zu erinnern, was wichtig ist.

Die Lektionen, die Co-Abhängigkeit brechen

1 „Strenge Liebe" ist notwendig – nehmen Sie sie an

Scheuen Sie sich nicht vor dem Begriff der strengen Liebe. Einfach ausgedrückt, bedeutet strenge Liebe, dass wir unseren Lieben bestimmte Grenzen oder Einschränkungen auferlegen – mit der Absicht, ihnen langfristig zu Wachstum zu verhelfen. Auch wenn sie es nicht merken, geschieht strenge Liebe zu *ihrem* Vorteil. Um sich endgültig von der Co-Abhängigkeit zu befreien, müssen Sie anfangen, Praktiken der strengen Liebe einzusetzen. Das bedeutet, Nein zu sagen und Grenzen zu setzen, auch wenn Sie Mitleid mit ihrem Partner haben und gerne Ja sagen würden. Co-Abhängige haben anfangs vielleicht mit Schuldgefühlen zu kämpfen, deshalb ist es wichtig, dass Sie in diesen Momenten eine Änderung der Denkweise vornehmen. Anstatt sich auf die Reaktion Ihres Partners im jeweiligen Moment zu konzentrieren, denken Sie an die Vorteile, die er später einmal davon haben wird. Denken Sie an die lebensverändernden Lektionen, die er dadurch lernen wird und daran, wie das Leben ihn dafür belohnen wird, wenn er durchhält. Lassen Sie sich nicht von dem vorübergehenden Unbehagen beeinflussen und richten Sie Ihre ganze Aufmerksamkeit auf das potenzielle Wachstum der Situation. Strenge Liebe ist eine ungewohnte Art von liebevollem Verhalten, aber sie ist nicht weniger liebevoll.

2   Bedürfnisse sind Mittel, keine Feinde

In co-abhängigen Beziehungen neigt der Zuhelfer dazu, seine Bedürfnisse als Hindernisse zu sehen. Denn wie kann er sich um die Bedürfnisse seines Partners kümmern, wenn seine eigenen im Weg sind? Damit Zuhelfer ihre co-abhängigen Muster durchbrechen können, müssen sie aufhören, ihre Bedürfnisse als Unannehmlichkeiten zu betrachten. Unsere Wünsche und Bedürfnisse sind Mittel. Sie sagen uns etwas über unseren Geisteszustand und darüber, was wir in unserem Leben brauchen, um Zufriedenheit zu finden. Unsere Bedürfnisse geben uns die Richtung vor, in die wir gehen wollen. Sie sagen uns, was wir für unser Wachstum brauchen und dafür, uns emotional und psychisch zu erhalten. Bedürfnisse sind in der Tat Mittel und Indikatoren für Wachstum. Weichen Sie ihnen nicht aus, sonst wird das Verlangen nur noch stärker. Wir werden unglücklich, wenn wir dieses Verlangen ignorieren und versuchen, es zu unterdrücken. Ein Bedürfnis zeigt einen Mangel an, und wenn es unkontrolliert bleibt, kann dies zu einer Art emotionaler oder mentaler Erschöpfung führen. Ihre Bedürfnisse sind vergleichbar mit dem roten Licht, das aufleuchtet, wenn Ihr Auto mehr Benzin braucht. Diese Lichter tun Ihnen einen Gefallen, indem sie Sie wissen lassen, wenn sie etwas brauchen, um normal weiterfahren zu können. Behandeln Sie Ihre Bedürfnisse auf die gleiche Weise. Lassen Sie nicht zu, dass diese roten Lichter anfangen aufzuleuchten!

3 Nichts ändert sich, wenn Sie sich nicht ändern

Inzwischen sind Sie wahrscheinlich mit einigen harten Wahrheiten über Ihr Verhalten und Ihre Beziehung konfrontiert worden. Es ist zutiefst wichtig, dass Sie hier nicht stehen bleiben. Das Wissen, dass Sie sich ändern müssen, reicht allein nicht aus, um eine Veränderung zu bewirken. Sie fühlen sich unzufrieden, unerfüllt, so, als ob Ihre Beziehung viel besser sein könnte, und Sie haben Recht – tun Sie jetzt etwas dagegen. Nutzen Sie Gefühle der Unzufriedenheit als Antrieb, um mit Taten zu beginnen. Ihre Co-Abhängigkeit wird sich nicht auflösen, wenn Sie nicht anfangen, mit Ihrem Partner an einer gesünderen Verhaltensweise zu arbeiten. Wenn Sie sich dabei ertappen, wie Sie wieder in Ihre alten Gewohnheiten zurückverfallen, rechnen Sie damit, dass Sie auch zu Ihren alten Gefühlen der Frustration zurückkehren werden. Wenn Sie etwas Besseres für Ihre Beziehung wollen, *machen* Sie es besser.

4 Anhänglichkeit und Besessenheit sind nicht das Gleiche wie Liebe

Wenn Sie völlig auf Ihren Partner eingestimmt sind, kann es leicht passieren, dass Sie denken, diese Besessenheit sei gleichbedeutend mit Liebe. Es ist ein großer Irrglaube, dass wahre Liebe bedeutet, so viel zu geben, bis nichts mehr übrig ist, und seine Identität mit der des Partners zu verschmelzen, denn das führt nur zu Co-Abhängigkeit. Versuchen Sie in Zukunft, Ihre Perspektive bezüglich dessen, was Liebe bedeutet, zu ändern. Denken Sie daran, dass es bei der Liebe nicht nur um Sie als Einheit mit Ihrem Partner geht, sondern auch darum, wie die Beziehung Sie als Individuum beeinflusst. Befähigt Sie die Beziehung, Ihre eigenen Träume und Ziele zu erreichen? Oder gibt sie Ihnen das Gefühl, den Rest Ihres Lebens aufgeben zu müssen? Erinnert die Beziehung Sie daran, wer Sie wirklich sind? Oder löscht sie Ihre einzigartige Identität komplett aus? Denken Sie bei der Liebe an die langfristige Zukunft, die Sie mit Ihrem Partner aufbauen, und nicht nur daran, wie befriedigend sie sich im Moment anfühlt. Versuchen Sie, zu verstehen, dass die Liebe nicht unser Leben übernimmt, sondern sie hilft dem Rest unseres Lebens, sich zu entfalten. Je mehr Sie sich an Ihren Partner klammern, desto weniger Zeit und Raum bleibt für den Rest Ihres Lebens. Bei echter Liebe geht es um zwei ganze Menschen, die in ihrer vollen Kraft zusammenkommen, nicht um zwei Hälften, die verzweifelt versuchen, ein Ganzes zu bilden.

5 Hören Sie auf, sich durch Ablehnung besiegt zu fühlen

Es gibt einen Grund dafür, dass beide Partner diesen Kreislauf der Co-Abhängigkeit befeuern; sie haben Angst davor, was passieren würde, wenn sie damit aufhören. Der Zuhelfer macht sich Sorgen, nicht mehr nützlich zu sein, und der zugeholfene Partner hat Angst, vergessen zu werden. Obwohl beide Partner unterschiedliche Bewältigungsstrategien haben, versuchen sie beide, sicherzustellen, dass sie vom anderen Partner geliebt werden. Und warum? Weil der Gedanke, den co-abhängigen Partner zu verlieren, viel zu schmerzhaft ist. Leider kann diese Art von Mentalität nach hinten losgehen. Wenn wir aus tiefer Unsicherheit über Verlust und Ablehnung dazu getrieben werden, uns auf eine bestimmte Art und Weise zu verhalten, kann dies zu einer sich selbst erfüllenden Prophezeiung werden. So schwierig es auch scheint, beide Partner müssen lernen, mit der Vorstellung zu leben, nicht in ihrer co-abhängigen Beziehung zu sein. Mit anderen Worten, sie müssen sich mit dem Gedanken anfreunden, Single zu sein. Wenn sie daran denken, ihren Partner zu verlieren, ist es normal, tiefe Traurigkeit zu empfinden, aber sie sollten nicht das Gefühl haben, dass ihre Welt untergehen wird. Sich mit dem Gedanken anzufreunden, bedeutet nicht, dass man es herbeisehnt – es bedeutet einfach, dass man es akzeptiert, wenn es das Richtige ist. Letzten Endes lässt uns Ablehnung wissen, was für uns richtig ist und was nicht. Anstatt zu versuchen, Ablehnung von Ihrem Partner um jeden Preis zu vermeiden, sollten Sie lernen, sie als eine Möglichkeit zu sehen, um Ihre Kompatibilität zu messen. Wenn Sie zurückgewiesen werden, nachdem Sie Ihr Bestes gegeben haben, dann war die Beziehung nicht für Sie bestimmt. Eines Tages werden Sie entdecken, was für Sie bestimmt *ist*, und es wird Ihnen gut gehen.

Was ist zu tun, wenn …?

Sie versuchen, eine Co-Abhängigkeit zu durchbrechen, und das ist eine große Sache. Es werden viele Szenarien auftreten, die Sie verwirrt und unsicher zurücklassen bezüglich dessen, was das „Richtige" für die Gesundheit Ihrer Beziehung ist. Wenn Sie das nächste Mal „nicht weiterkommen", schlagen Sie diese Seite auf. Wenn Sie sich mit einem dieser Szenarien konfrontiert sehen, sollten Sie Folgendes tun:

1 Ihr Partner hört nicht auf Ihre Grenzen

Wenn Sie dieses Buch beendet haben, werden Sie sich wahrscheinlich motiviert fühlen, nach einer gesünderen Beziehung zu streben. Leider können Sie nicht kontrollieren, wie sich Ihr Partner fühlt. Es ist möglich, dass er oder sie noch nicht ganz bereit ist, neue Veränderungen anzugehen. Das wird sich unter anderem darin zeigen, dass er oder sie sich weigert, sich an Ihre neu gesetzten Grenzen zu halten. Wenn Sie sich darauf geeinigt haben, die Hausarbeit aufzuteilen, kann es sein, dass Ihr Partner immer noch nicht seinen gerechten Anteil leistet und Ihnen die meiste Arbeit überlässt.

Bevor Sie bestimmen, wie Sie am besten reagieren, beantworten Sie diese Fragen: Wie oft mussten Sie Ihren Partner schon an die Grenzen erinnern? Wie viele Streiks hat es gegeben? In welchem Maß fühlen Sie sich nicht respektiert? Ihre Intuition ist ein gutes Mittel, um diese Situation einzuschätzen. Wenn Sie das Gefühl haben, dass Ihr Partner sein Bestes gibt, es ihm jedoch ziemlich schwerfällt, alte Gewohnheiten loszulassen, dann seien Sie hart zu ihm. Scheuen Sie sich nicht, ihm zu zeigen, dass

Sie wütend oder verärgert sind. Machen Sie deutlich, dass Ihnen diese Sache sehr wichtig ist. Wenn Sie sich nicht respektiert fühlen und das Gefühl haben, dass Ihr Partner sich wirklich nicht bemüht, dann überdenken Sie Ihre Beteiligung an dieser Beziehung. Sie geben Ihr Bestes und es ist nur fair, dass Ihr Partner sich ebenfalls bemüht. Sie sind bereit für eine bessere Beziehung, und solange Ihr Partner in seinen alten Gewohnheiten verhaftet ist, wird er auch Sie am Wachstum hindern. Sie haben etwas Besseres verdient.

2 Ihr Partner übertreibt seine Beschwerden, um gegen Ihre neuen Grenzen zu rebellieren

Sie haben versucht, Ihrem Partner Grenzen zu setzen, und er hat darauf mit einer Übertreibung seines Zustands reagiert. Er tut alles, um noch hilfloser zu erscheinen. Hoffentlich wissen Sie inzwischen, warum: Er will den Kreislauf in Gang halten. Er fühlt sich wahrscheinlich ängstlich und nervös gegenüber der neuen Wendung, die Ihre Beziehung nimmt, und möchte, dass Sie sich wieder so verhalten wie früher.

Denken Sie daran, dass Ihrem Partner beigebracht wurde, Zuhilfe mit Liebe gleichzusetzen. Diese Verhaltensänderung führt wahrscheinlich dazu, dass er sich unsicher fühlt und sich fragt, wie er weiterhin Liebe von Ihnen bekommen kann, wenn Sie nicht mehr das Bedürfnis haben, ihm zu helfen. Versuchen Sie, ihn sanft auf dieses Verhalten hinzuweisen. Machen Sie ihn auf sein Tun aufmerksam, und erklären Sie ihm, warum er sich so benimmt. Vielleicht ist es ihm gar nicht bewusst und er reagiert nur aus Unsicherheit auf diese Weise. Bleiben Sie danach bei Ihren Grenzen, aber bemühen Sie sich besonders, ihm auf eine

Weise Liebe zu zeigen, die keine Co-Abhängigkeit fördert. Wenn er gerne Geschenke bekommt, schenken Sie ihm Blumen oder etwas, das ihn zu einem neuen Hobby ermutigt – aber werden Sie nicht nachlässig in Ihrem Bemühen, ihn dazu zu bringen, dass er seine Aufgaben erledigt. Ersetzen Sie co-abhängiges Verhalten durch anderes liebevolles Verhalten.

3 Ihr Partner ist Ihnen gegenüber misstrauisch, wenn Sie Ihren persönlichen Freiraum genießen

Da Sie und Ihr Partner so daran gewöhnt sind, viel Zeit miteinander zu verbringen, kann es ein Schock sein, wenn Sie endlich persönlichen Freiraum in Ihr tägliches Leben einbauen. Um diesen zu bewältigen, könnte Ihr Partner sogar misstrauisch werden und glauben, dass Ihr Verhalten durch einen böswilligen Hintergedanken motiviert ist. Schließlich ist er daran gewöhnt, Liebe als Synonym für gemeinsame Zeit anzusehen. Es wird einige Zeit dauern, bis er sich an diese neue Sichtweise gewöhnt, und es kann zu Widerständen kommen. Es kann sogar sein, dass er Ihnen ein paar Anschuldigungen an den Kopf wirft. Zum Beispiel könnte er glauben, dass der wahre Grund für den gewünschten Abstand darin besteht, dass Sie sich eine Möglichkeit schaffen wollen, um fremdgehen zu können, oder dass Sie versuchen, auf eine freundliche Art und Weise mit ihm Schluss zu machen. Dies sind einige der vielen Anschuldigungen, die Zuhelfer eventuell zu hören bekommen.

Betrachten Sie dieses Verhalten als das, was es ist. Ihrem Partner wurde beigebracht, dass Liebe bedeutet, sich aneinander zu klammern, also denkt er natürlich, dass der umgekehrte Fall bedeutet, Ihnen egal zu sein. Das ist natürlich nicht wahr, also nehmen Sie sich die Zeit, ihn auf sanfte Weise zu beruhigen. Erinnern Sie ihn daran, dass Sie deshalb versuchen, sich zu ändern, weil Sie sicherstellen wollen, dass Ihre Beziehung Erfolg hat. Persönlicher Freiraum ist eine Möglichkeit, dafür zu sorgen, dass Ihre Beziehung gesund und geschützt ist, nicht verzweiflungsvoll und klammernd. Überlegen Sie sich, wie Sie Ihren Partner beruhigen können, ohne auf co-abhängiges Verhalten zurückzugreifen. Ähnlich wie im vorherigen Szenario, können Sie ihm Ihre Liebe auf eine neue Art und Weise zeigen, z. B. indem Sie ihm hin und wieder ein Geschenk kaufen oder ihm eine Karte schreiben, die von Herzen kommt.

4 Ihr Partner kann sich immer noch nicht um sich selbst kümmern, obwohl Sie ihm Freiraum gegeben haben

Wie wir festgestellt haben, entzieht übermäßiges Helfen Autonomie und Ermächtigung. Um Ihrem Partner zu helfen, sich wieder mit seiner inneren Stärke zu verbinden, haben Sie ihm wahrscheinlich Raum gegeben, damit er lernt, wie er sich um seine eigenen Bedürfnisse kümmern kann. Das ist ein positiver Schritt Ihrerseits. Vielleicht stellen Sie aber auch fest, dass Ihr Partner immer noch nicht in der Lage ist, sich selbst zu helfen. Er versucht es, aber er scheitert. Er ist inkompetent, macht ständig Fehler und ist insgesamt darin nicht so gut, wie Sie es waren.

In diesen Momenten wird es verlockend sein, in Ihr altes Verhalten zurückzufallen. Wenn Sie ihn scheitern sehen, werden Sie ihm wieder helfen wollen. Wenn es ihm wirklich Schwierigkeiten bereitet, ist es in Ordnung, ihm ein wenig unter die Arme zu greifen, aber versuchen Sie ansonsten, standhaft zu bleiben. Andernfalls könnten Sie das als Rückschritt empfinden. Er hat Schwierigkeiten, weil all das für ihn neu ist. Sie hatten Ihr ganzes Leben lang Zeit, um zu lernen, wie man es richtig macht, aber er lernt es erst jetzt. Es wird einige Zeit dauern, damit können Sie rechnen. Seien Sie behutsam zu ihm und tun Sie, was Sie können, um ihn beim Lernen zu unterstützen, aber nehmen Sie ihm die Arbeit nicht ab. Wenn Ihr Partner Schwierigkeiten hat, sein Essen selbst zuzubereiten, kaufen Sie ihm ein neues Kochbuch oder bezahlen Sie ihm ein oder zwei Kochkurse – aber geben Sie nicht nach und fangen Sie nicht an, wieder das ganze Essen für ihn zu kochen! Haben Sie Geduld und tun Sie, was Sie können, um das Wachstum zu fördern.

5 Sie haben begonnen, sich völlig nutzlos und wertlos zu fühlen

Bis jetzt sind Sie als „Wiedergutmacher" in Ihrer Beziehung zurechtgekommen. Sie haben sich daran gewöhnt, Ihrem Partner bei jeder Kleinigkeit zu helfen und seine Schmerzen zu lindern, wann immer Sie können. Aber vergessen Sie nicht, dass es nicht nur darum geht, was Ihr Partner von Ihnen bekommt; denn auch Ihre Befriedigung kommt in Form des Gefühls, gebraucht zu werden. Wenn Sie wissen, dass Sie Ihrem Partner eine Hilfe sind, fühlen Sie sich nützlich. Sie haben das Gefühl, etwas zu tun, das wichtig ist. Das Ausbrechen aus den co-abhängigen Gewohnheiten bedeutet, dass Sie versuchen, nicht zu viel zu helfen, und diese neue Veränderung hat dazu geführt, dass Sie sich ein wenig nutzlos fühlen. Dies kann sogar in gewissem Maß zu einer Depression führen.

Erinnern Sie sich selbst daran, dass Sie helfen, indem Sie sich zurückziehen. Auf diese Weise ermöglichen Sie Ihrem Partner, seine Lektionen zu lernen und sich selbst weiterzuentwickeln. Verstehen Sie, dass sich Helfen und Nützlichsein in einem anderen Verhalten äußert, wenn die Beziehung keine co-abhängige ist. Sie sind an die co-abhängige Art des „Helfens" gewöhnt, doch eigentlich handelt es sich hierbei um Zuhilfe. Wenn wir jemandem *wirklich* helfen, tun wir das, was für ihn am besten ist. Und in diesem Fall ist es für Ihren Partner am besten, *nicht* zu sehr zu helfen. Erkennen Sie, dass Sie sich in Wirklichkeit nur nach der sofortigen Befriedigung sehnen, die sich aus der Zuhilfe Ihres Partners ergibt. Indem Sie ihn zu nichts zwingen, erlauben Sie ihm, das zu tun, was ihm im Moment gefällt. Das wirkt vielleicht so, als ob es gut für ihn wäre, aber in Wirklichkeit ist es alles andere als hilfreich. Denken Sie an diese Unterscheidung und widerstehen Sie dem Drang, um jeden Preis zu viel zu helfen.

Diese Reise wird nicht immer einfach sein. Sie werden sogar manchmal kämpfen müssen und das Gefühl haben, dass es zu schwierig ist. Natürlich ist es schwer – schließlich durchbrechen Sie Reaktionsmuster, die in Ihrem Gehirn fest verankert sind. Wichtig ist, dass Sie die Entbehrungen als das erkennen, was sie sind. Sie bedeuten Wachstum. Beachten Sie diese wichtigen Lektionen bei all Ihren Entscheidungen und Sie werden bald mit Stolz sagen können: „Nein, ich bin nicht co-abhängig."

Fazit

Indem Sie es bis zu dieser Seite geschafft haben, haben Sie große Schritte in Richtung einer nachhaltigeren und gesünderen Beziehungsdynamik gemacht. Das ist eine wunderbare Nachricht – nicht nur für Sie, sondern auch für Ihren Partner. Sie haben bewiesen, dass Sie sich wirklich für eine glücklichere Zukunft mit Ihrem Partner einsetzen und dass Sie bereit sind, alles Nötige zu tun, um Ihre Co-Abhängigkeit zu beenden. Sie sind dem Erfolg so viel näher, als Sie denken! Wenn Sie mehr Motivation brauchen, müssen Sie nur zu diesem Buch zurückkehren. Alles, was Sie brauchen, ist hier zu finden.

Hoffentlich hat dieses Buch Sie dazu ermächtigt, weiterhin in großen, kraftvollen Schritten vorwärtszugehen. Es ist wichtig, dass Sie sich daran erinnern, dass eine Co-Abhängigkeit keine lebenslange Strafe ist; Beziehungtrainer und Psychologen sind sich überall einig darüber, dass Co-Abhängigkeiten in der Tat mit der Zeit geheilt werden können. Wenn Sie sich an die hilfreichen Regeln und Tipps in diesem Buch halten, werden Sie Ihre Beziehung bald in einem ganz neuen Licht sehen. Sie werden ein glücklicherer, erfüllterer Mensch sein und Ihre Beziehung wiederum wird aufblühen. Wichtig ist, dass Sie beharrlich und selbstbewusst bleiben.

Wir haben uns eingehend mit dem Thema Co-Abhängigkeit befasst und herausgefunden, was sie wirklich bedeutet und was genau sie von einer gewöhnlichen Abhängigkeit von unseren Lieben unterscheidet. Es ist wichtig, dass Sie diesen Unterschied erkennen, denn es gibt keinen Grund, all Ihr abhängiges Verhalten abzulegen – einiges davon ist völlig normal. Inzwischen sind Sie sich des Unterschieds zwischen beiden Dingen sehr wohl bewusst. Coabhängiges Verhalten bedeutet nicht, dass wir niemals von unserem Partner abhängig sind. Es bedeutet einfach, ein gesundes Maß an Abhängigkeit einzuhalten und nicht zu vergessen, wer Sie ohne Ihren Partner sind.

Bevor Sie das Problem angehen, ist es wichtig, dass Sie herausfinden, welcher co-abhängige Partner Sie sind. Sind Sie der Zuhelfer oder der Zugeholfene? Versuchen Sie, diese Frage ehrlich zu beantworten. Wir haben die Familienverhältnisse, die vermutlich bei dem entsprechenden Partner vorzufinden sind, beschrieben und es ist möglich, dass Sie sich in diesen Beschreibungen wiedererkennen. Vielleicht waren Sie sogar in der Lage, genau die Beziehung in Ihrer Kindheit zu benennen, die Ihnen diese abhängige Denkweise vermittelt hat. Versuchen Sie nun, nachdem Sie dieses Buch beendet haben, diese Erinnerungen durchzuarbeiten. Welche frühkindliche Beziehung hat Sie gelehrt, co-abhängig zu sein? Gehen Sie tief in sich und erkennen Sie, dass diese frühe Beziehung wahrscheinlich sehr dysfunktional war. Wenn Sie Ihre romantische Paarbeziehung auf die gleiche Weise behandeln, wird das nur zu den gleichen Funktionsstörungen führen. Das wollen Sie doch nicht, oder? Nein, natürlich nicht.

Sobald Sie sich zur Veränderung verpflichten, müssen Sie anfangen, einige Grenzen zu setzen. Das bedeutet, „Nein" zu sagen und einige Regeln aufzustellen, wo es nötig ist. Es bedeutet, Ihrem Partner auf irgendeine Weise zu vermitteln, dass Sie nicht mehr jede Kleinigkeit, die schiefläuft, in Ordnung bringen werden. Das kann schwierig sein, vor allem, weil Sie es nicht gewohnt sind. Vielleicht haben Sie sogar Schuldgefühle oder sind sich unsicher darüber, wie Sie die Grenzen durchsetzen können. Beherzigen Sie die Tipps, die wir behandelt haben, und Sie werden Grenzen bald als etwas völlig Natürliches empfinden. Sie werden feststellen, dass Sie plötzlich viel mehr Energie haben, da Sie nicht mehr erschöpft sind, weil Sie sich überanstrengen und mehr als Ihren gerechten Anteil tun.

Abgesehen davon ist es auch wichtig, dass Sie und Ihr Partner am Aufbau Ihres Selbstbewusstseins arbeiten. Zum Beispiel, indem Sie ein stärkeres Selbstwertgefühl und eine bessere Eigenwahrnehmung entwickeln. Mit Hilfe der Affirmationen und Übungen in diesem Buch können Sie beginnen, Ihre Psyche neu zu konditionieren, um mehr positive Gedanken über sich selbst zu produzieren. Wie können Sie das Beste aus Ihren Gaben und positiven Eigenschaften machen, wenn Sie sich ihrer Existenz nicht bewusst sind? Ob Sie sich dessen bewusst sind oder nicht, das Selbstwertgefühl ist ein wichtiger Teil der Heilung von Co-Abhängigkeit. Sie müssen erkennen, dass Sie genug sind und dass Sie wunderbar sind, auch ohne einen Partner an Ihrer Seite. Indem Sie einen positiveren inneren Dialog schaffen, helfen Sie Ihrer Beziehung, zu gedeihen.

Nachdem Sie etwas über Grenzen gelernt und Selbstwertgefühl entwickelt hatten, standen Sie vor einigen großen Herausforderungen – insbesondere destruktives Verhalten. Hoffentlich waren Sie motiviert und inspiriert, diese schädlichen Gewohnheiten endlich aus Ihrem Leben zu verbannen. Sie können sich nicht weiterentwickeln, wenn Sie die Hindernisse nicht aus dem Weg räumen. Sobald Sie erkannt haben, worin diese Hindernisse bestehen, können Sie hart daran arbeiten, sie zu überwinden. Jetzt, da Sie den Kreislauf des narzisstischen Missbrauchs verstehen, können Sie sich hoffentlich von dem Missbrauch erholen, den Sie erlitten haben. Wenn Sie in einer Beziehung mit einem Narzissten bleiben, halten Sie sich fest – es könnte eine turbulente Fahrt werden. Kehren Sie zum Abschnitt über narzisstischen Missbrauch zurück und tun Sie Ihr Bestes, um die dort aufgelisteten Veränderungen zu vollziehen – andernfalls könnten Sie sich in einem Kreislauf wiederfinden, der nie endet. Denken Sie daran: Wenn Sie sich nicht ändern, wird sich auch nichts ändern!

Mit neuen Strategien und Übungen zum Loslösen in der Tasche können Sie endlich die Unabhängigkeit entdecken. Lassen Sie das befreiende Gefühl zu, das sich einstellen wird. Haben Sie Spaß an den Herausforderungen und genießen Sie, wie es sich anfühlt, endlich persönlichen Freiraum zu haben. Sie kennen inzwischen die Bedeutung von Zeit für sich allein und von persönlichem Freiraum. Wenn Sie das nächste Mal nicht wissen, was Sie mit sich selbst anfangen sollen, können Sie sich sicher sein, dass Sie eine solide Liste mit Ideen haben. Ziehen Sie eine Aktivität in Betracht, die Ihr eigenes Wachstum fördert oder Sie durch Selbstfürsorge bestärkt. Sie brauchen beides in gleichem Maße!

Die zentralen Erkenntnisse, die für die Heilung der Co-Abhängigkeit wichtig sind, wurden kurz und bündig zusammengefasst. Schlagen Sie noch einmal das letzte

Kapitel auf, wenn Sie jemals verunsichert sind. Erinnern Sie sich an diese Lektionen und sorgen Sie dafür, dass jede Veränderung, die Sie vornehmen, von diesen Erkenntnissen getragen wird. Wenn Sie mit Ihrem Partner in eine schwierige Situation geraten, wird Ihnen dieses Kapitel zudem Ideen geben, was Sie tun können. Es gibt immer eine Lösung, solange sich beide Partner für Wachstum einsetzen. Lassen Sie nicht zu, dass die Bezeichnungen „Zuhelfer" und „Zugeholfener" Ihr gemeinsames Leben bestimmen. Erforschen Sie Ihre Individualität, lernen Sie, sich auf gesunde Art loszulösen und schenken Sie Ihrem ganzen Leben (nicht nur Ihrer Beziehung) Liebe. Erweisen Sie sich selbst die gleiche Zuneigung, die Sie auch einem anderen Menschen geben würden, dann werden Sie Berge versetzen.

Quellen und weiterführende Literatur

Bacon, I., McKay, E., Reynolds, F., & McIntyre, A. (2018). The Lived Experience of Codependency: an Interpretative Phenomenological Analysis. *International Journal of Mental Health and Addiction*, *18*(3), 754–771. https://doi.org/10.1007/s11469-018-9983-8

Beattie, M. (1986). *Codependent No More: How to Stop Controlling Others and Start Caring for Yourself*. Hazelden.

Beattie, M. (2009). *The New Codependency: Help and Guidance for Today's Generation*. Simon & Schuster.

Cowan, G., Bommersbach, M., & Curtis, S. R. (1995). Codependency, Loss Of Self, And Power. *Psychology of Women Quarterly*, *19*(2), 221–236. https://doi.org/10.1111/j.1471-6402.1995.tb00289.x

A Critical Analysis of the Concept of Codependency. (1994). *Social Work*. https://doi.org/10.1093/sw/39.6.677

Hühn, S. (2021). *Ich lasse deines bei dir: Schluss mit toxischen Beziehungen und Co-Abhängigkeit!* Schirner Verlag.

Krishnananda. (2000). *Liebeskummer lohnt sich doch: Co-Abhängigkeit in der Beziehung und die Ängste des Inneren Kindes*. Schrodt, F.

Mazzola, K. (2019). *The Codependency Recovery Plan: A 5-Step Guide to Understand, Accept, and Break Free from the Codependent Cycle*. Althea Press.

Mellody, P., Miller, A. W., & Miller, K. J. (2003). *Facing Codependence: What It Is, Where It Comes from, How It Sabotages Our Lives*. Harper & Row.

Morgan, J. P. (1991). What is codependency? *Journal of Clinical Psychology, 47*(5), 720–729. https://onlinelibrary.wiley.com/doi/10.1002/1097-4679(199109)47:5%3C720::AID-JCLP2270470515%3E3.0.CO;2-5

Schaef, A. W. (2002). *Co- Abhängigkeit. Die Sucht hinter der Sucht.* Heyne Verlag.

Stahl, S. (2017). *Jeder ist beziehungsfähig: Der goldene Weg zwischen Freiheit und Nähe. - Mit dem Konzept von „Das Kind in dir muss Heimat finden" zu einer erfüllten Partnerschaft.* Kailash.

Tawwab, N. G. (2021). *Set Boundaries, Find Peace: A Guide to Reclaiming Yourself.* TarcherPerigee.

Winter, K. (2021). *Sensible Menschen in Beziehungen: Der Weg zur wahren Liebe als Empath. So erkennst du Manipulatoren, schützt dich vor toxischen Abhängigkeiten und findest endlich deinen Traumpartner.* Emotico.

Wright, P. H., & Wright, K. D. (1990). Measuring codependents' close relationships: A preliminary study. *Journal of Substance Abuse, 2*(3), 335–344. https://doi.org/10.1016/s0899-3289(10)80005-7

www.ingramcontent.com/pod-product-compliance
Lightning Source LLC
Chambersburg PA
CBHW061132120626
46546CB00005B/1743